푸틴 정적, 나발니의 생애

러시아정치의 앞날은

푸틴 정적, 나발니의 생애:
러시아정치의 앞날은

제1쇄 펴낸 날 2024년 4월 2일

지은이 권경복
펴낸이 박선영
주 간 김계동
디자인 전수연

펴낸곳 명인문화사
등 록 제2005-77호(2005.11.10)
주 소 서울시 송파구 백제고분로 36가길 15 미주빌딩 202호
이메일 myunginbooks@hanmail.net
전 화 02)416-3059
팩 스 02)417-3095

I S B N 979-11-6193-083-1
가 격 19,500원

ⓒ 명인문화사

푸틴 정적,
나발니의 생애

러시아정치의 앞날은

권경복 지음

명인문화사

차례

서문 • vi

연표 • ix

1장 왜 나발니인가 • 1

2장 러시아정치 변천과 나발니 • 16
- 소련 붕괴와 옐친이 남긴 유산 _ 22
- 푸틴 등장과 민주주의 퇴보의 파장 _ 43

3장 인간 나발니 • 59
- 결혼과 동시에 정치 입문 _ 61
- 사회분야 개혁에 매진하다 _ 73
- 제도권 정치에 본격 도전 _ 93

4장 나발니의 정치적 위상 • 121
- 푸틴의 영향력, 존재감 없는 야권 _ 124
- 보폭 넓히며 야권 중심으로 도약 _ 139

5장   나발니의 정책 프로그램들 · 159
- 국내 정치·경제 부문의 개혁 _ 164
- 이민 등 사회문제 해결방안 _ 191
- 민족주의와 외국인혐오 논란 _ 204

6장   나발니의 세계관 · 214
- '러시아의 영광' 재현 _ 219
- 미국과 유럽 _ 225
- CIS권(중앙아시아와 캅카스) _ 232
- 남북한과 중국, 일본 _ 242

7장   나발니의 미래 동력 · 248
- 정치적 운명공동체 _ 254
- '간 큰' 경제적 후원세력 _ 272

8장   나발니, 과연 푸틴의 대항마일까 · 280

보론   나발니 사망의 파장 · 296

찾아보기 · 314
저자소개 · 319

서문

"미래는 오늘 시작한다(Будущее начинается сегодня)."

이제는 고인이 된 러시아 야권지도자 알렉세이 나발니(Алексей Навальный, 1976~2024년)의 생애를 다룬 이 책의 서문을 쓴다고 하니, 나발니의 한 지인이 필자에게 해준 러시아 속담이다. 나발니가 이따금 되뇌었던 표현이라는 말도 덧붙여 줬다.

실제로 나발니라는 인물에는 러시아정치의 과거, 현재, 미래가 투영돼 있다. 소련 해체 후 혼돈 속 보리스 옐친 정부에서 그의 정치관이 태동했고, 정치인 나발니의 현장은 블라디미르 푸틴 정부와 대립각 속에 늘 있었으며 그의 향배는 러시아정치 미래를 예측하는 가늠자가 될 수 있었다. 러시아 속담은 비록 나발니의 삶이 2024년 2월 석연치 않은 죽음으로 끝났지만, 그의 미래는 끝나지 않고 다시 시작된다는 의미를 담고 있다. 나발니의 사망을 애도하면서 그의 죽음이 러시아의 앞날을 바라보는 창이 되기를 기대한다.

러시아에서 언론사 특파원을 하던 2007년 11월, 한 집회 현장에서 나발니를 처음 만났다. 당시 현장에서 들었던, 나발니발(發) 민족주의 구호는 이방인인 필자에게도 꽤나 꺼림칙했다. 하지만 아주 짧은 만남이었는데도 민주주의에 대한 열망 하나만큼은 대단했던 것으로 기억한다. 시간이 엇갈려 그 뒤로 만난 적은 없지만, 나발니는 파란만장한 삶을 살며 야권의 상징이 됐다. 첫 만남 이후 17년 만에 책을 출간하게 됐는데, '미래는 오늘 시작한다'는 속담을 서문에 쓰리라고는 상상하지 못했다.

2월 16일(러시아 현지시각) 사망한 지 보름만인 3월 1일, 평소 좋아했던 영화 터미네이터2의 음악이 흐르면서 나발니는 영면에 들어갔다. 그의 일생을 지켜보면 '루스카야 두샤(Русская душа)'라는 표현을 떠올리게 된다. '러시아의 정신'쯤으로 해석되는 이 표현은 예기치 못한 국면에서 급작스럽게 상황이 변한다는 뜻을 담고 있다. 본래는 문학과 예술에서 서구의 가치관과 비교할 때 사용하는 표현이지만, 요즘은 러시아(인)의 행동이나 상황을 빗댈 때도 쓴다. 저항적 지도자로서 온갖 고초와 핍박을 견뎌왔지만, 그 끝은 전혀 예상할 수 없을 정도로 허무했다. 나발니의 생과 사는 현실판 루스카야 두샤라는, 자조섞인 한탄이 나오는 이유다.

이 책은 러시아 정치인을 미화하려는 위인전기가 아니다. 소련과 러시아정치사의 다른 한 켠에 서 있던 '아웃사이더 정치인', 그가 꿈꾼 러시아의 모습은 어떤 것인가를 담담하게 그려내고자 했다.

러시아의 여러 정치인이 나발니를 '뚝심 있는 정치인'이라고 소개함에 따라 호기심이 생겨 자료를 모으기 시작한 것이 계기였다. 나발니가 푸틴 대통령 만큼이나 러시아와 서방의 평가가 극단적으로 갈리는 인물이라는 점도, 연구자의 관심을 끄는 배경이었다. 러시아에 만연한 공공부문의 부패 방지를 위해 시작한 '로스필(РосПил)' 프로젝트 등 나발니의 사회운동은 매우 인상적이었다. 물론 시행착오가 나타나기도 했고 때로는 인종차별적 요소가 많은 프로젝트도 있었다. 어떤 관점에서 보느냐에 따라 평가가 극과 극을 달릴 수 있다. 그런 만큼 최대한 객관적이고 공정하게 내용을 담고자 노력했다.

이 책은 구성은 크게 세 개로 나뉜다. 초반부는 나발니가 등장하게 된 러시아의 정치적 환경과 배경, 그리고 정치에 입문하는 과정과 나발니의 정치적 위상을 중점적으로 다뤘다. 중반부는 나발니가 구현하고자 했던 러시아의 정치·경제·사회와 외교의 청사진을 분석했다. 후반부는 나발니의 버팀목이 되어 주었던 정치적 운명공동체와 경제적 후원 세력을 살펴보는 것에 중점을 두었다.

책에 등장하는 주요 인물이나 관용구 표현에 러시아어를 병기(倂記)했다. 이는 독자와 연구자를 포함해 러시아에 관심이 있는 어느 누구라도 포털에서 쉽게 검색하고 찾아볼 수 있도록 하기 위함임을 밝혀둔다.

모든 원고는 2월 이전에 완성됐으나, 나발니의 갑작스러운 사망으로 이 책은 자칫 사장될뻔했다. 그럼에도 세상에 나와 빛을 볼 수 있도록 도와주신 명인문화사의 박선영 대표님과 편집부 선생님들께 진심으로 감사를 전한다.

연표

1976   – 소련 내 러시아공화국 모스크바주 오딘초보 구역에서 가내 수공업 공장을 운영하던 아나톨리 나발니와 류드밀라 나발나야의 장남으로 출생

1985   – 미하일 고르바초프(Михаил Горбачёв, 1931~2022년) 소련공산당 서기장, 페레스트로이카 등 일련의 개혁·개방정책 시행

1991   – 고르바초프를 실각시키려 한 소련공산당 강경세력의 '8월 쿠데타' 발생, 실패(8월)
       – 소련 내 러시아·우크라이나·벨라루스 등 3개 공화국, '벨라베자조약' 체결로 독립국가연합(CIS) 결성(12월)
       – 소련 공식 해체, 러시아연방(러시아) 출범(12월)
       – 러시아공화국 대통령이던 보리스 옐친(Борис Ельцин, 1931~2007년)이 초대 러시아연방 대통령에 취임

1993   – 모스크바 인근 알라빈스키 슈콜라(우리의 초중고교 과정에 해당하는 통합교육기관) 졸업, 러시아민족우호대학교 법과대학 입학
       – 부모, 동생과 함께 가업인 코뱌콥스키 수공예품 공장을 경영
       – 옐친 행정부와 입법부 간 헌정 위기 발생, 옐친 대통령이 무력으로 진압(10월)

1994   – 러시아와 러시아내 체첸공화국 간 제1차 체첸전쟁 발발(12월, 1996년 8월 정전협정 체결로 마무리)

1996	– 국영 은행인 아에로플로트방크에서 파트타임 근무
	– 옐친 대통령, 재선(7월)
1997	– 아에로플로트방크 퇴사(1월)
	– 미용업을 주력으로 하는 회사 '네스나'와 소규모 거래 회사 '알렉트' 설립
1998	– 러시아민족우호대 법대 졸업
	– 소련 출신의 이스라엘 사업가 샬바 치기린스키(Шалва Чигирин ский)가 설립한 건설회사 '에스테그룹'에 입사
	– 러시아, 아시아 외환위기의 파장으로 루블화 표시 외채에 대한 모라 토리엄(채무 지불유예) 선언(8월)
1999	– 옐친 대통령, 블라디미르 푸틴(Владимир Путин) 연방보안국장 을 총리에 임명(8월)
	– 제2차 체첸전쟁 발발(8월, 푸틴 총리가 전쟁 주도)
	– 러시아 모라토리엄 선언의 영향으로 에스테그룹에서 퇴사
	– 러시아연방정부 산하 재정아카데미 금융학부 입학
	– 옐친 대통령 갑작스럽게 사임, 푸틴 총리가 대통령 권한대행에 취임 (12월)
2000	– 푸틴, 대통령 선거에서 당선(3월). 임기 4년의 대통령에 취임(5월)
	– 러시아민족우호대 법대 동기인 이반 네스테렌코와 주식거래 회사인 '엔엔세큐리티스' 공동 설립
	– 1976년생 동갑이자 이코노미스트인 율리야 아브로시모바(Юлия А бросимова)와 결혼
	– 야당인 야블로코에 입당
2001	– 러시아연방 재정아카데미 금융학부 졸업(주식거래 전공)
	– 물류 등을 주 업무로 하는 유로아시아운송시스템 설립
	– 야블로코에서 모스크바시 두마 선거(2001.12.16.) 주도
2002	– 야블로코 모스크바지부 위원으로 선출
2003	– 국가두마 선거(2003.12.7.)에서 집권 여당 통합러시아 압승
2004	– 야블로코 모스크바지부장으로 승진(4월)
	– 푸틴 대통령 재선(5월)
	– 야블로코의 하부 조직으로 모스크바 반부패운동 단체인 '모스크바 시민보호위원회' 조직(6월)

2005   – 키로프주 부지사 마리야 가이다르(Мария Гайдар), 언론인 겸 정당인 나탈리야 모라리(Наталия Морарь) 등과 함께 청년사회운동조직 '다!' 설립(3월)
       – 야블로코 내에서 '밀리치야 스 나로돔'과 '다, 자 스보보두 스미!'라는 프로젝트 시작(4월)
       – 민주주의이니셔티브지원재단과 청년프로그램지원재단이라는 두 개의 NGO(비정부기구) 설립

2006   – '정치토론' 프로젝트 시작(2월)
       – 라이브저널에 첫 개인 블로그 개설(4월)
       – 라디오방송사 '에호 모스크비'에서 '도시건설 연대기' 프로그램 진행
       – 급진 민족주의 성향의 '러시아의 행진' 시위 주도(11월)

2007   – 모스크바 시영 방송사 테베첸트르(ТВЦ)에서 '파이터 클럽' 프로그램 편집
       – 민족민주주의 단체 '나로드' 설립(6월)
       – 푸틴 대통령, 드미트리 메드베데프(Дмитрий Медведев) 제1부총리를 자신의 후계자로 지명(11월)
       – 나발니, 급진적 민족주의 성향을 명분으로 야블로코에서 출당됨(12월)

2008   – 러시아 사상 최초로 '소액주주연합' 결성
       – 대선에서 메드베데프 당선(3월)과 공식 취임, 푸틴을 총리로 하는 내각 출범(5월)
       – 국영 대기업들인 로스네프트와 가즈프롬, 트란스네프트의 주식 매입 운동 시작(5월)
       – '러시아 민족운동' 단체 가입(6월)
       – 러시아, 조지아(옛 그루지야)와의 전쟁에서 승리(8월)

2009   – 니키타 벨리흐(Никита Белых) 키로프주 지사의 프리랜서 법률자문으로 취임(1월)
       – 키로프주 변호사협회가 주관한 변호사 자격시험 합격(변호사 자격 취득)
       – 로펌 '나발니와 파트너들' 설립(1년 만인 2010년에 로펌 청산)
       – 라이브저널 통해 트란스네프트 등 국영기업의 불법행위 폭로(11월)

2010   – 키로프주 변호사협회에서 모스크바시 변호사협회로 소속 변경
       – '예일 월드 펠로'로 선발돼 미국 예일대에서 6개월 연수
       – '로스필' 프로젝트 개시(12월)

2011	– 라디오방송사 피남FM의 프로그램을 통해 처음으로 집권 여당인 통합러시아를 '사기꾼과 도둑들의 정당'이라고 명명(2월)
	– '로스야마' 프로젝트 시작(5월)
	– 정부 관료의 200만 루블 이상 외국산 자동차 구입 금지를 골자로 하는 법안 초안을 국가두마에 제출
	– NGO '부패와의 전쟁재단' 설립(9월)
	– 야당 집회에서 부정선거 주장하다 경찰에 체포, 15일 구류(12월)
2012	– '로스비보리'프로젝트 시작(1월)
	– 러시아 국영항공사 아에로플로트의 후보 이사에 취임(2월)
	– 푸틴, 대선 승리로 세 번째 대통령 취임해 6년의 임기 시작. 후계자 메드베데프 전 대통령을 총리로 하는 내각 출범(5월)
	– '도브라야 마시나 프라브디'프로젝트 개시(5월)
	– 경찰 지시 불복종으로 모스크바 지하철역 인근에서 체포, 15일 구류 (5월)
	– 아에로플로트 이사(6월)
	– 동료인 레오니트 볼코프(Леонид Волков)가 창당한 '국민연합'에 합류
	– '로스제카하' 프로젝트 론칭(11월)
2013	– 아에로플로트 이사 사임(2월)
	– 제4대 모스크바 시장선거(2013.9.8.) 도전 선언(6월)
	– 모스크바 시장선거에 러시아공화당-국민자유당 소속으로 출마, 63만 2,697표(득표율 27.24%) 득표. 집권 여당 통합러시아의 세르게이 소뱌닌 후보(득표수 119만 3,178표, 득표율 51.37%)에 이은 2위로 낙선(9월)
2014	– 소속 정당인 '국민연합'의 당명을 '진보당'으로 변경(2월)
	– 경찰관의 법 집행 요구 불응으로 체포, 7일 구류(2월)
	– 러시아, 우크라이나 크림반도 병합(3월)
2015	– 지하철역에서 유인물 배부하다 체포, 4일 구류(2월)
	– 법무부, 나발니의 진보당 등록 불허
	– 나발니와 부패와의 전쟁재단, 푸틴 대통령의 측근 유리 차이카(Юрий Чайка) 전 검찰총장의 불법행위 관련 다큐멘터리를 블로그에 게재(12월)

푸틴 정적, 나발니의 생애: 러시아정치의 앞날은

2016	–	2018년 러시아 대통령 선거(2018. 3. 18.) 출마 공식 선언(12월)
	–	대선 캠페인 조직의 하나로 전국적 사회운동조직 '나발니본부' 설립 (12월)
2017	–	모스크바 반부패 시위에서 경찰 연행에 항의하다 체포, 15일 구류(3월)
	–	불법시위 금지 위반 혐의로 체포, 30일 구류(6월)
	–	불법시위 금지 위반 반복 혐의로 체포, 20일 구류(10월)
	–	러시아 중앙선거위원회, 나발니가 연루됐다는 키로블레스 사건 기소로 나발니의 2018 대선 후보 등록 거부(12월)
	–	'자바스톱카 이즈비라텔레이' 프로젝트 시작(12월)
2018	–	푸틴, 네 번째 대통령 취임. 메드베데프 내각 재출범(5월)
	–	'진보당' ↝ '미래의 러시아'로 당명 변경(5월)
	–	불법시위 조직혐의로 체포, 30일 구류(5월)
	–	자바스토바 이즈비라텔레이 주도 혐의로 체포, 30일 구류(8월)
	–	푸틴 정부의 연금개혁(수급 연령 상향)에 반대하는 '펜시야' 프로젝트 개시(6월)
	–	연금개혁 반대 시위 조직 혐의로 체포, 20일 구류(9월)
	–	SNS 원격접근 허브인 '트렌딩투데이' 프로젝트 시작(11월)
	–	'움노예 골로소바니예' 프로젝트 론칭(11월)
2019	–	'프롭소유즈 나발노보' 프로젝트 시작(1월)
	–	'미래의 러시아' 정당 대표로 선출(3월)
	–	불법시위 선동 혐의로 체포, 30일 구류 처분을 받고 구치 중 부종과 발진 등의 증상 발생. 유독물질 노출 의혹(7월)
	–	러시아 법무부, 부패와의 전쟁재단을 서방의 자금지원을 받아 외국의 이익을 대변하는 '외국 대리인'으로 지정(10월). 재단의 기능 사실상 상실
2020	–	나발니, 부패와의 전쟁재단 법적 승계단체로 시민권리보호재단을 등록
	–	푸틴 대통령의 권한 강화와 영구 임기 보장을 위한 개헌안 국민투표, 67.97%의 투표율에 찬성 77.92%로 통과(7월)
	–	시베리아 옴스크에서 모스크바로 돌아오는 여객기 내에서 의식 잃고 혼수상태, 독극물 중독 의혹(8월)
	–	독일 베를린의 샤리테 병원으로 이송, 상태 호전(9월)
	–	독일정부, 나발니가 독성 신경작용제인 노비촉에 중독됐다고 발표. 러시아정부는 부인

2021 - 나발니, 독일에서 치료 마치고 귀국하면서 체포돼 30일 법정 구속 (1월)
      - 모스크바시 법원, 2014년의 이브로셰 횡령 혐의로 나발니가 선고받 았던 집행유예를 취소하고 3년 6월의 징역형 판결. 이에 따라 집행 유예 선고는 효력을 상실, 사전에 이뤄진 가택연금 기간 1년 제외하 고 2년 6개월 추가 복역 확정(2월)
      - 모스크바시 검찰, 나발니가 주도해왔던 부패와의 전쟁재단과 그 후 신 시민권리보호재단, 사회운동조직 나발니본부를 극단주의 조직으 로 규정하고 시 법원에 극단주의 조직으로 지정해달라며 소송 제기
      - 모스크바시 법원, 극단주의 조직 지정과 함께 러시아 영토 내에서 나발니본부의 활동 금지 판결(6월)
      - 러시아 항소법원, 부패와의 전쟁재단과 시민권리보호재단, 나발니본 부를 극단주의 조직으로 최종 판결. 법원 판결에 따라 부패와의 전 쟁재단과 시민권리보호재단 등 2개 단체는 폐업, 나발니본부는 활 동 금지 확정(8월)

2022 - 러시아 금융당국, 나발니를 테러리스트 목록에 등재(1월)
      - 러시아와 우크라이나 간 전쟁 발발(2월)
      - 모스크바시 법원, "나발니가 자신이 설립한 부패와의 전쟁재단 기부 금 470만 달러를 개인 용도로 횡령하고 다른 재판에서 판사를 모독 한 혐의가 모두 유죄로 인정된다"며 징역 9년과 벌금 120만 루블을 선고(3월)

2023 - 러시아와 우크라이나의 전쟁 1년을 맞아 트위터로 자신의 15개 정치 적 입장 발표

2024 - 옥중에서 사망(2월)
      - 러시아 대통령 선거(3월)

1장

왜 나발니인가

러시아 야권의 아이콘 알렉세이 나발니(Алексей Навальный)라는 인물을 분석할 때 부딪치는 가장 현실적인 어려움은 그와의 면담이 사실상 차단돼 있다는 점이다. 잦은 가택연금이나 오랜 수감(收監)생활 때문만은 아니다. 외부와의 대면 접촉에 대한 정부 측의 견제도 만만치 않다.

따라서 나발니를 잘 아는 지인들을 통한 간접 대화, 나발니가 행한 여러 대중 연설과 언론 인터뷰, 그리고 선거 공약 등의 자료에 의존할 수밖에 없는 한계가 존재한다. 필자가 펴내는 이 책도 상황은 크게 다르지 않다.

다행스럽게도 러시아에서 언론사 특파원으로 4년간 근무할 때, 그리고 이후 연구자가 돼서도 나발니의 주변 인사들로부터 그에 관한 많은 이야기를 들을 수 있었다. 그 가운데 지금까지 뇌리에서 잊히지 않

1

고 여운이 깊게 남는 표현이 하나 있다.

"비록 정치관이 온전히 확립되지 않아 좌충우돌하지만 나발니는 '뚝심(упорство)'이 있는 친구다. 때문에 꾸준하게 지켜보면 러시아정치사에서 뭔가 일을 낼 인물이 나발니라는 사실을 깨닫게 될 것이다."

고(故) 보리스 넴초프(Борис Немцов, 1959~2015년) 전 러시아 부총리가 유명을 달리하기 전인 2011년, 필자에게 해주었던 말이다. 그해 12월 모스크바의 한복판에서 인터뷰할 때 들었던 말이니, 벌써 10여 년이 흘렀다. 현시점에서 곱씹어 봐도, 나발니의 야권 선배 지도자이자 동료이기도 했던 넴초프 전 부총리의 통찰력은 대단했다고 생각한다. 그 10여 년의 세월 동안 나발니는 수십 차례의 체포와 투옥 등

▶ 2015년 3월 보리스 넴초프 전 러시아 부총리(오른쪽)와 나발니가 한 기자회견에 참석해 있다.

출처: 나발니 인스타그램

푸틴 정적, 나발니의 생애: 러시아정치의 앞날은

물리적, 정신적 박해를 견뎌내며 이제는 러시아 야권의 상징으로 우뚝 자리 잡았기 때문이다.

창업에 관심이 많았던 법학도 출신의 나발니가 정치권에 발을 들이민 시기는 지난 2000년. 나발니처럼 법학을 전공한 최고지도자 블라디미르 푸틴(Владимир Путин) 대통령이 정치무대에 본격 모습을 드러낸 게 1999년이므로 두 사람의 정치 입문 시기는 큰 차이가 없다. 하지만 당시 푸틴과 나발니의 존재감은 비교가 불가능할 만큼 까마득한 격차를 나타냈다.

푸틴이라는 인물은 세계 최고 정보기관 중 하나인 러시아 연방보안국(ФСБ, 영어로는 FSB) 국장을 하다가, 1999년 8월 보리스 옐친(Борис Ельцин, 1931~2007년) 대통령이 총리로 임명하면서 세상을 깜짝 놀라게 했다. 그의 총리 임명 소식이 공개되자 러시아 정가 일각에서도, 심지어 푸틴 본인조차도 "푸틴의 정치적 생명은 이제 끝났다"는 평가를 내렸다.[1] 1991년부터 러시아를 이끌어온 옐친 대통령은 당시 국정난맥상 탓에 집권 막바지 지지율이 한자리수를 벗어나지 못했고, 그 책임을 전가할 희생양을 찾으려 무명이나 다름없던 새 총리를 임명한 게 아니냐는 분석이 많았기 때문이었다. 실제로 옐친 대통령은 자신이 풀지 못했던 체첸전쟁의 돌파구 모색과 모라토리엄 선언(1998년)에 따른 경제난 해법 마련을 총리에게 떠넘긴 꼴이었다. 만약 새 총리가 막중한 이들 임무를 제대로 해내지 못하면 총리가 전적인 책임을 지고 물러나야 할 분위기였다. 하지만 푸틴 총리는 보란 듯 제2차 체첸전쟁을 진두지휘해 승리로 이끌고 혼란스러운 러시아 내부 상황을 빠르게 정리했다. 그러면서 옐친의 뒤를 이어 명실상부한 대통령 후보가 되는 등 거물로 자리매김했다. 반면 나발니는 우리의 대학원 과정에 해당하는 재정아카데미를 졸업하고 야당 중에서도 제1야당이 아닌 소수파 '야블로코(Яблоко)'에 평당원으로 입당했다. 문자 그대로 '애송이'에 불과했다.

그로부터 20여 년이 지난 시점. 격세지감이라 해야 할까. '푸틴의 정적(政敵)'이라는 표현이 나올 만큼, 러시아정치권에서 나발니는 무시할 수 없는 존재감을 뽐내고 있다.

나발니의 위상을 두고 러시아 국내외의 평가는 분명히 나뉜다.

먼저 서방의 관점은 나발니에게 무척 우호적이라 할 수 있다. 기본적으로 나발니를 러시아 야권의 대표 인물로 인식한다. '인터넷에서 가장 영향력이 있는 세계적 인물(The world's most influential people in the Internet)', '러시아의 마지막 야권 영웅(Russia's last opposition hero)', '러시아 야권의 지도자(Leader of the opposition of Russia)' 등의 수식어가 이를 뒷받침한다.

이 때문에 푸틴과 맞서 싸워 이길 수 있는 유일한 지도자가 나발니라고 본다. 미국의 CNN을 비롯해 서방권 언론과 정치평론가들은 나발니를 '푸틴의 유일한 정적(Putin's sole political nemesis)', '푸틴의 제1적(Putin's No. 1 foe)', '푸틴의 주요 정치적 상대(Putin's main political opponent)', '푸틴을 이길 수 있는 인물(The man who would beat Putin)' 등으로 묘사해왔다.

반면 러시아 내부에서는 부정과 긍정적 평가가 공존하며, 호불호도 갈린다.

대체로 정부 관계자나 친정부 성향의 언론이 보는 관점은 지극히 부정적이다. 원문 그대로 옮기면 나발니를 '극단주의자(Экстремист)'나 '훌리건(Хулиган)', 심지어 '테러리스트(Террорист)'로까지

지칭한다. 제2차 세계대전 당시 유대인을 배제했던 나치 독일의 아돌프 히틀러(Adolf Hitler)처럼 나발니가 북캅카스와 중앙아시아 민족에 대한 적대감을 드러내 왔다는 측면에서 '새로운 히틀러(Новый Гитлер)'라는 평가가 있을 정도다. 또한, 미국이나 유럽연합(EU) 등 서방의 사주를 받아 러시아 사회를 무너뜨리려 한다는 맥락에서 나발니를 '외국대리인(Иноагент, 영어로는 foreign agent)'이라고 생각하는 인식도 퍼져 있다.

물론 러시아 내부에서도 서방측 인식처럼 '반부패 투쟁가(Борец с коррупцией)', '푸틴의 적(Заклятый враг Путина)', '러시아의 미래(Будущее России)' 등 나발니를 호의적으로 바라보는 시각이 있다. 또 러시아 국내 인권단체와 앰네스티 인터내셔널 등은 나발니가 '부당하게' 러시아정부의 정치적 탄압 아래 놓여 있다고 해서 '양심수'로 명명한다.[2]

한편 러시아 일각에서 나발니를 '젊은 날의 옐친(Молодой Ельцин)'이라고 규정하기도 하는데, 이 문구의 해석은 추가설명이 필요하다. 이 표현에 긍정·부정의 의미가 혼재돼 있기 때문이다. 두 사람을 비교하는 근거는 이렇다. 옐친은 대통령이 되기 전, 소장파 정치인으로서 공산주의 특권과의 투쟁을 선언하며 대중의 지지를 받기 시작했고 자신의 주장 관철을 위해 시민의 가두 투쟁을 부추기곤 했다. 나발니 역시 정치를 시작하면서 부패와의 투쟁을 자신의 모토로 내세우고 국민이 가두시위에 나서 불의(不義)에 항거해줄 것을 독려해왔다. 두 사람의 초창기 모습이 유사한 것이다.

먼저 긍정적인 측면은 대통령이 되기 이전의 옐친의 모습을 나발니가 앞으로도 지속해야 한다는 전제가 깔려 있다. 비록 푸틴 체제하에서 운신의 폭이 제한돼 있지만 향후 기회가 찾아왔을 때 권력에 취하지 않고 러시아 민주주의의 발전을 위해 노력하는 모습을 보일 것이라는 기대가 서려 있는 것이다.

반면 부정적 측면은 나발니가 옐친 생애의 전철을 답습할 가능성 때문이다. 젊은 날의 옐친은 뚝심 있는 민주적 지도자의 표본으로 각인되기도 했으나 대통령이 된 후 무능한 지도자로 전락했다. 비록 지병이 있었다는 점을 감안해도, 가족과 지인들을 권력 핵심에 배치해 독재에 가까운 전횡을 벌였고, 이들의 부정부패를 방관했으며 과도한 경제 충격요법으로 시장경제의 정착 기회를 날려버렸다. 체첸전쟁 등으로 국가를 내핍상태에 빠져들게 했고, 강대국 러시아의 모습을 사라지게 한 장본인이었다. 나발니가 지금까지는 민주 투사로서의 이미지가 강하지만 속내는 권력을 향한 욕심을 감췄을 수도 있고, 만에 하나 집권 시 옐친의 행태를 반복할 가능성을 배제할 수 없다는 점에서, '나발니 = 젊은 날의 옐친'이라는 등식은 부정적으로도 읽힐 수 있다는 것이다.

아무튼 1991년 러시아 탄생 이후 나발니만큼 정치권의 화제 인물로 떠오른 야권 정치인을 찾아보기는 어렵다. 젊고 저돌적인데다 아직은 공산주의적 색채나 스타일이 없다. 노회한 공산주의 기득권층 출신에다, 푸틴 대통령에게 맞서기보다 협조적이었던 기존 야권 전반에 대해 국민이 실망하고 무관심했기에, 나발니는 더더욱 돋보일 수밖에 없다.

법대를 나온 변호사, 기업인, 블로거(blogger), 반부패 활동가였던 나발니에게 러시아 국민의 눈길이 집중적으로 쏠린 시점은 2010년대에 들어서다. 특히 2013년 모스크바 시장선거에서 야권 후보로 나서 완주하고, 블로그로 다진 디지털 도전이 푸틴 대통령과 그 측근들을 겨냥하면서 나발니의 인기는 탄력이 붙었다. 각종 여론조사에서 그간

표 1.1 나발니 인지도

항목 조사시기	인지도	찬성	반대	부동층(잘 모르거나 대답하기 어려움)
2013년 5월	41%	6%	35%	59%
2021년 1월	75%(34%↑)	19%(13%↑)	56%(21%↑)	25%(24%↓)

무명이었던 나발니 인지도는 급상승했고 향후 대안으로서의 가능성도 조금씩 높아졌다.

러시아에서 가장 신뢰도를 인정받는 여론조사기관 레바다센터가 2013년과 2021년에 국민의 나발니 지지 여부를 조사한 결과는 주목할 만하다. 조사 시점인 2013년 5월은 모스크바 시장선거를 한 달 앞둔 때였고, 2021년은 당국이 나발니를 체포해 구속한 시점이었다.

2013년 모스크바 시장선거 출마와 2021년 당국의 나발니 체포 등의 계기마다 나발니에 대한 인지도는 찬반여부를 떠나 대체로 상승했다. 나발니에 대한 찬성과 반대가 모두 증가했고 찬성보다 반대 증가 폭이 더 컸다는 점이 특이하지만, 부동층은 크게 줄었다는 사실이 확인됐다. 2013년 이전까지 찬성과 반대를 합한 나발니 인지도는 10% 미만이었으나 모스크바 시장선거를 거치며 인지도가 4배 이상 오른 41%였고, 2021년 구속을 계기로 다시 약 2배 상승해 75%를 기록했다.

더욱 의미 있는 조사 결과는 연령대별 지지율이다.

레바다센터가 2021년 1월 29일부터 2월 2일까지 50개 연방주체(러시아연방을 구성하는 행정 단위) 18세 이상의 국민 1,616명을 대상으로 실시한 연령대별 지지율에서 나발니는 18~24세에서 36%, 25~39세에서 23%를 기록, 10%대에 그친 40세 이상의 지지율과 차

표 1.2 연령대별 나발니 찬성·반대 분석(2021년)

연령대 \ 구분	찬성	반대	부동층
18~24세	36%	43%	22%
25~39세	23%	49%	29%
40~54세	18%	55%	27%
55세 이상	12%	66%	22%

출처: 레바다센터(2021. 2. 5).

이를 나타냈다. 비록 찬성보다 반대가 많지만, 반대 비율 50%를 밑도는 청년층의 나발니 지지가 확인된 셈이다.

한편 조사 간격을 2년으로 좁혀, 푸틴 이후 대안적 정치인으로서 나발니의 위상이 높아진 여론조사 결과도 주의 깊게 살펴볼 필요가 있다.

카네기모스크바센터와 레바다센터는 2017년과 2019년 7월, 러시아 국민 1600명을 상대로 '누가 변화의 로드맵을 제시할 수 있는가?'

해설 1.1 연방주체(субъекты федерации, 聯邦主體)

러시아의 행정 단위인 연방주체는 1993년 새 헌법에 따라 89개로 정해졌다가 2008년 3월 1일부터 83개로 줄었다. 규모가 큰 공화국(республика)과 주(область)가 가장 많은 부분을 차지한다. 2014년 러시아가 우크라이나 크림공화국과 세바스토폴시를 합병 뒤 85개로 재조정됐다. 또한, 2022년 2월에 시작된 우크라이나와의 전쟁 과정에서 점령한 도네츠크와 루한스크 등 2개의 공화국, 자포리자와 헤르손 등 2개의 주(州)가 추가로 편입돼 89개로 늘었다.

푸틴 정적, 나발니의 생애: 러시아정치의 앞날은

라는 설문을 공동으로 실시했다.

그 결과, 2019년 7월 조사에서는 러시아 개혁 혹은 변화의 로드맵을 제시할 수 있는 정치인으로 푸틴 대통령이 16%로 1위, 고(故) 블라디미르 지리놉스키(Владимир Жириновский) 자유민주당 대표가 9%로 2위, 러시아연방공산당의 겐나디 쥬가노프(Геннадий Зюганов) 전 대표와 파벨 그루디닌(Павел Грудинин) 현 대표가 각각 5%와 4%로 3~4위로 나타났다. 나발니는 세르게이 쇼이구(Сергей Шойгу) 국방부 장관과 같은 3%를 얻어 공동 5위에 올랐다. 2년 전 같은 조사에 비해 푸틴 대통령은 9% 포인트 하락한 반면, 민족주의 성향이 강한 지리놉스키와 나발니는 각각 2%, 1% 포인트 상승했다.[3]

특히 나발니는 러시아 전체의 지지율과 대도시를 상징하는 모스크바 지지 비율이 3:10으로, 농촌보다는 도시에서 많은 지지를 받고 있음이 확인됐다. 물론 푸틴과 쥬가노프 역시 러시아와 모스크바 지지율이 16:20, 5:10으로 상대적으로 도시인구의 지지율이 더 높았으나 나발니처럼 격차가 크지는 않았다.

같은 조사에서 러시아 국민의 24%는 변화의 최우선적인 과제로 물

해설 1.2 블라디미르 지리놉스키

극단적 민족주의자인 지리놉스키 전 자유민주당 대표는 코로나 19로 인한 투병 끝에 2022년 4월 6일, 향년 75세로 사망했다. 소련이 붕괴하기 전인 1989년 창당한 민족주의 성향의 자유민주당을 30년 넘게 이끌며 대선 때마다 후보로 출마해온 지리놉스키 대표는 과격하고 거친 발언과 기행을 일삼는 '괴짜 정치인'으로 유명했으나 대중적 지지를 얻는 데는 실패한 정치인으로 꼽힌다.

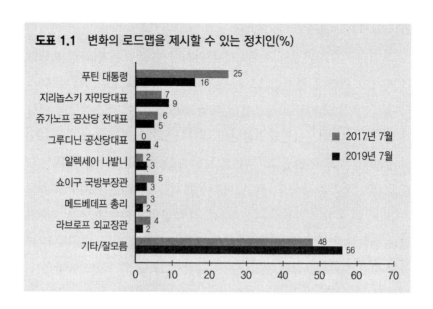

도표 1.1 변화의 로드맵을 제시할 수 있는 정치인(%)

푸틴 대통령 — 25 / 16
지리놉스키 자민당대표 — 7 / 9
쥬가노프 공산당 전대표 — 6 / 5
그루디닌 공산당대표 — 0 / 4
알렉세이 나발니 — 2 / 3
쇼이구 국방부장관 — 5 / 3
메드베데프 총리 — 3 / 2
라브로프 외교장관 — 4 / 2
기타/잘모름 — 48 / 56

■ 2017년 7월
■ 2019년 7월

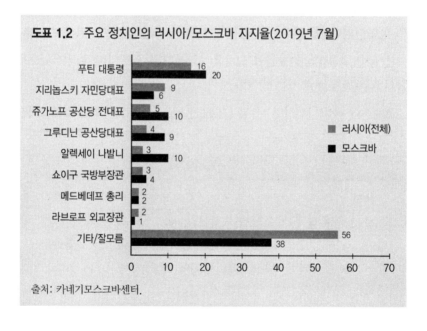

도표 1.2 주요 정치인의 러시아/모스크바 지지율(2019년 7월)

푸틴 대통령 — 16 / 20
지리놉스키 자민당대표 — 9 / 6
쥬가노프 공산당 전대표 — 5 / 10
그루디닌 공산당대표 — 4 / 9
알렉세이 나발니 — 3 / 10
쇼이구 국방부장관 — 3 / 4
메드베데프 총리 — 2 / 2
라브로프 외교장관 — 2 / 1
기타/잘모름 — 56 / 38

■ 러시아(전체)
■ 모스크바

출처: 카네기모스크바센터.

푸틴 정적, 나발니의 생애: 러시아정치의 앞날은

가 상승 억제, 임금과 연금의 인상, 생활 수준 격차 해소 등 주로 경제적 사안을 거론했다. 그다음으로 13%의 국민이 대통령 등 정권 교체를 희망하는 것으로 나타났고, 나발니의 슬로건이기도 한 '부패와의 전쟁'에 관한 요구 역시 10%로 높은 수준이었다. 이 때문에 나발니가 자신의 특허처럼 내세워온 '부패와의 전쟁' 전략은 러시아 국민의 요구 사항을 적절히 반영한 타깃 설정으로 평가할 수 있다.

인기 상승도 상승이지만, 무엇보다 나발니를 국민이 믿을 수 있는 지도자로 여기고 있다는 점이 중요하다. 러시아의 또다른 여론조사기관 로미르가 2020년 '국민이 신뢰하는 인물 10명'을 조사한 결과, 나발니는 2020년 10월 기준으로 1위 푸틴 대통령, 2위 세르게이 라브로프(Сергей Лавров) 외무부 장관, 3위 지리놉스키 자유민주당 대표에 이어 4위에 랭크됐다. 미하일 미슈스틴(Михаил Мишустин) 총리, 세르게이 쇼이구 국방부 장관 등 푸틴 대통령의 측근 인사는 물론이고, 대중적 인기가 높은 언론인 안드레이 말라호프(Андрей Малахов)와 블라디미르 솔로비요프(Владимир Соловьев), 아티스트 막심 갈킨(Максим Галкин), 배우 콘스탄틴 하벤스키(Константин Хабенский) 등 10위권 내 다른 인사들보다 높은 순위였다.[4] 이는 14세 이상 2,400명의 러시아 국민을 대상으로 실시하는 정기 조사다. 나발니는 1년 전인 2019년 조사에서는 19위에 그친 바 있다.

조사 대상 범위를 야권 정치인으로만 좁혀 별도로 조사한 결과, 나발니는 2018년 대통령 선거에 여성 후보로 출마했던 방송인 크세니야 솝착(Ксения Собчак)을 제치고 1위를 차지했다. 나발니는 러시아의 8개 연방관구 가운데 남부와 북캅카스 관구를 제외하고 모스크바와 중부, 북서, 극동, 시베리아, 우랄관구에서 높은 신뢰를 받았다. 반면 솝착은 남부와 북캅카스 관구에서 나발니를 앞질렀고, 그 외의 관구에서는 나발니에 뒤진 것으로 나타났다.[5]

정치신인에 머물던 나발니가 정당에 뿌리를 깊이 내린 기존 야권 지도자들을 제치고 부상한 배경은 러시아 국내외의 관심을 끌기에 충분하다.

특히 2024년 3월 15일부터 17일까지 러시아는 대통령 선거를 치른다. 하지만 서방세계가 유력 후보군의 한 명으로 지목하는 나발니는 2021년 1월 당국이 체포한 후 여전히 옥중(獄中) 신세다. 자신의 정치적 비전을 제대로 펼쳐 보일 장(場)을 심각하게 박탈당하고 있다. 때문에 러시아 국내 유권자들은 물론이고, 러시아 밖에서 나발니라는 인물이 어떤 사람인지, 그의 정책과 비전은 어떠한지 등을 분석할 모멘텀을 찾기도 쉽지 않다.

해설 1.3 연방관구(Федеральный округ, 聯邦管區)

러시아 전역을 나누는 가장 큰 행정 단위다. 80여개의 연방주체(субъекты федерации)와 달리 러시아 헌법에 명시된 행정 단위는 아니다. 2000년 5월에 취임한 푸틴 대통령이 행정개혁의 일환으로 북서, 중앙, 볼가, 남부, 우랄, 시베리아, 극동 등 7개 연방관구를 설치했고, 2010년 1월 남부 연방관구에서 북캅카스 연방관구를 분리·신설했다. 2014년 3월 러시아가 우크라이나 크림반도를 합병한 뒤 크림 연방관구가 신설돼 9개의 연방관구가 된 적도 있지만 2016년 7월 크림 연방관구가 남부 연방관구로 흡수되며 사라졌다. 연방관구의 수장(首長)은 러시아 대통령이 임명하는 대통령 전권대표다.

푸틴 정적, 나발니의 생애: 러시아정치의 앞날은

나발니의 석방과 복권, 대선 출마 여부 등을 거론하는 것은 시기상 조일 수 있지만, 나발니라는 인물을 우리가 주목해야 하는 이유는 충분히 많다. 한마디로 나발니의 향배가 러시아의 미래를 볼 수 있는 기준점이라 해도 과언이 아니기 때문이다.

우선 나발니는 앞으로의 러시아정치를 예측하는 가늠자다. 그의 투옥이 앞으로도 상당 기간 지속된다면 현 정권은 권위주의 독재정권이라는 오명(汚名)에서 자유로울 수 없게 된다. 꼭 푸틴 대통령이 아니더라도, 푸틴의 방식을 잇는 다른 권위주의적 지도자가 출현해 통치를 지속하거나 폐쇄적인 정치시스템이 계속된다는 방증이기도 하다.

둘째, 나발니의 향배는 러시아 사회의 민주화 척도로 작용할 것이다. 나발니가 자유로운 상태가 될 경우 러시아 사회에 통신·언론의 자유가 확대되고, 시민단체의 역할이 커진다는 것을 뜻하기 때문이다.

셋째, 나발니의 영향력이 커진다면 러시아 경제의 시장경제화가 더욱 탄력을 받는다는 의미다. 현재 러시아의 경제는 자본주의 경제체제를 근간으로 하되, 에너지 등 특정분야 기업들을 국가관리 하에 두고 시장에도 일정부분 국가가 개입하는 일종의 '국가자본주의(state capitalism)'에 가깝다. 시장과 민생, 개방 등을 우선시하는 나발니의 경제정책이 구현될 경우 러시아 경제의 변화 속도가 빨라질 것이라는 전망이다.

또한, 나발니의 위상 변화는 러시아와 서방의 관계 재(再)설정과도 직결돼 있다. 러시아의 대외정책에서 서방과의 협력보다 대결적 자세를 보여 온 푸틴 대통령과 달리, 나발니는 두말할 나위 없이 친 서방이다. 아직 먼 얘기일 수 있으나 2022년 우크라이나와의 전쟁을 계기로 심각하게 경색 국면을 이어가고 있는 러시아의 미국·유럽연합 관계뿐 아니라, 한반도 정책 변화도 기대할 여지가 있다는 것이다.

이와 관련, 2024년 현재 한국은 러시아정부가 정한 '비우호국가 목록(Список недружественных стран)'에 등재돼 있다. 비우호국은 특정 국가가 러시아와 러시아 기업, 러시아인 등에 비우호적으로 행동했다는 이유를 들어, 러시아가 정부령(令)으로 지정했다. 푸틴 대통령 집권 이후 한러 협력관계는 계속 발전해왔으나 2022년 2월 러시아-우크라이나전쟁 발발 직후 한국이 러시아 제재에 동참하고 그에 대한 반발로 러시아가 한국을 비우호국으로 지정하면서 사실상 답보 국면이다. 러시아는 2022년 3월 7일 정부령을 통해 러시아에 제재를 가한 한국과 미국, 영국, 일본과 27개 유럽연합(EU) 회원국 등 48개국을 비우호국으로 지정한 바 있다. 비우호국 목록에 등재된 국가는 교역과 러시아 주재 공관의 고용 등에 있어 제한받는 게 일반적이다.

이 모든 그림의 한복판에 서 있는 러시아 야권의 상징 알렉세이 나발니, 과연 그는 누구인가.

❖ 주

1) Путин, В.В., *От первого лица: разговоры с Владимиром Путин ым* (Москва: ВАГРИУС, 2000), С. 132. 푸틴 대통령이 자신의 자서전 속에서 밝힌 원문 표현은 "모두들 푸틴이 끝났다고 생각했고, 솔직히 나 역시도 그 가능성을 배제하지 않았다(Все сочли, что это конец. Но ведь и я, собственно, этого не исключал)"였다.
2) *РБК*(일간 『에르베카』), 2021. 2. 23.
3) https://carnegie.ru/2019/11/06/ru-pub-80273
4) *Коммерсантъ*(경제 일간지), 2020.10.24.
5) https://romir.ru

2장

러시아정치 변천과 나발니

나발니의 인생 역정은 러시아정치사와 깊은 상관성을 가질 수밖에 없다. 1976년 태어났을 때 나발니의 국적은 소비에트사회주의연방공화국, 즉 소련이었다. 공산주의 소련 체제에서 유년기를 보냈으나 우리의 고등학생이 되면서 국적과 체제는 각각 러시아 자본주의로 바뀌었다.

1991년 말 전 세계를 뒤흔들었던 소련의 붕괴와 마주한 것이다. 동(同)시대를 살았던 여느 소련·러시아 국민과 마찬가지로, 일련의 사태를 겪은 나발니의 심경은 복잡한듯하다. 연방의 붕괴가 불가피했다고 하면서도, 다른 한편으로는 소련 시절처럼 거대한 연방국가를 그리워하는 상반된 면을 보인다.

"소련방은 어쩌면 와해될 수밖에 없는 운명이었는지도 모른다. 1991년 당시, 더 이상 생존이 가능한 체제가 아니었다. 부정적 결과가 수없이 나타났던 탓이다. 대부분의 소련인에게 연방은 무거운 짐처럼 보였다. 소련을 구성했던 모든 공화국은 예외 없이 소련으로부터의 독립을 찬성했다. 당시 나는 우크라이나에 있는 친척들과 열띤 논쟁을 벌였던 것을 생생히 기억한다. 많은 이들은 '소련과 헤어지지 않으면(독립 대신 연방의 일원으로 남는다면) 먹을 것이 아무것도 없다'며 독립을 찬성했다. 그러면서 소련 구성공화국들 사이에서도 균열이 발생했다. 균열은 민주세력이 아니라 공산주의자, 콤소몰(1918년에 설립된 소련의 공산주의청년동맹) 회원, 국가비상대책위원회 등이 자행한 것이다. 아무튼 그 끔찍했던 '20세기의 주요 지정학적 재앙(소련의 붕괴를 지칭)'이 무엇인지 논하는 것은 이제는 일상적인 일이 됐다. 소련 붕괴를 초래한 일련의 사건들 가운데 1991년의 8월 쿠데타, 12월 벨라베자조약은 내게 더 이상 큰 주목거리는 아니다. 결과적으로 연방이 사라졌기 때문이다.

그럼에도 그런(소련방과 같은) 연방이 지금 존재한다면 정말 좋을텐데 … . '베데엔하'에 있는 '민족의 우의 분수'. 이는 우리에게 여전히 유효하다. 바로 지금 러시아가 우크라이나, 벨라루스와 함께 단일 국가가 된다면 좋을 것이다. 당장은 아니더라도 조만간 이런 일이 일어날 것이라고 생각한다."[1]

1990년대 초반 러시아는 일반적으로 체제전환국들이 겪는 것 이상의 대격변을 경험했고, 이는 훗날 나발니의 정치역정에 심대한 영향을 미쳤다.

게다가 1990년대 말에는 옐친 대통령의 예고 없는 사퇴와 후계자 푸틴 총리의 등장이라는, 세계 어느 국가에서도 보기 어려운 권력이양 과정을 지켜봤다. 나발니가 정치에 뛰어들 결심을 하게 된 직접적인 계기였다. 2000년 푸틴 정권의 탄생 이후 러시아정치체제가 권위주의적인 방향으로 흐르면서 나발니의 정치관도 점점 방향을 갖추게 됐다.

베데엔하(ВДНХ, 전러시아농업박람회장)는 수도 모스크바의 북쪽에 있는 대규모 박람회장이다. 현재는 모스크바 시민의 휴식 공간으로 조성돼 있다. 베데엔하 안에 1954년 건립된 '민족의 우의(友誼) 분수(Фонтан Дружбы Народов)'가 있다. 이 분수 자체보다 분수를 둘러싸고 있는 16개의 여성 조각상이 유명하다. 1991년까지 소련방을 구성했던 15개의 연방공화국과 1940~1956년의 기간 동안 소련방의 일원이었던 카렐리야-핀란드공화국을 상징한다.

소수 야당 입당과 출당, 당적 없이 사회운동 매진, 선거에 도전, 대정부 투쟁, 그리고 잦은 투옥에 이르기까지 나발니의 정치역정은 러시아 현대 정치사와 불가분의 관계에 있다. 소련에 이은 러시아의 현대사와 나발니의 상황을 시기별로 일목요연하게 비교 정리하면 그 상관관계에 대한 이해가 쉬울 것으로 보인다.

표 2.1　1970년대 이후 러시아(소련)와 나발니 비교 연표

소련(러시아)	연도	알렉세이 나발니
레오니트 브레즈네프 소련공산당 서기장의 집권 공고화	1976	나발니 출생
콘스탄틴 체르넨코 소련공산당 서기장 사망, 후임 미하일 고르바초프 서기장이 페레스트로이카 등 일련의 개혁·개방정책 시동	1985	슈콜라 4학년(초등 4~5학년에 해당)
소련 체르노빌 원전 사고 발생	1986	체르노빌은 나발니가 매년 가던 다차(별장)의 소재지. 1986년에는 체르노빌 사고로 가지 못함

계속 ▶▶

소련(러시아)	연도	알렉세이 나발니
보리스 옐친, 소련내 러시아공화국대통령 당선(6월) 소련공산당 강경세력의 반고르바초프 쿠데타 발발, 실패(8월) 소련 해체의 단초가 된 벨라베자조약 체결, 고르바초프 소련 대통령 자진 사임과 소련 공식 해체(12월) 소련을 정통성을 이어받은 러시아 탄생, 옐친이 첫 러시아 대통령 자동승계	1991	슈콜라 10학년(고교 1~2학년 해당) ※ 훗날 소련 해체를 '재앙'에 비유
옐친 행정부와 입법부 간 헌정 위기 발생, 옐친측이 무력 진압(10월) 신 헌법 제정(12월)	1993	러시아민족우호대 법대 입학(9월) ※ 훗날 신헌법을 '가장 멍청하고 권위주의적인 헌법'으로 묘사
옐친 대통령, 제1차 체첸전쟁 돌입	1994	
옐친, 대선 승리로 재선에 성공	1996	대학생 신분으로 아에로플로트방크에서 파트타임 근무 ※ 훗날 1996대선을 (여론조작 등에 의한) 부정선거로 규정
	1997	벤처기업 네스나와 알렉트 설립
러시아정부, 모라토리엄 선언	1998	러시아민족우호대 법대 졸업
옐친 대통령, 블라디미르 푸틴 연방보안국장을 총리에 임명(8월) 옐친 대통령 갑작스런 사임, 푸틴 총리가 대통령 권한대행에 취임(12월)	1999	러시아연방정부재정아카데미 금융학부 입학(9월)
푸틴, 대통령 당선(3월)과 취임(5월) 푸틴 대통령, 7개 연방관구제 도입으로 지방수장들의 권한 제한(5월)	2000	1999년의 권력재편(옐친 사임과 푸틴 등장)을 보고 정치를 하기로 결심, 소수야당 야블로코에 입당
	2001	연방재정아카데미 금융학부 졸업
국가두마 선거에서 집권 통합러시아 제1당으로 부상	2003	나발니 소속정당인 야블로코는 참패

계속 ▶▶

소련(러시아)	연도	알렉세이 나발니
푸틴 대통령, 재선(5월) 국가두마를 순수 비례대표제로 뽑고, 의석획득이 가능한 정당의 득표율도 5%에서 7%로 상향해 진입장벽 강화(12월)	2004	
	2005	야블로코 내에서 사회운동 프로젝트 시작
정보보호법 제정으로 반정부성향 블로그 규제(7월)	2006	라이브저널에 첫 개인블로그 개설(4월) 민족주의성향의 '러시아의 행진' 행사 주도(11월)
국가두마 선거에서 푸틴의 집권 통합러시아 압승, 개헌선 확보	2007	민족주의단체 '나로드' 설립(6월) 야블로코에서 출당(12월)
푸틴, 후계자 드미트리 메드베데프에게 대통령을 넘기고 자신은 총리에 취임(5월) 러시아, 조지아와의 전쟁에서 승리(8월) 개헌 통해 대통령 임기 4년 중임에서 6년중임으로 변경	2008	러시아 최초로 소액주주연합 결성
글로벌 금융위기의 파장, 러시아에 도래	2009	키로프주 지사 법률자문 변호사 자격시험 합격 로펌 설립(1년후 청산)
	2010	예일 월드 펠로로 선발돼 미국에서 6개월간 연수 나발니 반부패 운동의 새로운 단계라고 평가받는 '로스필' 프로젝트 시작(12월)
푸틴 총리, 2012 대선 복귀 선언 국가두마 선거에서 집권 통합러시아는 제1당 유지했으나 민심이반으로 의석수 급감(315석→238석)	2011	러시아 사상 처음으로 10만명 이상의 동의 서명 받은 입법안(정부 고위관료의 수입자동차 구입금지) 국가두마 제출

계속 ▶▶

푸틴 정적, 나발니의 생애: 러시아정치의 앞날은

소련(러시아)	연도	알렉세이 나발니
푸틴 총리, 2012 대선 복귀 선언 집권여당에 의한 부정선거 규탄 집회 전국으로 확산	2011	부패와의 전쟁재단 설립, 초대 사무총장에 취임
푸틴 대통령 당선, 세 번째 대통령 임기 시작. 총리엔 메드베데프 전 대통령 임명 지방수장 직선제 부활 등 민심 달래기용 개혁 조치 시행	2012	국영항공사 아에로플로트 이사
	2013	부활한 모스크바 시장 직접선거에 도전, 집권여당 후보에 이어 2위로 낙선
러시아, 우크라이나 크림반도 합병	2014	진보당 대표
	2015	푸틴 대통령의 측근인 유리 차이카 전 검찰총장 고발 다큐 게재
국가두마 선거에서 집권 통합러시아 압승, 역대 최다 의석 확보 (238석→343석) 푸틴 대통령, 네 번째 대선 도전 선언	2016	2018 대통령 선거 도전 공식 선언
	2017	중앙선거위의 나발니 대선 후보 등록 거부로 선거 도전 무산 유권자 파업 운동 돌입
푸틴 대통령, 대선 승리로 네 번째 대통령 취임	2018	야당 후보에 표를 몰아주는 '움노예 골로소바니예' 프로젝트 시작
러시아정부, 나발니는 독극물에 중독되지 않았다고 발표	2020	시베리아발 모스크바행 항공기 내에서 독극물 중독 의심 증상으로 입원, 독일 이송
	2021	독일 치료 후 귀국하다 체포, 수감

소련 붕괴와 옐친이 남긴 유산

나발니는 우크라이나계 아나톨리 나발니와 류드밀라 나발나야의 첫째 아들로, 1976년 6월 4일 모스크바주의 군사지역인 오딘초보 구역 내 부틴이라는 마을에서 태어났다. 부틴은 모스크바 시내에서 서남 방향으로 50여km 밖에 떨어져 있지 않은 근교 지역임에도 불구하고, 1970년대 후반 약 30가구 100명 안팎의 주민이 거주할 정도의 작은 마을이었다.

나발니의 성장 지역은 부틴에서 또 서남쪽으로 50km 내려간 칼루가주의 소도시 오브닌스크였다. 그러나 여름철에는 할머니가 거주했던 소련 내 우크라이나공화국 체르노빌에서 보냈다. 혈통도 그렇고, 자란 환경도 모두 우크라이나와 떼려야 뗄 수 없는 운명인 셈이다.

때문에 나발니는 스스로의 뿌리를 우크라이나에 둔다. 그는 2012년 2월 우크라이나 인테르TV와의 인터뷰에서 "나의 반(半)은 러시아인이고, 다른 절반은 우크라이나인이다. 개인적으로 내 뿌리나 유전적

해설 2.2 붕괴 이전의 소련

1991년 12월 소련에서 독립하기 전까지 우크라이나공화국은 소비에트사회주의연방, 즉 소련의 일원이었다. 연방 해체 이전의 소련은 우크라이나를 비롯해 ▲러시아 ▲그루지야(현 조지아) ▲라트비아 ▲리투아니아 ▲몰도바 ▲벨라루스 ▲아르메니아 ▲아제르바이잔 ▲에스토니아 ▲우즈베키스탄 ▲카자흐스탄 ▲키르기스스탄 ▲타지키스탄 ▲투르크메니스탄 등 15개 공화국으로 구성돼 있었다.

으로 러시아인보다는 우크라이나인에 더 가깝다고 생각한다. 그렇지만 결국 우크라이나인과 러시아인은 실질적으로 하나의 민족이다"고 밝힌 바 있다.[2]

이보다 앞선 2011년의 회고에서, 나발니는 유년 시절을 보낸 1980년대 소련의 시대적 상황을 별로 좋아하지 않는다고 털어났다. 당시 소련의 기준으로 보면 나발니 가정은 경제적으로, 사회적으로도 별다른 어려움이 없었다. 달리 말하면 일반 가정과 크게 차이가 없는, 평균적인 수준에 속했다. 그런데도 나발니의 기억 속에 소련은 무엇이든 부족한 사회로 남아 있는 듯하다. 나발니의 말을 들어보자.

"나는 (10살이 되던) 1986년 이전까지 할머니가 계신 우크라이나공화국 체르노빌에서 많은 시간을 보냈다. 유년 시절의 내 주된 기억은 우유를 배급받기 위해 기다란 줄을 섰다는 점이다. 항상 그랬다. 내가 7살이었던 1983년, 동생(올레크 나발니)이 태어났다. 아기였기 때문에 당연히 올레크는 많은 우유가 필요했고, (아주 어린 나이임에도) 올레크 조차 우유를 배급받기 위해 늘 줄을 서야 했다. 배급원들이 배급소에 우유를 가져오는 오후 2시까지 우리는 배급장소에 도착해야 했다. 난 학교가 파하자마자 배급소로 달려와 줄을 섰다. 부모님도 예외가 아니었다. 우리 형제는 우유 때문이었지만, 아버지와 어머니가 줄을 섰던 목적은 육류(肉類) 배급이었다. 두 분은 지금도 기억하신다. 당시 새벽 5시가 되면 고기를 배급받기 위해 줄을 서야 했던 사실을. 그래도 우리는 다른 지역의 가정들과 비교할 때 나은 편이었다. 내가 어린 시절을 보낸 곳은 군사지역이었고, 냉전 시대 소련이라는 나라의 특성상 군사지역에는 물자 보급이 상대적으로 원활했기 때문이다. 그럼에도 먹을 것이 부족해 우리 가족은 모스크바에서 우크라이나로 올 때 갖고 온 메밀을 재배했다. 또 내

어린 시절의 절반 가까이는 병(瓶)이 차지했다고도 할 수 있다. 우리 가족이 군사도시에서 살 때 수돗물 공급이 여의치 않아 우리는 병에 든 탄산수를 사서 마셨다. 그런데 이 병의 가격이 꽤나 비싸서 한 병에 20코페이카(копейка, 소련의 화폐 중 최소단위. 100코페이카 = 1루블)정도 했던 걸로 기억한다. 대부분의 가정이나 판매소에는 병 보관 장소가 충분치 않았기에 사람들은 마시고 남은 병을 모아두지 않았고, 나는 내가 샀던 음료수를 다 마신 다음 병을 되팔기도 하고 다른 사람들이 보관하지 않는 병도 모아 팔았다."

1980년대 소련의 물가에서 탄산수 가격은 확인되지 않지만, 1리터짜리 병으로 판매하던 우유가 평균 80코페이카였으니 병의 단가가 비쌌음을 유추할 수 있다.

어쨌든 체르노빌의 생활 수준이 소련 내 다른 지역에 비해 나은 편이었지만, 나발니는 체르노빌 지역 내에서도 일부 생활 수준의 차이가 있었음을 경험한 것으로 보인다. 부모님과 살았던 마을이 대부분 군인을 가장(家長)으로 둔 지역이어서 비슷한 생활을 했지만, 군인 가장이 소련 내에서만 복무한 가정과 해외에서 근무한 집에는 차이가 있었다고 나발니는 회고했다. 군인 아버지가 독일(당시는 동독)이나 헝가리, 아프가니스탄에서 복무한 가정에서는 당시 소련에서 구하기 힘든 일본제(製) TV가 있었고, 카세트테이프로 음악을 들었다. 완전히 다른 세상이었다는 것이다.

나발니의 말대로, 그가 어린 시절을 보낸 곳은 모두 군사지역들이다. 체르노빌은 냉전 시절이던 1972년 대탄도미사일 조기경보 레이더 기지가 설치되고, 같은 해 8월 원자력발전소(공식 명칭은 블라디미르 레닌 원자력발전소) 건설이 시작되면서 소련정부가 군사지역으로 지정했다. 또 나발니가 태어난 부틴 마을, 자란 곳들인 오브닌스크와 체르노빌은 모두 군사지역이었다. 특히 오브닌스크는 군사·과학도시로 명명돼 있다.

나발니의 성장 환경이 군사지역이었던 것은 아버지 때문이었다. 지금은 우크라이나 영토에 있는 소련 키예프군사통신학교 과정을 마친 아버지 아나톨리 나발니가 졸업 후 배치받은 곳이 모스크바 인근의 군사지역 부틴이었다. 통신병 출신의 아버지는 1979년 말 소련의 아프가니스탄 침공 이후 소련군의 전황(戰況)을 확인하기 위해 단파(短波) 수신기를 구입했다고 한다. 덕분에 나발니 집에서는 시도 때도 없이 '미국의 소리(Голос Америки)' 방송을 들을 수 있었고, 자연스레 나발니도 미국식 사고에 녹아들었다. 나발니가 성인이 된 뒤 한 때 당국으로부터 미국 CIA(중앙정보국)의 스파이가 아니냐는 혐의를 받았던 것은 이 같은 가정환경과 무관치 않다는 해석이 있다.

한편 나발니의 성장배경이기도 했던 우크라이나 체르노빌에서 1986년 4월 26일에 발생한 원자력발전소 폭발 사고는 그의 삶에도 상당한 파장이 있었던 것으로 보인다. 나발니의 어머니 류드밀라 나발나야는 "그해 4월 말 체르노빌에 살던 가족들이 내게 전화를 걸어 '올 여름에는 알렉세이를 체르노빌의 다차(Дача, 텃밭이 딸린 교외의 시골별장)로 보내지 말라'고 했다. 전화 연락 후 체르노빌의 가족은 대피해 다른 곳(키예프에서 차로 1시간가량의 거리인 노보예 잘레시예 지역)으로 정착했다. 아들 알렉세이가 체르노빌 관련 얘기를 많이 하지 않는 편이지만, 체르노빌 원전 사고는 그에게 매우 큰 영향을 미쳤다"고 했다.[3] 어머니 얘기대로 나발니는 체르노빌 사고에 대해서는 언급을 자제하는 편이다. 오직 그가 한 표현이라고는 "만약 체르노빌 원전 사고가 4월이 아닌 6월에 발생하고 내가 평소처럼 6월에 할머니가 계신 체르노빌로 갔더라면 나와 내 가족도 원전 사고의 직접적인 희생자가 됐을 것"이라며 체르노빌 사고는 '보편적 재앙(вселенская катастрофа)'이라고 한 것뿐이다. 실제로 나발니 친척 중 원전 사고의 희생자가 일부 있어서 나발니가 이 이상의 정치적 언급은 삼가는 것으로 본다.

1980년 중반 미하일 고르바초프(Михаил Горбачёв) 소련공산당 서기장이 시동을 건 페레스트로이카(Перестройка)는 나발니에게 음악, 그리고 사회운동과 가까워지는 계기를 만들어 준 것으로 보인다. 페레스트로이카 시대를 아우르던 저항적 록음악, 그리고 이런 음악이 내포한 반공산주의와 자유지향 메시지를 나발니도 접했기 때문이다. 1980년대 개혁·개방 열풍 속의 소련을 상징한 록그룹 키노(Кино), 데데테(ДДТ), 알리사(Алиса) 등이 유행시킨 록음악에 자연스럽게 빠져들었다. 나발니는 여러 인터뷰에서 "지금도 여전히 가슴속에는 그때의 노래들이 살아 있다. 소련의 록음악은 내게 진정한 민주주의와 자유주의에 대한 생각을 심어줬다"고 밝힌 바 있다.

이 무렵 나발니의 마음속 영웅으로는 1984년작 할리우드 영화 〈터미네이터〉의 주연 아널드 슈워제네거(Arnold Schwarzenegger)가 자리 잡았다고 한다. 나발니는 남성잡지 『에스콰이어(Esquire)』와의 2012년 인터뷰에서 "내 어릴 적 영웅은 슈워제네거였고, 지금도 마찬가지다"고 말했다. 나발니의 지인들 역시 '나발니가 아마도 〈터미네이터〉 시리즈에서 미래를 구원하는 전사(戰士) T-800을 연기했던 슈워제네거와, 소련 혹은 러시아를 살려내려는 자신을 동일시한 것 아니겠느냐'며 같은 내용을 증언한다.[4]

그가 〈터미네이터〉에 빠져 있던 1991년 12월, 소련이 마침내 무

푸틴 정적, 나발니의 생애: 러시아정치의 앞날은

해설 2.3 소련의 록그룹 키노, 데데테, 알리사

키노는 러시아에서 지금도 가장 유명한 고려인 빅토르 초이(Вик
тор Цой, 한국성으로는 최)가 1981년 레닌그라드(현재의 상트
페테르부르크)에서 결성한 소련의 록그룹이다. 키노는 러시아어
로 영화(관)라는 뜻이다. 멤버들이 록밴드 이름을 뭘로 할까 회의
하다 결론이 나지 않던 중, 귀갓길에 레닌그라드 시내 지하철역을
밝게 비추던 한 영화관의 빛나는 간판을 보고 작명했다고 한다.
1980년대 소련에서 자유주의와 반체제적 노래로 가장 인기가 많
고 유명한 록밴드였으나, 그룹의 리더 빅토르 초이가 1990년 의
문의 교통사고로 사망한 뒤 해체됐다. '소련의 비틀즈(Beatles)'
라는 별칭을 가진 키노가 러시아 록에 가장 큰 영향을 끼친 그룹
이라는데 이견이 없다. 이 그룹의 사회적 파장이 워낙 컸고 '키노
마니아(Киномания, 키노의 팬덤)'라는 말이 일반명사로 쓰일
정도로 소련 치하에서 전국적으로 다양한 팬 층을 보유했다.
데데테는 1980년 소련 바슈키르공화국 수도인 우파에서 결성한
소련의 5인조 록그룹. 해충퇴치에 널리 사용되던 살충제 DDT의
이름을 따서 만들었다. 20세기 말과 21세기를 통틀어 러시아 최
고의 밴드 중 하나로 평가받는다. 알리사는 1983년 레닌그라드를
기반으로 결성해 지금까지 활동하는 록그룹이다. 1985년에 낸 데
뷔앨범 '에너지(Энергия)'는 당시 소련에서 100만 장 이상을 판
매한 히트작이었다.

너지고 신생국가 러시아가 탄생했다. 나발니는 자신이 나고 자란 토
양, 소련의 붕괴 과정을 생생하게 지켜봤다. 그의 눈에 비친, 혼돈 속
1990년대 러시아 역사의 세 장면은 ▲1991년 8월의 '8월 쿠데타(Ав
густовский путч)' ▲같은 해 12월의 '벨라베자조약(Беловежск

ие соглашения)' ▲1993년 10월의 '헌정 위기(Конституционн
ый кризис)'로 요약된다.

먼저 소련 시절이던 1991년 8월의 쿠데타. 일각에서는 반란의 느낌
이 강한 '8월의 폭동(Августовский переворот)' 용어를 사용하기
도 하나, 이 사건에 대한 평가를 둘러싸고 여전한 논란이 있어 현재는
중립적인 '8월 쿠데타'라는 표현을 일반적으로 쓴다. 이는 페레스트로
이카와 글라스노스트(Гласность) 등 개혁·개방정책을 밀어붙이던
고르바초프 소련 대통령을 실각시키려 소련공산당 강경 세력들이 주
도했다.

겐나디 야나예프(Геннадий Янаев, 1937~2010년) 부통령과 블
라디미르 크류치코프(Владимир Крючков, 1924~2007년) 국가
보안위원회(КГБ, 영어로는 KGB) 위원장 등 8명이 중심이 된 쿠데타
세력은 자신들을 '애국자'라 칭하며 국가비상대책위원회를 결성했다.
거사(擧事) 하루 전인 8월 18일 크림반도의 별장에서 여름휴가를 보내
던 고르바초프 대통령을 찾아가 대통령직에서 물러나고 야나예프 부
통령에게 권력을 넘길 것을 요구했다. 쿠데타 세력은 정치·경제 분야
의 개혁과 개방, '느슨한 연방'으로의 재조정(새 연방조약 체결을 통해
구성 공화국들이 자치권을 확대하되 연방제의 틀은 유지)에 초점을 맞
춘 고르바초프의 정책이 기존 공산당 체제를 무너뜨리는 것은 물론,
소련 체제의 와해를 초래할 것으로 우려했다. 하지만 고르바초프 대통
령은 이들의 요구를 거절했고, 크림반도 별장에 갇히는 신세가 됐다.

소련방의 재편 혹은 해체 문제는 고르바초프 소련 대통령과 소련공산
당내 강경 세력 간의 갈등 사안이기도 했고, 고르바초프 '소련' 대통령과
옐친 '러시아공화국' 대통령이 첨예하게 대립했던 문제이기도 했다.

푸틴 정적, 나발니의 생애: 러시아정치의 앞날은

고르바초프 대통령은 최후까지 연방의 붕괴를 막고자 했다. 8월 쿠데타가 발생하기 약 8개월 전인 1990년 12월 초 소련 구성공화국 지도자들과의 협의를 거쳐, 각 공화국 국호에서 사회주의를 삭제하고 공화국들의 주권을 강화하는 것을 골자로 한 새 연방조약 초안을 이끌어냈다. 예를 들어 우크라이나와 카자흐스탄의 경우 공식 국호가 각각 '우크라이나 소비에트 사회주의 공화국' '카자흐 소비에트 사회주의 공화국'이었듯, 그전까지 소련방을 구성한 15개 구성공화국들은 저마다 사회주의 단어를 포함하고 있었다. 그러나 사회주의의 실패라는 시대적 흐름을 반영해 이를 삭제하고, 스탈린식의 중앙집권적 연방제에서 벗어나 각 구성공화국이 경제정책 수립 권한 등을 보유하게 한 것이다. 새 연방조약 초안에는 '연방 내 모든 공화국은 주권국가이며 자발적 참여로 형성된 주권연방 민주국가'라는 규정까지 들어가 있었다. 이 초안은 12월 중순 소련 인민대표대회(1989년 소련의 개혁정책에 따라 자유총선거를 통해 구성된 새 의회)에서 통과됐다. 그러나 도중에 러시아정교회보다 기독교 성향이 강한 아르메니아·몰도바·그루지야, 그리고 슬라브족과 이질성을 보여온 발트 3공화국(라트비아·리투아니아·에스토니아) 등은 고르바초프의 새 연방조약에 반대했다.

결국 새 연방조약 초안이 나온 지 4개월만인 1991년 4월, 6개 공화국을 제외한 9개 공화국은 새 연방에 참여한다는 '1+9 선언'이 도출됐다. 여기에서 1은 고르바초프 소련 대통령의 지위를 인정한다는 의미다. 당시 러시아공화국 대통령이었던 옐친도 이 선언에 동의했다. 고르바초프가 제시하고 9개 공화국이 합의했던 연방은, 소련방이 모두 와해된 뒤 소련에서 독립한 국가들 자격으로 결성한 훗날의 독립국가연합(CHГ, 영어 약칭은 CIS)과는 완전히 다른 형태였다. 하지만 9개

공화국들이 완전한 합의에 이르지 못하자 결과적으로 8월 쿠데타 저지로 확고한 인기를 등에 업은 옐친 러시아공화국 대통령은 '상급자'인 고르바초프 소련 대통령의 방안을 무시하며 독자노선을 걷기 시작했고, 내심 고르바초프의 안에 불만이 컸던 소련공산당 강경파들도 새 연방구상을 휴지조각처럼 취급했다.

2022년 8월 고르바초프 전 대통령이 유명을 달리한 뒤에야 밝혀진 사실이지만, 나발니는 페레스트로이카를 더 강하게 밀어붙이지 못한 고르바초프를 초기에는 부정적으로 봤다가 '존경'으로 재평가했다. 이 때문인지는 확실하지 않으나, 나발니가 실행해온 부패와의 전쟁 프로젝트나 그가 구상하는 러시아 연방제는, 지도자 고르바초프의 모습이나 고르바초프가 끝까지 지키고자 했던 연방구상과 닮았다는 평가다.

나발니가 규정한 고르바초프는 '걸출한 사람(Выдающийся человек)'이다. 왜 이럴 정도의 평가를 내린 것일까. 2022년 8월 고르바초프가 사망했을 때 나발니가 자신의 텔레그램 채널에 올린 추모문구에 답이 나와 있다.

"걸출한 사람, 고르바초프 전 소련 대통령에 대한 내 심경은 복잡하다. 처음에는 내가 좋아했던 급진적 민주주의자들(옐친 등을 의미)을 가로막았던 지도자로 생각했지만, 나중에는 고르바초프에 대한 존경심이 들었다. 훗날 (옐친과 같은) 급진적 민주주의자들은 대부분 도둑과 위선자 집단으로 밝혀졌다. 반면 고르바초프는 사적인 이익과 부를 위해 자신이 가진 권력과 기회를 사용하지 않은, 극소수의 지도자였다. 또한, 그는 소련 유권자들의 뜻을 존중해 평화로운 방식으로, 자발적으로 권력을 내려놓고 떠났다. 이것만으로도 고르바초프는 엄청난 위업을 이뤘다. (소련의 해체 등) 20세기 말 전 세

푸틴 정적, 나발니의 생애: 러시아정치의 앞날은

계를 뒤흔든 그의 삶은 동시대 사람보다는 후손들이 더 호의적으로 평가하게 될 것이다.”[5]

망자(亡者)에 대한 애도여서 상당 부분 호의적 평가가 반영됐다고 하더라도 고르바초프에 대한 나발니의 인식은 초기의 부정적 시각에서 시간이 갈수록 긍정적 평가로 바뀌었다.

옐친 전 대통령에 대한 나발니의 생각은 고르바초프와는 정반대다. 나발니 스스로 옐친의 '열혈팬(большой фанат)', '슈퍼팬(суперфанат)'이라고 고백할 정도로,[6] 옐친 집권 초기까지는 칭찬 일변도였다. 나발니가 직접 밝힌 적은 없으나, 옐친의 성장 과정이나 급진적 민주주의자로서의 이미지가 자신과 흡사하다고 생각했기 때문이라는 게 정치권의 추측이다.

실제로 옐친은 러시아 중부 스베르들롭스크주에서 농부의 아들로 태어났지만 어려서부터 공부를 잘했고 학교에서 선생님들의 부당한 지시에 반항하는 열혈학생이었다고 한다. 여섯 살이던 1937년부터 1948년까지 우리의 초중고 통합과정에 해당하는 슈콜라(школа)를 다녔다. 슈콜라에서는 14개의 과목을 이수했는데, 졸업 이력에는 8개 과목에서 만점인 5점을 받았고 나머지 6개 과목에선 4점을 기록했다. 이 기간 독일어 담당 여교사가 일부 학생을 구타하고 방과 후 자신의 집에서 가사노동을 거들게 하자 옐친이 주도해 이를 거부, 학교에서 잠시 쫓겨나기도 했다. 이 같은 에피소드는 다음 장에서 풀어낼 나발니의 어린 시절과 공통점이 많다. 옐친은 1955년 우랄공과대학교에 입학한 후 철도하역 파트타임으로 돈을 벌기도 했고 대학 졸업 후 1963년 소련공산당에 입당하기 전까지 8년의 시간을 건설현장 노동자로 일하면서 소련 노동자들이 무엇을 생각하고 원하는지 정확하게 파악했다고 한다. 하지만 소련공산당 입당 후 승승장구하면서 공산주의적 특권에 물들기 시작했다. 그러다가 공산주의가 무너지고 소련 해체 직전인 1991년 6월 러시아공화국 대통령 당선, 8월의 쿠데타 저지 등을 거치며 특권은 민주주의자로서의 특권으로 점차 바뀌었다. 그러자 나발니는 초창기 자처했던 옐친의 '슈퍼팬'을 거둬들이고 도둑과 위선자 집단으로 매도하기 시작한 것이다.

아무튼 옐친의 1991년 8월 쿠데타 저지 과정은 극적이었다. 소련공산당 강경 세력의 쿠데타는 모스크바 인근에 주둔하던 최정예 타만(Таман) 사단과 칸테미르(Кантемир) 사단의 대규모 탱크부대를 동원, 19일 오전 7시 방송국 장악을 신호탄으로 성공하는 듯했으나 결국 '3일 천하'로 막을 내렸다. 시대의 변화를 읽지 못한 채 성급하게 결행한 거사가 개혁을 원하는 국민의 저항에 맞닥뜨린 것이다. 그 저항의 중심에 선 인물이 바로 옐친이었다. 쿠데타 반대 시민들은 당시 의회(최고소비에트) 청사가 있던 모스크바 시내 '벨리 돔(Белый дом, 본래 뜻은 하얀 집으로 외벽이 모두 흰색이어서 붙여졌다. 현재는 러시아정부청사로 사용된다)'으로 속속 모여들었고, 이때 옐친 러시아공화국 대통령이 합류했다. 옐친은 이날 저녁 6시 40분경 벨리 돔 앞에 진주했던 한 탱크 위로 올라가 소련공산당 강경 세력의 쿠데타를 비난하고, 소련 국민과 전 세계 시민에게 쿠데타 반대 진영에 동참해줄 것을 호소했다. 20세기의 세계 현대사의 한 페이지를 장식한 바로 그 역사적 장면이다. 이를 계기로 쿠데타 가담 세력의 일부가 빠져나가기 시작했고, 계속 남은 세력은 광기(狂氣)에 가까운 실력행사에 나섰다. 쿠데타 사흘째인 21일 새벽, 쿠데타군 장갑차가 시위대의 바리케이드를

밀치고 벨리 돔 내부로 진입하는 과정에서 3명의 시민이 희생되는 비극이 발생했다. 반쿠데타 시위대의 저항 열기는 더욱 거세졌고 시위대 규모도 100만 명 가까이 불어났다. 시민들의 시위 진압에 나섰던 쿠데타 측 특수부대는 이에 압박을 느끼고 대열에서 속속 이탈, 결국 21일 국방부 장관 명의로 모스크바에 진주한 모든 병력의 철수 명령이 내려졌다. 쿠데타 지도부는 모두 체포되거나 자살했고, 크림반도에 감금됐던 고르바초프 대통령은 50여 시간 만에 모스크바로 돌아와 업무를 재개했다. 1991년 8월의 소련공산당 강경 세력 쿠데타는 체제전환기 국기(國基)를 뒤흔든 격랑이었고 옐친을 민주투사로 만들어줬으며 소련의 해체를 앞당겼다.

쿠데타 당시 나발니는 시위 등에 직접 참여하지는 않았으나 때로는 집에서 TV를 통해, 또 때로는 벨리 돔 앞에 탱크를 몰고 동원된 옛 군사지역 이웃으로부터 많은 얘기를 들었다고 했다.

같은 해 12월의 벨라베자조약 체결은 소련방의 붕괴를 보다 직접적으로 몰고 온 사건이다. 4개월가량 앞서 있었던 소련공산당 강경세력의 쿠데타 실패로 기존 연방체제의 유지나 고르바초프 대통령이 주도한 '1+9 선언' 등은 물 건너간 데다, 소련의 핵심 일원이던 우크라이나공화국이 12월 1일 소련으로부터의 독립에 관한 국민투표를 실시해 92.26%의 찬성을 얻는 등 여러 공화국의 소련 이탈 움직임이 가속화되고 있었다. 차제에 고르바초프 소련 대통령의 권위를 뛰어넘어 역내 최고지도자로 부상하려는 옐친 러시아공화국 대통령의 욕심이 불을 댕겼다.

소련을 구성하던 슬라브계 3개국, 즉 러시아(보리스 옐친 대통령)와 우크라이나(레오니트 크라프추크 대통령), 벨라루스(스타니슬라프

슈스케비치 최고회의 의장)의 지도자는 1991년 12월 8일, 벨라루스에 있는 벨라베자 삼림지대의 한 별장에 모여 소련 해체 및 독립국가연합 결성에 합의했다. 소련의 해체를 되돌릴 수 없게 기정사실로 만든 것이다. 연방의 존속을 실낱같이 고대했던 고르바초프 소련 대통령은 벨라베자조약이 소련정부의 비준을 거치지 않았다고 비판하며 승인을 거부했으나 러시아 등 여러 공화국 의회가 벨자베자 조약을 비준동의하자 결국 인정할 수밖에 없었다. 1991년 12월 25일 고르바초프는 역사상 최초이자 마지막인 '소련 대통령' 직을 스스로 사임했고, 그 이튿날인 12월 26일 소련은 공식 해체됐다.

벨라베자조약의 핵심은 전문(前文)에 있다. '국제법적 및 지정학적 실체로서의 소련방은 더 이상 존재하지 않는다'는 것이다. 나발니는 특히 소련의 해체를 '20세기의 재앙(катастрофа)'이라고 표현했다.

나발니에게 있어 1991년 8월의 쿠데타, 12월의 소련 해체만큼이나 놀랍고 정치적으로 충격을 준 사건은 약 2년 뒤에 발생한 1993년 10월의 헌정 위기였다.

이는 나발니가 슈콜라를 졸업하고, 러시아민족우호대학교 법과대학에 진학한 뒤 한 달여 만에 발생한 사건이다. 뿐만 아니라 1991년의 쿠데타와 소련 해체와 달리, 1993년의 헌정 위기는 소련이 아닌, 민주 신생국 러시아에서 벌어진 사건이어서 나발니가 받은 충격은 더 했던 것으로 보인다. 헌정 위기는 아울러 새내기 대학생 나발니가 정치에 관심을 갖게 된 실질적 계기이기도 했다.

1991년 12월 소련이 무너진 후에도 옐친은 새로운 헌법을 제정하거나 지지 정당을 결성하지 않은 채, 1989년 소련 체제에서 구성된 러시아공화국 인민대표대회가 그대로 의회의 기능을 담당하도록 했다. 때문에 신생 러시아는 직접선거에 의한 대통령제와, 인민대표대회의 최고 상설기구인 최고소비에트제가 혼합된 정치체제였다. 인민대표대회의 대표들과 최고소비에트는 이전과 달리, 민주적이고 경쟁적 선거를 통해 선출됐지만 이들 중 상당수는 공산당세력이었다. 따라서 옐친정부의 각종 개혁 정책에 불만이 컸다. 특히 경제개혁에 속도를 높일 경우 자신들이 받게 될 이익 침해를 두려워했다.

반면 쿠데타를 저지한 민주투사 이미지 등으로 큰 인기를 얻은 옐친 대통령은 경제개혁에 돌입, 소련 시절의 국영회사를 민영화하고 국유재산을 민간에 매각했다. 하지만 준비가 미흡한데다 과도하게 급격한 변화로 경제는 급속히 나빠졌다. 일반 국민뿐 아니라 엘리트들의 반감도 커졌다.

헌법 제정을 비롯한 정치적 사안을 두고는 더 극렬하게 부딪혔다. 1993년의 러시아는 소련이 없어졌음에도 여전히 소련의 존재를 전제로 한, 그 시절의 헌법을 사용하고 있었다. 비록 소련의 정통성을 러시아가 이어받았다고는 하지만 독립 신생국 러시아는 새 헌법을 제정해야 했다. 옐친 대통령은 최고소비에트보다 권한이 큰 대통령제 헌법을 원했던 데 비해, 최고소비에트는 소련 시절처럼 최고소비에트가 실권을 쥐는 내각제 헌법을 희망했다.

이런 맥락에서 인민대표대회와 최고소비에트는 옐친 대통령의 정책에 제동을 걸었고, 옐친은 입법부를 무시하고 행정권을 발동함으로써 입법부와 행정부의 대립은 빈번해졌다. 옐친 대통령이 1992년 6월에 임명한 예고르 가이다르(Егор Гайдар, 1956~2009년) 총리 인준을 최고소비에트가 6개월이나 거부하면서 갈등은 정점에 달했다. 급기야 옐친 대통령은 1993년 9월 21일, 헌법적 권한에 없던 최고소비에트 해산이라는 '초강수'를 꺼내 들었다. 이에 맞서 최고소비에트도 가만히 있지 않았다. 당시 의장이던 루슬란 하스불라토프(Руслан Хасбулатов, 1942~2023년)의 주도 아래 23일 긴급 대표회의를 소집, 옐친 대통령을 탄핵하고 부통령이던 알렉산드르 루츠코이(Александр Руцкой)를 대통령 권한대행으로 세웠다. 10월 3일 벨리 돔에 있던 최고소비에트 구성원들과 친(親)최고소비에트 시위대의 행동이 과격해지고 유혈사태까지 발생하자 4일 옐친 대통령은 행정명령을 발동했다. 군 병력을 동원, 벨리 돔을 포격하고 이곳에 있던 시위대를 진압한 것. 이 과정에서 158명의 인명이 희생됐다. 결국 지도자들은 체포됐고 최고소비에트는 강제로 해산됐으며, 대통령 권한을 키운 새 헌법 마련의 기초를 닦았다.

나발니는 1991년의 공산당 강경 세력의 쿠데타나 소련 해체 때와는 달리, 1993년 헌정 위기라는 소용돌이가 발생했을 때는 그 현장에 있었다.

"정치에 대한 내 견해는 17살이던 1993년에 제대로 형성된 것 같다. 지금에 와서 그때를 회상해봐야 바보 같은 짓이지만, 그래도 그 당시엔 별다른 걱정이 없었고 두려워할 것도 없었다. 나는 그저 소련 시대의 산물이었다. 그랬기 때문에 경제나 삶에서 모든 것이 무너지고 있을 때도 제대로 인지하지 못했다. (소련 해체 후) 옐친 대통령과 아나톨리 추바이스(Анатолий Чубайс, 옐친 정권의 경제계획 프로그램을 기획·실행한 인물)가 '소련의 멍에를 벗고 자산을 민간에 팔면 멋진 삶이 시작될 것이다'라고 얘기할 때 그 말을 믿을 수밖에 없었다.

1993년 10월 옐친이 최고소비에트를 향해 발포 명령을 내렸을 때를 나는 생생하게 기억한다. 대학(러시아민족우호대 법대) 1학년 학생이었는데, 친구 안드레이 스몰랴코프와 소풍 차 모스크바의 여러 명소를 돌아다니고 있었다. (모스크바 한복판인) 노비 아르바트(Новый Арбат) 거리를 따라 특수군이 뛰어가고 있었고 저격수가 배치돼 600여 명의 시위대와 대치하고 있었다. 나는 (최고소비에트가 있던) 벨리 돔에서의 상황을 좀 더 자세히 지켜보기 위해 인근 동물원 담벼락 위로 올라갔다. 그때 총성이 들렸다. 총소리에 놀란 호랑이가 우리 안에서 이곳저곳을 뛰어다녔다. 주변에 있던 사람들은 해산했다. 일부는 총에 맞기도 했고, 또 어떤 이들은 겁에 질려 있었다.

최고소비에트를 해산하고 헌정 위기를 끝낸 후 옐친과 악당들은 갑자기 개혁주의자와 시장주의자로 돌변했다. 마치 모든 이의 지지를 얻은 듯 행동하며 '모든 것을 파괴하고 새롭게 시작하자!' '외국인(투자)들을 들어오게 하자!'라고 선동했다. 심지어 '움직이지 않는 사람은 쓸모 없다'며 연금수급자들의 존재도 무시했다.

나는 1993년 당시 '하스불라토프 물러가라' '옐친은 전진하라'라는 (친 옐친) 입장에 서 있었기 때문에 지금의 책임을 공유한다. 결국 푸틴의 집권을 가져온 옐친 정권의 본질을 제대로 보지 못했기 때문에 1993년 헌정 위기 책임으로부터 결코 자유롭지 않다고 자인(自認)한다.”[7]

옐친 대통령은 소련 최고소비에트 세력을 진압하는 데 그치지 않았다. 그해 12월 25일 새 헌법 제정에 관한 국민투표를 부의, 58.43%의 찬성으로 통과시켰다. 통과된 헌법은 최고소비에트를 공식 해산하고 국가두마(Государственная дума, 하원)로 개편하되 그 권한을 줄이고 대통령에 권력이 집중된 초(超)대통령제 성격을 띠고 있었다. 사실상 사법부도 행정부에 종속됐다. 하지만 과반을 갓 넘긴 국민투표의 낮은 찬성률이 시사하듯, 피를 부른 옐친 정권에 대한 국민의 기대감은 점차 낮아지고 있었다.

나발니는 1993년 러시아 헌정 위기를 몰고 왔거나 위기 이후 제대로 일하지 않은 장본인들을 증오한다고 했다. 이들 때문에 옐친 대통령 치하에서 민주주의와 시장경제를 정착시킬 기회를 잃었다는 것에 대해 특히 분개했다. 다음은 나발니의 최근 회고.

"1990년대 초반, 우리 러시아에 찾아온 역사적 기회를 팔아먹고 온 나라를 술에 쩔게 했으며 시간을 허비해버린 이들을 극도로 증오한다. 옐친 대통령과 (그의 딸) 타티야나 유마세바(Татьяна Юмашева), (타티야나의 남편이자 옐친의 사위인) 발렌틴 유마세프, 그리고 아나톨리 추바이스 등이다. 이들은 결과적으로 보면 푸틴에게 우리의 민주적 권력을 넘긴 이들이었다.

무엇보다 (1993년 9월) 최고소비에트를 해산한 뒤 채택한 신헌법이 러시아의 가장 큰 문제였다. 신헌법은 국민이 '민주주의 헌법'으로 착각하도록 속이면서 대통령에게 완전한 군주적 권위를 부여한, 가장 멍청하고 권위주의적인 헌법이었다. 신헌법으로 대통령 권한이 강해지면서 1993년에 사법 체계를 허무는 반(反)개혁이 시작됐다. 당시 모든 정치세력과 국민은 공정한 재판을 원했다. 만약 사법부의 실질적 독립이 이뤄졌다면 (푸틴 세력에 의한) 권력의 찬탈은 불가능하거나 훨씬 더 어려웠을 것이다. 돌이켜보니 옐친정부에서는 그 누구도 선거 부정과 부패 등을 차단할 수 있는 사법부의 독립을 원치 않았다.

1991년(쿠데타 저지)과 1993년(헌정 위기) 이후 절대적 권력을 가졌음에도 민주적 개혁을 시도조차 하지 않았던 지도자들 모두가 싫다. (1990년대 초 러시아처럼 체제 전환이 이뤄진) 체코(월 평균임금 18만 1,000루블), 폴란드(17만 9,000루블), 에스토니아(19만 2,000루블), 리투아니아(20만 8,000루블)와 동유럽의 다른 국가들을 보라. (월 평균임금이 8만 루블에 불과한) 우리 러시아는 과연 대체 뭘 했나. 체제가 바뀌고 기회가 있었는데, 이들 국가의 사례는 당시 우리 러시아 권력 엘리트의 부패와 부도덕함을 더욱 잘 보여줄 뿐이다. 우리 러시아는 (민주주의적인) 서유럽으로 향했어야 했는데, (권위주의적인) 중앙아시아 쪽으로 가고 있었다."[8]

한편 나발니의 대입(大入)과 관련, 훗날 그가 주변 인사들에게 털어놓은 재미있는 일화 하나. 나발니 자신은 본래 러시아 최고의 대학으로 꼽히는 '모스크바국립대학교(МГУ)' 법학부에 들어가고 싶어 했다. 하지만 모스크바국립대 합격점수에 단 1점이 모자라 어쩔수 없이 러시아민족우호대로 방향을 틀었다는 것.

현재 러시아의 대학수학능력시험이라 불리는 '통합국가시험(ЕГЭ)'은 2001년부터 도입됐기 때문에 1993년에 대학에 진학한 나발니는 이 시험의 응시자가 아니었다. 1980년대 말에서 1990년대 초반까지

해설 2.4   타티야나 유마세바

보리스 옐친 대통령의 딸로, 1997년부터 아버지 옐친 대통령의 이미지 담당 보좌관으로 일했다. 그 사이 옐친 측근 집단인 '세미야(Семья, 가족이라는 뜻)'를 이끌며 러시아 정계를 주물렀다는 평가다. 푸틴 대통령이 집권한 뒤에도 한동안은 직함을 유지하다가 부패 혐의로 정계에서 물러났다. 결혼 전의 이름은 타티야나 옐치나(Татьяна Ельцина). 첫 번째 남편 알렉세이 디야첸코(Алексей Дьяченко)와 이혼하고 2001년 발렌틴 유마세프(Валентин Юмашев)와 재혼한 뒤 남편의 성을 따라 이름을 타티야나 유마세바로 바꿨다.

모스크바국립대는 4과목의 자체 입학시험을 치러 과목별 90점 이상을 받아야만 합격할 수 있었던 것으로 알려져 있다. 나발니가 말했다는 1점은 4과목의 총점을 의미하는 것으로 보인다.

나발니는 대학 시절 철저한 무신론자였다. 동료들의 전언에 따르면, 나발니는 어릴 적 할머니의 손에 이끌려 교회에서 세례를 받기도 했으나, 성장하면서 '전지전능한 신'을 비롯한 성경 속 구절이 비현실적이라고 생각해 점차 신의 존재를 부정했다는 것. 하지만 현재는 러시아의 국교(國敎)인 러시아정교회 신자로 알려진다.

나발니는 대학을 다니면서 부패의 실상을 처음 직접 목격한 것으로 전해진다. 그는 "민족우호대 법대에서 시험을 치를 때 시험이 끝나고 수거하는 내 문제지와 답안지 사이에 지폐를 몇 장 끼워 넣으면 (합격하지 못할뻔한) 시험에 패스할 정도로 대학교육에 부패의 그림자가 서려 있었다"고 했다.[9]

러시아의 여느 법과대학이나 법학부와 마찬가지로 러시아민족우호대 법대 역시 5년제 과정이었다. 그 때문에 나발니는 1998년에야 민족우호대 법대를 졸업하고, 법학사를 취득하며 '유리스트(юрист, 법률가)'가 된다.

나발니는 러시아의 일반 학생들과는 다른 측면을 갖고 있었다. 대학 재학 시절부터 사회생활과 창업(創業)에 상당한 관심을 가졌다는 점이다. 법대생이었는데도 말이다.

대학 입학 직후인 1993년 코뱌콥스키 수공예품 공장을 가족회사로 인수, 경영에 참여한 게 그 시작이었다. 나발니는 "처음에는 공장 운영에 간여하지 않으려 했다. 그런데 (1991년 소련 해체 이후 혼란스러운 신생 러시아 대학들에 재직 중인) 선생님들의 생활을 보니 과거에

　　　　　　　푸틴 정적, 나발니의 생애: 러시아정치의 앞날은

나발니는 1998년 러시아민족우호대 법대를 졸업하고 유리스트
(юрист)가 됐지만, 정식 변호사인 아드보캇(адвокат) 자격은
2009년에야 취득한다. 러시아의 유리스트와 아드보캇 개념은 특
히 해외에서 혼선을 불러일으키는 대상이 되곤 한다. 유리스트는
대학 졸업 후 별도의 자격증이 없는 법률가 혹은 법률자문역이라
고 보면 된다. 아드보캇은 공인 자격시험을 통과한 정식 변호사라
할 수 있다. 법정에서 유리스트는 변호가 불가능하지만, 아드보캇
은 당연히 변호를 할 수 있다. 좀 더 정확하게 말하면 유리스트는
5년제 법과대학 졸업자의 학위란에 학사, 석사, 박사라는 표기 대
신 등재되는 학위 명칭이다. 아드보캇은 응시자격 요건인 법과대
학 과정을 이수한 후 2년 이상 법률 관련 실무 경력을 쌓아 지방
변호사협회 자격위원회가 주관하는 1~2차 시험에 합격함으로써
정식 면허증을 가진 이들이다. 모든 종류의 소송과 중재에 있어
대리인 혹은 변호인으로 활동할 수 있고 변호를 위해 필요한 증거
자료와 정보 수집권, 피의자 접견권 등을 갖는다.

(적어도 경제적인 어려움은 없을 것이라고) 생각했던 것과는 너무 다
른 모습이었다. 마치 '너희는 공부할 필요 없다. 차라리 그 시간에 나
가서 돈을 벌어라. 지금 같은 (러시아의) 상황에서 공부 대신 열심히
일한다면 곧 수십억 달러를 벌 것'이라고 말하는 듯했다. 그래서 내 전
공(법학)을 살려 돈을 벌기로 했다"고 했다.

　나발니의 고향 모스크바주 오딘초보 구역 내 코뱌코보 마을에 있는
이 공장은 사실 나발니 가족이 지분 100%를 인수하기 전까지는 소련
시절 소형 가구와 공예품을 만드는, 집단농장처럼 운영되던 곳이었다.

나발니의 부모와 알렉세이·올레크 등 두 아들이 각각 25%의 지분을 나눠 갖되, 아버지인 아나톨리 나발니가 대표, 어머니 류드밀라 나발나야가 판매이사를 맡았다. 모스크바의 한 연구소 경제과장 출신이었던 어머니 류드밀라가 인수 후 기반을 다지는 역할을 해줄 것으로 기대했으나 경영에 실패, 공장은 파산 직전까지 갔다고 한다.

하지만 법률 지식으로 무장한 나발니는 이 공장이 위치한 오딘초보 구역 행정 수장을 설득하는 수완을 발휘, 그의 적극적인 지원을 받아 황무지나 다름없던 땅을 불하받고 공장을 재건축했다. 뿐만 아니라 여기에서 생산한 수공예품과 각종 기념품 판매실적이 좋아 세금을 거르지 않고 잘 납부하는 등 지역사회 경제발전에 이바지한 공로로 오딘초보 구역 정부의 표창까지 받았던 것으로 알려져 있다. 1998년 지역 수장 교체 후 나온 행정명령 때문에 공장에서 더는 민속공예품을 생산할 수 없게 되면서 한때 침체를 겪기도 했으나 2005~2007년에는 공장 소속 직원이 30여 명에 달할 만큼 번성하기도 했다.[10]

대학생 나발니의 행보는 가족회사 경영 참여에 머물지 않았다. 대학을 졸업하기도 전인 1996년 은행인 아에로플로트방크에서 파트타임으로 민원업무를 했다. 나발니의 회고[11]에 따르면, "당시 은행에서 했던 업무의 상당수는 고객들의 요구사항을 들어주는 일이었다. 고객들의 요구는 주로 (은행에 많은 돈을 예치했다가 불안정한 경제 상황으로 묶여버린 돈을) 굳이 법정까지 가지 않고 찾고 싶다는 것이었다"고 한다. 그러나 러시아 금융위기가 도래하기 시작한 1997년 1월 28일 러시아 중앙은행이 아에로플로트방크의 은행업 허가를 박탈하면서 아에로플로트방크에서는 고객들의 모습을 더 이상 볼 수 없었고, 결국 나발니도 은행을 떠났다.

푸틴 등장과 민주주의 퇴보의 파장

대학생으로서, 또 경제활동에도 참여했던 나발니는 옐친 집권 후반기 또 한 번의 변곡점과 맞닥뜨린다. 바로 1996년에 치러진 러시아 대통령 선거였다. 대선은 그해 6월 16일과 7월 3일 두 차례에 걸쳐 진행됐다. 러시아 선거 역사에 있어 당선자 결정을 위해 2차 투표까지 간 최초이자, 유일한 대선이었다. 나발니는 훗날 이 선거를 '부정선거'라고 깎아내리고, 옐친 후보의 대선 승리에 기여한 이른바 '독립 언론들(Независимые СМИ)'과 '민주 진영(Демократическая обществе нность)'을 싸잡아 비판했다.

> "러시아 현대사의 가장 극적인 전환점 중 하나를 꼽으려면 1996년 대선이었다. 이 '부정선거'를 전폭적으로 지지했던 독립 언론들과 민주 진영을 나는 혐오한다. (민영 TV방송사 엔테베(НТВ) 등을 설립한) 블라디미르 구신스키(Владимир Гусинский)가 대표적이다. 1996년 대선 당시만 해도 나는 독립 언론과 민주 진영에 대한 열렬 지지자였다. 물론 실제로 대선에서 엄청난 부정이 자행된 것은 아니었다. 하지만 (유권자의 의사가 제대로 반영되지 않고 일부 세력이 여론을 조작하는 등의) 불공정한 선거로 화를 자초(옐친의 당선→임기를 채우지 못하고 퇴진→푸틴이 승계)했고, 목적이 수단을 정당화한 대가를 지금의 러시아가 치르고 있다. 옐친정부는 공산주의자들이 의회에서 반대만 했기 때문에 아무것도 할 수 없었다는 말을 자주하는데 이는 변명에 불과하며, (옐친 대통령이 임기를 채우지 못하고 1999년 말 퇴진한 것은) 불공정 선거의 자업자득일 뿐이다."[12]

잠시 1996년의 러시아로 돌아가 보자. 1991년 8월 쿠데타를 좌절

1992년 미디어홀딩사 '모스트(Мост)그룹'을 설립한 구신스키는 러시아의 '루퍼트 머독(Rupert Murdoch)'으로 불렸다. 러시아 3대 전국네트워크 민영방송인 엔테베(НТВ), 24시간 뉴스전문 라디오방송 '에호 모스크비(Эхо Москвы, 모스크바의 메아리),' 최대일간지 '시보드냐(Сегодня, 오늘)'와 미국 시사주간지 뉴스위크의 러시아어판인 '이토기(Итоги, 결산)' 등을 보유했다. 구신스키는 옐친 집권 초기, 언론을 무기 삼아 정계를 쥐락펴락했다. 다만 1990년대 후반 구신스키의 매체들이 푸틴이 주도했던 체첸전쟁을 강도 높게 비판, 2000년 푸틴 대통령이 집권한 뒤 구신스키는 러시아를 떠나 스페인 등지를 떠돌고 있다.

시킨 민주투사 이미지, 1993년 헌정 위기의 타개 등으로 집권 초반 높은 인기를 누리던 옐친 대통령은 그러나, 급격한 민영화 과정에서 나타난 국부 유출과 부(富)의 불균등 분배, 10%대로 껑충 뛴 실업률 등 경제정책의 실패, 1994년 제1차 체첸전쟁에서의 사실상 패배 등으로 지지율이 곤두박질치고 있었다. 헌정 위기 직후였던 1993년 9월에 60%를 찍었던 지지율은 2년 후 10% 안팎으로 끝모르게 추락했다. 1996년 6월에 치러질 대선에서 재선(再選)이 불투명하다는 위기의식이 고개를 들기 시작했다.

나발니의 말마따나 이때 나타난 '구세주'가 러시아의 독립 언론들과 이들 매체를 소유한 올리가르히(Олигархи)였다. 올리가르히는 본래 과두(寡頭) 지배 세력을 뜻하는 단어지만, 소련 붕괴를 전후로 거대한 부를 축적한 러시아의 신흥재벌을 의미했다.

대선을 5개월여 앞둔 1996년 1월, 여론조사기관 비촘이 파악한 결과 옐친은 중앙선거위원회에 등록한 10명의 후보들 가운데 지지율이 5위에 그치고 있었다. 1위는 러시아연방공산당 대표 겐나디 쥬가노프 후보로 20%였고, 2위는 야블로코의 대표인 그리고리 야블린스키(Григорий Явлинский) 후보로 13%였다. 알렉산드르 레베디(Алексaндр Лебедь) 조국당 대표와 블라디미르 지리놉스키 자유민주당 대표가 각각 10%로 공동 3위 그룹이었고, 옐친은 7~8%대를 오가며 5위였다. 상황이 그대로 굳어진다면 옐친의 당선은 비관적이었다. 이처럼 저조한 옐친 지지율에는 개혁 초기 난맥상 등에 대한 언론의 일관된 비판과 그것이 여론에 미친 악영향이 큰 역할을 했다. 3월까지 여론조사에서 1위를 달리던 쥬가노프 후보의 공약은 '소련 시대로의 회귀'가 핵심이었다. 2~4위 후보들이었던 레베디 조국당 대표, 야블린스키 야블로코 대표, 지리놉스키 자유민주당 대표는 각각 권위주의적 지도자, 좌파 이상주의자, 극단적 민족주의자라는 한계를 갖고 있었다. 이 때문에 막상 대선이 다가오자 언론은 선택의 갈림길에 섰다. 셈법에 골몰하다가 옐친이 재선에 실패하고 공산당 후보가 당선될 경우 언론인들은 언론자유의 후퇴를, 언론사 사주들인 올리가르히는 자신들의 경제적 부가 무너질 것을 우려하기에 이른다. 결국 언론은 옐친의 재선을 지원하는 쪽으로 방향을 틀었고 옐친도 이들을 받아들여 대선캠프에 합류시켰다. 대선 전까지 어느 한쪽에 편향되지 않은 보도로 '독립 언론'이라는 평을 듣던 언론사들은 일순간에 옐친의 홍보 도구로 전락했다. 올리가르히는 스스로를 민주 진영 인사로 포장해 옐친지지 성명을 발표하고 중립의무가 있던 공무원들까지 매수했다.

독립 언론과 올리가르히의 지원사격 속에 옐친의 지지율은 5월에 접어들며 1위 쥬가노프 후보를 미세하게 제치기 시작했다. 마침내 옐친은 6월 16일에 치러진 선거에서 득표율 35.2%로, 쥬가노프(득표율 32%) 공산당 후보를 근소하게 앞섰다. 다만 1차 투표에서 어느 후보도 과반을 넘기지 못하는 바람에 결선투표를 피할 수 없었다. 1·2위 후보 간 2차 결선투표를 앞두고, 1차 투표에서 3위를 차지한 레베디 후보의 공개지지 선언까지 있었지만 옐친은 심근경색이 재발했고 유권자의 반응은 여전히 오리무중이었다. 이때 독립 언론들은 옐친 후보의 와병 사실을 숨기는 한편, 마치 경쟁이라도 하듯 "투표하라 – 그렇지 않으면 패배한다(Голосуй, а то проиграешь)!"의 메시지를 유권자들에게 전달했다. 마치 옐친 후보를 찍지 않으면 공산주의 시대로 되돌아가 모든 것을 잃게 된다는 협박처럼 들렸다고 한다. 이러한 과정을 거쳐 옐친은 7월 3일의 2차 결선투표에서 과반(54.4%)의 지지를 받아 재선에 성공할 수 있었다.

1996년 대선을 부정선거로 규정한 나발니의 판단은 극단적인 면이 없지 않으나, 선거 과정을 들여다보면 완전히 틀린 얘기라고 할 수 없는 측면도 있는 것이다.

대선에서 간신히 승리해 4년 임기를 또 한 번 보장받은 옐친 대통령. 하지만 옐친의 지지율은 대선 이후 회복은커녕 오히려 곤두박질쳤다. 1998년 재정 부족으로 모라토리엄(채무 불이행)을 선언하기에 이르렀고, 실업률은 러시아 역대 최고인 13%를 넘기고 있었다. 1999년 5월 11~15일에는 국가두마의 제1당인 러시아연방공산당과 제2당 자유민주당 등 야권이 주도해 ▲벨라베자조약 서명(1991년) ▲소련방의 해체(1991년) ▲헌정위기의 무력진압으로 인한 국민 희생(1993년) ▲불법적 제1차 체첸전쟁 수행(1994년) ▲국방력 약화 등 다섯 가지를 소추 사유로, 옐친 대통령에 대한 탄핵을 시도했다. 탄핵이 의결되려면 당시 전체 국가두마 의석(450석)의 3분의 2인 300표의 찬성이 필요했다. 탄핵 투표 결과 체첸전쟁 수행이 283표로 가장 많은 찬성표를 얻었지만, 소련 해체(263표), 국방력 약화(241표), 벨라베자조약 서명(239표), 헌정 위기 때의 국민 희생(238표) 등 나머지 소추 요건도 모두 탄핵 가결 정족수인 300표에는 미달했다. 이로써 옐친 대통령은 비록 탄핵 이야기가 나오자마자 최고소비에트(의회)를 해산해 표결까지 이르지는 않았지만 1993년 9월 22일 헌법 위반에 따른 탄핵 시도에 이어, 집권 기간 두 번이나 탄핵을 경험하며 만신창이가 됐다.

1999년 5월 탄핵 직전에 회생하긴 했으나 옐친에 대한 지지율은 이미 10% 밑으로 떨어지고 있었다. 모라토리엄에 더해 러시아의 대외부채 규모는 더욱 커져 1999년 1,500억 달러에 달했다. 같은 해 러시아의 GDP(국내총생산)가 1,959억 달러였으니 경제위기의 규모를 짐작할 수 있다. 대통령의 측근들은 각종 부패의 온상이 됐고, 덩달아 사회 범죄도 급증하는 추세였다. 급기야 국민의 대통령 지지율은 역대 최저인 2~3% 선으로 떨어졌다.

이에 따라 옐친은 상황 수습을 위한 결단이 필요했다. 그 수단은 1996년 대선 승리 후 지속돼 온 내각으로의 책임 돌리기였다.

옐친 대통령은 집권 2기(1996~1999년)에만 무려 다섯 번의 내각 교체를 단행했다. 2차 빅토르 체르노미르딘(Виктор Черномырдин) 내각(1996년 8월~1998년 3월), 세르게이 키리옌코(Сергей Кириенко) 내각(1998년 4월~9월), 예브게니 프리마코프(Евгений Примаков) 내각(1998년 9월~1999년 5월), 세르게이 스테파신(Сергей Степашин) 내각(1999년 5월~8월), 블라디미르 푸틴 내각(1999

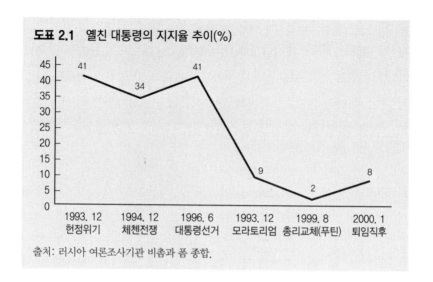

도표 2.1 옐친 대통령의 지지율 추이(%)

출처: 러시아 여론조사기관 비촘과 폼 종합.

년 8월~2000년 5월) 등이다. 4개월, 6개월, 9개월짜리 단명(短命) 내
각이 난무하는 혼돈의 연속이었던 것이다. 이는 옐친 치하의 러시아정
치가 제대로 작동하지 않았다는 방증이기도 했다.

총체적 난국을 타개하려는 옐친의 '승부수'에 따라 다섯 번째이자
옐친 정권의 마지막 총리로 등장한 이가 바로 푸틴 연방보안국 국장이
었다. 옐친 대통령으로서도, 푸틴 총리 내정자로서도 이는 모험이었
다. 난국 수습을 제대로 하지 못하면 두 사람의 정치생명이 끝날 수도
있었기 때문이다.

당시 옐친이 푸틴을 선택한 배경에 대해 퇴임 이후 자신과 정치에
깊이 관여해 온 딸 타티야나와 사위 등 최측근 인사들의 안전을 보장
받기 위해 보안국장 출신의 인사를 발탁했다는 소문이 러시아 정가에
파다했다. 미국 CIA가 푸틴을 '한다면 하는 인물(A Can-Do Person)'
이라고 평가한 것을 옐친 대통령이 신뢰했다는 설도 있었다. 옐친 대

푸틴 정적, 나발니의 생애: 러시아정치의 앞날은

표 2.2 옐친 대통령 집권기 러시아 내각 개편 상황

시기	내각(기간)	내각 개편 요인과 특징
옐친 1기	빅토르 체르노미르딘 내각 (1992년 12월~1996년 8월)	• 정치세력 간 타협의 결과 • 비대한 정부 구조(각료 35명)

옐친 2기	2차 체르노미르딘 내각 (1996년 8월~1998년 3월)	옐친 집권 2기 출범과 신 내각 구성
		• 대통령과 의회 갈등
		  - 총선(1995.12)에서 공산당 승리,
		    여당 패배
		  - 대선(1996.7)에서 옐친의 신승

	세르게이 키리옌코 내각 (1998년 4월~1998년 9월)	• 건강이상설 확산 차단 위한 옐친의 선택 • 작고 효율적인 정부 지향, 경제개혁 추진
	예브게니 프리마코프 내각 (1998년 9월~1999년 5월)	• 치욕적인 모라토리엄 선언과 지지도 하락에 따른 혼란 수습 • 명망 있는 총리 임명으로 야권과 타협
	세르게이 스테파신 내각 (1999년 5월~1999년 8월)	옐친 대통령에 대한 두 번째 탄핵시도로 인한 정국 수습
	블라디미르 푸틴 내각 (1999년 8월~2000년 5월)	• 제2차 체첸전쟁 종식 필요 • 다가올 총선(1999.12)에서 집권당의 약진 기대 • 옐친의 정치적 선택(후계자 지명, 정권 이양)

통령은 1999년 8월 9일 푸틴을 총리 대행으로 임명하고 같은 날 TV 연설에서는 자신의 후계자라고 소개했다. 이에 대한 응답 성격인지는 확인하기 어려우나, 푸틴은 1999년 12월 31일 대통령 권한 대행이 된 직후 첫 번째 공식 문서로 '권한 행사를 중단한 러시아연방 대통령(옐친)과 그의 가족 구성원을 보호한다'는 대통령령(令)을 발표했다.

그런데 푸틴이 8월 16일 국가두마의 인준으로 총리가 된 후 9월 중

순까지 약 한달 동안 체첸 독립파 무장단체의 짓으로 추정되는 폭탄테러가 모스크바 등 러시아 일원에서 발생했다. 9월 13일 모스크바의 아파트 폭탄테러로 119명이 사망한 것을 비롯해 다게스탄공화국의 부이낙스크, 로스토프주 볼고돈스크시 등 남부지역에서도 100여 명의 민간인이 희생됐다. 푸틴 총리는 즉각 응징을 공언하며 8만 대군을 동원해 제2차 체첸전쟁에 돌입했다. 그는 체첸공화국 수도 그로즈니공항 폭격을 지시하면서 "우리는 테러리스트들이 어디에 숨든 박살낼 것이다. 공항에 숨으면 공항을 부셔버릴 것이고, 표현이 좀 그렇긴 하지만, 만약 뒷일을 보고 있다면 화장실까지 쫓아가 죽여 버릴 것이다"라고 했다.

체첸 반군을 소탕하며 몇 년간 지지부진했던 전쟁 종식의 실마리를 만들자 신임 총리 푸틴은 일약 국민적 스타로 떠올랐다. 1994년 12월 옐친 대통령이 최대 7만여 명의 병력을 동원하며 시작했지만 1만 4,000여 명의 전사자만을 남기고 체첸을 굴복시키지 못한 채 1996년 굴욕적 평화협정 체결로 끝난 제1차 체첸전쟁의 기억이 있었기에, 러시아 국민에 각인된 푸틴의 모습은 영웅이나 다름없었다. 총리 지명자 신분이던 1999년 8월에 31%에 불과하던 국민의 지지율은 3개월 만에 80% 선까지 도달하며 수직상승했다. 자연 러시아 정계에서 '정치 초년생' 푸틴은 단단한 입지를 확보하게 됐다.

그렇다고 문제가 아예 없는 것은 아니었다. 아무리 대중적 인기가 높아도 소련 붕괴 후의 러시아는 다당제 국가였고, 정당의 기반과 지원이 없으면 향후 총선과 대통령 선거에서 승리를 자신하기가 쉽지 않았다. 마침 러시아는 1999년 12월 19일 총선, 즉 국가두마 선거를 앞두고 있었다. 그 전 회기까지 러시아연방공산당이 옐친정부의 경제 실정 등으로 어부지리(漁夫之利)를 얻어 제1당(149석)이었고, 극단적 민

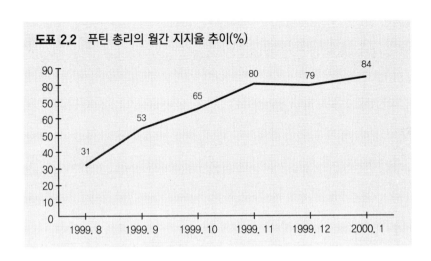

도표 2.2 푸틴 총리의 월간 지지율 추이(%)

족주의 성향의 자유민주당(51석), 자유주의 계열의 야블로코(46석) 등 야권이 국가두마 의석(450석)의 과반을 차지하고 있었다. 오히려 집권당인 '우리집-러시아(Наш дом-Россия)'는 65석에 불과, 이 구도대로라면 총선은 물론이고 2000년 3월에 치러질 대선에서의 우위를 장담키 어려웠던 것.

옐친 대통령은 푸틴 총리의 승리와 부패 문제에 연루된 자신의 신변안전을 장담할 수 없다고 판단했는지, 총선과 대선에 임하는 푸틴 지원사격에 적극적이었다. 푸틴을 총리에 지명한지 한 달여 만인 1999년 10월 3일, '단합(Единство)'이라는 정당을 급조했다. '우리집-러시아'당에 몸담고 있던 친옐친, 친푸틴 인사들이 중심이 되고, 1996년 대선 때 옐친 캠프의 본부장을 맡았던 세르게이 쇼이구(Сергей Шойгу) 비상대책부 장관을 당대표로 내세워 신당을 창당한 것이다. 옐친 자신이 한 때 총리로 임명했지만 대중적 인지도와 합리적 정책을 바탕으로 차기 대권 경쟁자로 부상한 예브게니 프리마코프(Евг ений Примаков, 1929~2015년) 전 외무부 장관이 1999년 8월 28일 또다른 신당 '조국-전러시아(Отечество-Вся Россия)'를 창당한 데 대한 대응책이기도 했다.

옐친 대통령은 한편으로는 구신스키 등 측근 언론 올리가르히를 동원, 프리마코프와 조국-전러시아 당의 흠집 내기에 열을 올렸다. 다른 한편으로 자신과 푸틴이 이끄는 단합당의 체첸전쟁 승리 업적 등을 대대적으로 홍보했다. 결국 총선에서 비록 제1당이 되지는 못했지만 3개월 전에 급조한 단합당이 73석을 확보, 프리마코프의 조국-전러시아(66석)를 제치고 실질적 승리를 거두며 집권 여당이 됐다. 러시아연방공산당은 제1당의 위치를 유지했으나 이전 선거에 비해 44석이 감소한 113석에 그쳤다.

여세를 몰아 옐친은 푸틴 총리가 다가올 2000년 대선에서 승리할 수 있도록 1999년 12월 31일 대통령직을 전격 사임하고, 푸틴 총리를 대통령 권한대행에 임명함으로써 권력 이양 수순을 밟았다.

나발니는 2009년 1월 26일 '코메르산트-젠기'라는 매체와의 인터뷰에서 "나는 1999년 말 권력의 재편(옐친 대통령의 퇴진과 푸틴의 등장)이 시작되면서 진짜 정치를 하기로 결심했다"[13]고 밝힌 바 있다. 좀 더 구체적으로 "푸틴이 정당들의 국가두마 진입장벽을 높이는 게 필요하다는 점을 시사했을 때 정치에 투신해야겠다고 생각했다. 푸틴의 생각대로 상황이 흘러가면 소수파인 민주주의자들은 제도권 정치에 들어갈 수 있는 길이 막혀버리기 때문"[14]이라고 했다.

나발니의 우려는 그러나 곧 현실이 됐다.

2000년 5월 푸틴 대통령이 취임하면서 러시아는 기존의 옐친 시대와 전혀 다른 국가로 변모했다. 이른바 '주권민주주의(Суверенная д емократия)'[15])와 강력한 러시아 건설 등을 내세우며 권위주의 성향이 더 강한 체제로 탈바꿈했기 때문이다. 주권민주주의는 러시아의 주권이 다양한 외부 세력으로부터 위협받고 있다고 전제한다. 이러한 상황을 극복하기 위해 러시아의 오랜 전통에 근거, 대내외적 주권을 강화하고 자기만의 민주주의 체제로 나가겠다는 논리다. 이는 자연스럽게 대통령과 행정부로의 과도한 권력 집중, 의회의 행정부 견제 기능 약화, 중앙과 지방간의 불균형 심화, 정당체계의 왜곡, 반대파의 제거 등으로 나타났고 러시아 민주주의 퇴행 주장의 핵심 논거가 되고 말았다.

표 2.3 푸틴 집권 초기 제도개편과 주권민주주의적 요소

시기	내용	주권민주주의 관련성
2000년 5월	7개 연방관구제 도입, 대통령 전권 대표 파견을 통해 지방수장들의 권한 제한	지방자치 원칙의 후퇴
2000년 8월	연방회의(상원) 구성법 제정, 지방의 당연직 상원 의원 제도 폐지	입법부의 권한 제한
2002년 7월	극단주의활동저지법 제정, 극단주의 활동 연루 언론에 대한 제재 가능	언론에 대한 통제
2004년 9월	지방행정수장 직선제를 폐지하고 대통령이 임명	참여민주주의 제한
2004년 12월	선거법 개정, 국가두마 의원은 비례대표로만 선출, 의석배분 독표율을 종전의 5%에서 7%로 상향	대의민주제 통제
2004년 12월	정당법 개정, 창당과 정당 등록요건 강화 및 소수파의 정치 참여 제한	참여민주주의 제한
2006년 7월	정보보호법 제정, 반정부성향의 인터넷과 블로거 통제	소수 정파와 언론 통제

푸틴 대통령 집권 이후 나타난 러시아의 권위주의적 시스템은 나발니의 우려를 넘어 러시아정치에 실질적이고 직접적인 영향으로 나타났다.

푸틴은 자신이 총리 지명 후 언급했다는 '정당의 국가두마 진입장벽 강화' 방침을 대통령이 된 뒤 정책으로 밀어붙였다. 국가두마 의원을 순수하게 비례대표제로 뽑되, 비례대표 의석을 얻을 수 있는 정당의 득표율(threshold, 러시아에서는 이를 원내 진입장벽을 의미하는 '프로호드노이 바리예르[Проходной барьер]'라고 부른다)을 종전의 5%에서 7%로 상향하는 것을 골자로 한 선거법 개정안을 대통령이 제출, 2004년 말 관철한 것이다. 바뀐 선거법에 따라 처음 실시된 2007년 12월의 국가두마 선거. 푸틴 대통령을 대표로 한 집권여당 통합러시아(Единая Россия)는 450석 중 315석을 획득했다. 이전 총선이었던 2003년 12월 때보다 무려 92석을 더 얻었고, 독자적으로 헌법 개정이 가능한 개헌 의석까지 확보한 '압승'이었다.

반면 나발니가 몸담고 있던 정당 야블로코는 1993년 창당 이후 처음으로 의석 확보에 실패했다. 야블로코는 1993년 총선 27석(지역 7석, 비례 20석)→1995년 총선 45석(지역 14석, 비례 31석)→1999년 총선 20석(지역 4석, 비례 16석)→2003년 총선 4석(지역 4석, 비례 0석)으로 창당 후 다섯 차례의 선거에서 모두 의석이 있었다. 하지만 비례대표로만 뽑은 2007년 12월 총선에서는 당선 안정권이었던 몇몇 지역구에서 의원을 뽑지 않은데다 전체 득표율도 의석배분 득표율 기준인 7%에 한참 미치지 못해 의석을 얻지 못한 것이다.

게다가 나발니가 야블로코의 당직자 생활을 하며 스스로의 입지 강화를 위해 2006년 4월 시작한 '블로그 정치'마저 그해 7월 러시아정부의 정보보호법[16]이 제정·시행되면서 많은 제약을 받았다. 당시 제정된 정보보호법은 규제의 성격이 약했으나 2014년까지 30여 차례의 개정을 거치면서 자국 내에서 활동 중인 반정부성향의 블로그와 블로거들에 대한 통제를 강화하는 도구가 돼 일명 '블로거 법(Закон о блогерах)'으로 불렸다. 국제사회에서 러시아의 유명 블로거로 더 잘 알려진 나발니를 옥죄는 수단으로 기능한 것이다.

나발니는 2008년 5월 대통령에 취임한 푸틴의 정치적 후계자 드미트리 메드베데프(Дмитрий Медведев)에 대해선 잠시나마 높은 기대를 가졌었다. 무엇보다 메드베데프가 대통령이 된 후 부패 척결을 국정 최우선 과제로 내세웠기 때문이다. 메드베데프 대통령은 기득권층의 반발을 무릅쓰고 공직자 재산공개법을 만들어 자신의 재산을 가장 먼저 공개했다. 또한, 전임 대통령 푸틴과는 달리, 반정부성향 매체 '노바야 가제타(Новая газета)'와 인터뷰하고 인권운동가들과도 면담하는 등 민주주의에 대해 열린 시각을 갖고 있음을 과시했다. 뿐만 아니라 정치 민주화를 위해 다양한 정치적 성향의 정당들이 국가두마(하원)에 진출할 수 있도록 정당의 의석배분 득표율을 7%에서 5%로 낮추는 선거법 개정안을 제출하고, 통과시키기도 했다.

> "최고지도자의 의지가 없다면 그 어떠한 개혁도 성공할 수 없다. 메드베데프가 부패에 연루되지 않았음을 스스로 증명하고 말만 그런 게 아니라는 점을 보여준다면, 공무원들도 자연스럽게 (부패 척결 지시를) 따를 것이다. 메드베데프는 (정치적 스승) 푸틴 대통령을 두려워하지 말고 자신의 개혁 의지를 보여줘야 한다. 아이패드(iPad)를 들고 있는 테디베어(Teddy Bear)가 돼서는 결코 안 된다(메드베데프 대통령의 성이 러시아어로 곰이라는 점에 착안해 푸틴의 명령

에 따르는 곰인형이 돼서는 안된다는 의미). 또 메드베데프가 분권(分權)을 종종 이야기하는데, 나는 옳은 방향이라고 생각한다. 다만 (러시아연방 내 여러) 공화국 수장이나 주지사에게 모든 권한을 이양하는 것은 분리주의를 부추길 수 있기 때문에 실책(失策)이 될 것이다. 그보다는 포괄적 차원에서 지방자치단체, 공공기관, 주지사, 언론들과도 권한을 공유하는 것부터 시작해야 한다."[17]

이같은 나발니의 평가에 대해 러시아정치권에서는 메드베데프 대통령에 대한 판단 미스가 아니었느냐는 분석을 내놓았다. 그도 그럴 것이 푸틴의 고향·대학 후배이자 제1부총리였던 메드베데프가 푸틴의 후계자로 부상해 대통령이 되고, 대통령이었던 푸틴이 총리를 맡는 사상 초유의 권력이동 구도가 확정되자, 서방 언론의 시각은 극과 극을 달렸다. 한쪽에서는 '약한 메드베데프 대통령, 강한 푸틴 총리'를 전망하면서 두 개의 권력 중 메드베데프 대통령은 푸틴 총리의 꼭두각시에 불과할 것이라고 전망했다. 다른 한쪽에서는 자유주의적 성향의 메드베데프가 집권 초반 전임자 푸틴과 밀월기를 거친 뒤에는 권위주의적인 푸틴과 이견을 드러내며 독자노선을 걸을 수도 있을 것이라고 했다. 나발니가 결과적으로 보면 후자(後者)쪽 분석에 기댔을 수 있다는 것이다.

선례가 없는 메드베데프 대통령-푸틴 총리 권력구조를 사실 러시아 내부에서는 2인체제를 뜻하는 이른바 '탄뎀(Тандем)'으로 규정하고 있었다. 러시아에서 탄뎀의 사전적 의미는 '공동의 목적을 갖고 한 무대에서 행동하는 두 사람'이라는 뜻이다.[18] 2008년 5월 7일 메드베데프 대통령은 푸틴을 총리 후보자로 지명하면서 "우리 탄뎀의 협력은 시간이 갈수록 공고해질 것"이라고 말했다. 이런 맥락에서 서방에서 말하는 '이중권력(двое властие)'이라는 표현은 러시아 입장에서는 적절하지 않다고 할 수 있다. 러시아 정치평론가들도 "서방 언론들이 이원집정부제를 보완하는 2인체제 탄뎀의 러시아적 의미를 제대로 이해하지 못한 채, 푸틴이 허수아비 대통령(메드베데프)을 내세우고 대통령보다 권한이 막강한 '실세 총리'가 됐다는 두 개의 권력 차원으로 확대해석해 쓰고 있다"[19)고 비판했다.

아무튼 메드베데프 집권 기간 민주화의 일부 진전 등의 성과가 있었으나 국정 최우선 과제였던 부패 척결은 러시아 사회에 만연한 부패 카르텔에 막혀 빛을 보지 못했다. 궁극적으로 나발니도 메드베데프에 대한 기대를 접은 것으로 볼 수 있다.

다만 이 기간 나발니는 과도한 민족주의 성향을 근거로 야블로코에서 출당(黜黨)돼 사회운동에 주력하고 있었다. 러시아 최초로 소액주주연합을 결성하고 세계 최대 가스기업인 가즈프롬을 비롯, 국영 대기업들의 주식을 매입해 경영 문제에 간여했다. 러시아 일반인들이 생각하지 못했던 방식의 접근에 대해 대중들은 환호했다. 또 나발니는 메드베데프가 집권하는 동안 변호사 자격시험에 합격해 로펌도 설립해 봤고, 지금까지도 자신의 든든한 버팀목이 돼온 '부패와의 전쟁재단'을 만들었다.

하지만 메드베데프의 4년 집권 후 푸틴이 다시 대통령으로 복귀했다. 2012년 푸틴의 귀환(歸還)은 나발니에게 기회와 위기를 동시에 던진 분수령이었다. 나발니도 정치 일선으로 복귀해 제도권 정치 진입을 노렸기 때문이다.

❖ 주

1) Константин Воронков, *Алексей Навальный. Гроза жуликов и воров* (Москва: Эксмо, 2011), C. 30–31.
2) Інтер TV(우크라이나), 2012.2.11.
3) *Newyorker*, 2011.3.28.
4) https://globalmsk.ru/person/id/1811
5) Telegram(Navalny), 2022.8.31
6) Телеканал Дождь, 2015.1.20.
7) Константин Воронков (2011), C. 12.
8) "Мои страх и ненависть," https://navalny.com/p/6651/
9) *Newyorker*, 2011.3.28.
10) Маркер, 2010.11.10.
11) *Ведомости*, 2013.9.2.
12) "Мои страх и ненависть," https://navalny.com/p/6651/
13) *Коммерсантъ-Деньги*, 2009. 1. 26.
14) Константин Воронков (2011), C. 16–17.
15) 주권민주주의에 대해서는 권경복, 『21세기를 움직이는 푸틴의 파워엘리트 50』 (파주: 21세기북스, 2011), pp. 85–87 참조.
16) 이 법의 공식 명칭은 '정보, 정보기술 및 정보보호법(Федеральный закон Об информации, информационных технологиях и о защите ин формации)'이다. 러시아정부의 언론규제 법령들에 대해서는 권경복, 『현대 러시아 언론의 심층적 이해』 (서울: 한러대화 KRD, 2020), pp. 220–239 참조.
17) Константин Воронков (2011), C. 56–57.
18) http://dic.academic.ru.
19) 정치평론가 알렉세이 무힌(Алексей Мухин)과의 인터뷰(2012.12.4).

푸틴 정적, 나발니의 생애: 러시아정치의 앞날은

3장

인간 나발니

혹자들은 나발니를 '말장난과 비꼼(стеб и ирония)'이라는 부정적 스타일로 묘사하곤 한다. 진지하지 않은 농담과 함께 비꼬는 투의 말이 배어 있다는 뜻이다. 대중 연설이나 회의 석상에서 자주 목격되니 부정하기는 어렵다.

사실 나발니의 그러한 스타일은 가정환경에서 비롯됐다는 얘기들이 많이 들린다. 일례로 할머니가 거주하던 우크라이나에서 살 때 나발니는 하교 후 집에서만큼은 우크라이나어로만 대화했다. 이유를 묻는 할머니와 부모에게 장난삼아 "러시아어를 까먹었다"고 했다. 그런데 흥미로운 점은 나발니만 그런 게 아니라 부모, 할머니의 스타일도 같았다는 것. 또 하나의 일화. 언젠가 나발니의 조카가 모스크바를 방문하고 돌아와선 나발니의 할머니에게 "제가 레닌(동상)을 봤어요"라고 했더니 나발니의 할머니가 "레닌(의 동상)에게 침은 뱉었니?"라고 대꾸했다는 것이다.[1) 때문에 나발니의 지인들은 "일부 러시아인들이 나발니의 '말장난과 비꼼 스타일 때문에 매우 무례하고 거만하다'고 얘기하지만, 어릴 때 나발니의 가정환경 탓에 거만한 것처럼 보일 뿐 본성은 전혀 그렇지 않다"고 두둔한다.

학창 시절 나발니는 성적이 우수한 학생으로 평가됐다. 우수한 성적 덕분에 몇 차례 반장에 뽑혔으나, 스스로는 반장 역할을 원치 않았다고 한다. 나발니의 표현에 따르면 "나는 (소련 말 당시 유행했던) 디스코모임을 만들지도 못했고 앞에 나서서 행동하는 사람은 더더욱 아니었기 때문"이다.

뛰어난 성적에도 불구하고 학창 시절은 순탄치 않았다고 한다. 여기에는 학교 교사들과의 언쟁(言爭) 등 전반적인 태도가 영향을 미쳤다. 그때의 유명한 에피소드.

▶ 슈콜라 시절의 나발니 모습.
출처: www.navalny.com

나발니가 우리의 초등학교 4~5학년이던 1985년, 나발니의 부모는 아들이 평점 4점(만점은 5점)을 받아오자 "공부하기 싫으면 강제로 시키는 수밖에 …"라며 야단쳤다. 나발니가 부모로부터 꾸중을 들은 것은 이때가 마지막이었다고 한다. 그런데 나발니는 "부모님의 강압 때문에 학교 가기가 싫다"며 이튿날 등교를 거부했다. 나중에 밝혀진 사실이지만, 나발니의 학교 평가점수가 낮았던 것은 시험점수 때문이 아니

푸틴 정적, 나발니의 생애: 러시아정치의 앞날은

라, 불손한 태도 탓이었다. 나발니의 생활기록부에는 행동방식에 문제가 있다고 적혀 있었다고 한다. 특히 선생님들이 분명히 틀렸는데도 실수를 인정하지 않자 나발니가 교사들과 말다툼을 벌인 게 문제가 됐던 것이다.

이 일이 있고 난 후 교사들과도 잘 지내며 무난한 중고등학교 시절을 보냈지만, 성장 과정에서 나발니 성격의 단면을 엿볼 수 있는 사례로 꼽힌다.

성인이 되고 정치에 나서기까지의 인간 나발니의 모습은 어땠을까.

결혼과 동시에 정치 입문

대학 입학 후 파트타임으로 일하던 아에로플로트방크에서 1997년에 나온 뒤 나발니는 창업으로 눈을 돌린다. 학생 신분으로 미용업을 주로 하는 회사 네스나(Несна)를 설립했다. 또한, 같은 해 알렉트(Аллект)라는 소규모 거래 회사도 세워 대표이사는 다른 사람을 앉히고, 스스로는 법률담당 책임자로 일했다.

첫 번째 창업기업 네스나는 눈에 띄는 이익이 발생하지 않자 곧바로 매각했다. 창업 직후 '쓴맛'을 본 셈이다. 반면 알렉트는 달랐다. 빌딩을 사고팔아 거래 완료시 발생하는 수수료를 챙기는 게 주 수익원이었고, 중개 건수가 많을 경우에는 한 달 수수료만 4,000~5,000달러를 벌어들인 적도 있었다고 한다. 러시아 통계청 자료에 따르면, 당시 러시아 국민 1인당 GDP가 2,935달러였으니 나발니가 잘 나갈 때는 일반 노동자의 연봉보다 훨씬 많은 돈을 월급으로 벌었다는 계산이 나온다.

게다가 훗날 알렉트는 광고 제작 분야로도 업무영역을 확대, 당시 야당이던 '우파연합(Союз правых сил)'의 홍보·광고와 법률 자문을 10여 년간 대행했다.[2] 2011년의 통계에 따르면, 알렉트는 총액 9,900만 루블에 달하는 우파연합의 광고 대행을 했다. 나발니는 이 광고비의 5%, 즉 약 500만 루블을 챙긴 것으로 알려졌다. 이 기간에 속한 2005년부터 2008년까지 우파연합의 대표는 나발니보다 한 살 많은 선배 정치인 니키타 벨리흐(Никита Белых)였다. 두 사람의 인연은 2009년 벨리흐가 키로프주 지사에 오르고, 나발니가 같은 해 벨리흐 주지사의 법률자문이 되면서 계속 이어진다.

창업기업을 운영하면서도 나발니는 1998년 대학 졸업 후 소련출신 이스라엘 국적 사업가 샬바 치기린스키(Шалва Чигиринский)의 건설회사 '에스테그룹'에 입사했다. 이 회사는 치기린스키가 1990년대 초반 모스크바로 돌아오자마자, 낙후한 모스크바의 재건축과 부동산 건설을 목표로 설립한 것이었다. 에스테그룹의 책임자 겐나디 멜쿠미얀(Геннадий Мелкумян)은 "나발니가 1998년 에스테그룹의 구인(求人) 광고를 보고 직접 회사로 찾아왔더라. 그에게 어떤 일을 맡길까 하다가 법학 전공자이고 유리스트이니 법률 파트에 배치하려고 했다. 그때 후보자들은 꽤 많았다. 그런데 나발니가 똑똑하고 업무 적응력이 뛰어나 법률 분야의 책임자로 임명했다"고 회고했다. 그러나 공교롭게도 1998년 8월 러시아는 아시아 외환위기의 영향을 피하지 못하고, 루블화 표시 외채에 대한 모라토리엄(moratorium, 채무 지불유예) 선언을 하기에 이른다. 금융위기는 가장 먼저 금융권과 건설업종을 절벽에 놓이게 했고, 에스테그룹도 감원 등의 한파에서 자유로울 수 없었다. 결국 이듬해인 1999년 나발니는 대학 졸업 후 첫 직장이었던 에스테그룹에서 퇴사했다.

퇴직 후 나발니는 1993~1998년의 대학 재학 때, 공부에 매진하지 않았던 것을 후회했다고 한다. 대학에 다니는 동안 파트타임으로 시간을 허비하지 않고 열심히 공부했다면 더 좋았을 것이라며, 후배들에게 "공부할 시간 5년이 주어진다면 잡스러운 것에 눈길을 주지 말고 공부에만 집중하라"고 주문했다.

그래서였는지 나발니 자신도 1999년 에스테그룹에서 나오자마자 우리의 대학원 과정인 러시아 연방정부 산하 재정아카데미 금융학부에 입학한다.

하지만 대학 시절의 창업 DNA가 다시 살아난 것일까. 나발니는 대학원에 진학하면서도 창업에 대한 열망을 버리지 못했다.

2000년에는 러시아민족우호대 법대 동기와 함께 주식거래를 주로 하는 회사 '엔엔세큐리티스(Н. Н. Секьюритиз)'를 설립했다. 여기에서 러시아어 이니셜 엔(Н)은 동업자 이반 네스테렌코(Иван Нестеренко)를 의미하고 다른 하나의 엔은 나발니(Навальный)를 뜻했다. 나발니는 회사 지분 35%를 갖고 회계를 담당했고, 네스테렌코의 지분은 45%였다. 나머지 20%는 두 사람의 친구 니콜라이 시트니코프(Николай Ситников)의 몫이었다. 지분이 가장 큰 이반 네스테렌코 집안은 건설업을 주로 하는 경영컨설팅회사 '모스푼다멘스트로이-6'의 대주주였다. 동업자 네스테렌코와 나발니는 이반의 아버지 빅토르 네스테렌코가 사업해보라며 준 돈을 시드머니 삼아 주식거래에 열을 올렸다. 설립 초기 엔엔세큐리티스는 주식들을 성공적으로 거래해 상당한 수익을 올렸으나, 고객 12명의 보유회사 중 8개 회사가 금융위기의 파고를 넘지 못하고 파산하면서 엔엔세큐리티스도 곧 문을 닫았다.

2001년에는 알렉세이 주비노프(Алексей Зубинов), 뱌체슬라프 불라토프(Вячеслав Булатов)와 함께 물류와 자동차 화물 운송을 주 업무로 하는 유로아시아운송시스템을 설립했다. 이 회사의 나발니 지분은 34% 이상. 화물 운송 대가로 거대 석유기업 유코스 사장이었던 미하일 호도르콥스키(Михаил Ходорковский)로부터 1만 유로를 받았다는 설이 있을 만큼, 승승장구했던 것으로 알려져 있다.

나발니 주변 인사들에 따르면, 나발니가 1990년대부터 2000년대 초반까지 창업했던 회사들 가운데 알렉트와 엔엔세큐리티스, 그리고 유로아시아운송시스템 등 3개 회사는 실적이 양호했던 것으로 판단된다. 나발니가 "이들 회사에서 더 많은 돈을 벌 수도 있었으나 그렇게 하지는 않았다. 그렇지만 내가 좋아한 (다른) 일들을 할 수 있는 정도의 돈은 벌었다"고 말했다.

나발니는 1998년 여름 터키 휴가 중 미래의 배우자 율리야 아브로시모바(Юлия Абросимова)와 처음 만났다고 한다. 일각에서는 1999년에 첫 만남이 이뤄졌다는 설을 제기하지만 "나와 율리야 모두 22살이던 1998년 여름 터키의 해변에서 만났다"고 나발니가 직접 밝혔다.

나발니에게 있어 율리야와의 첫 만남 시기가 중요한 이유는 사실에 입각하지 않은 오류정보를 바로잡는 측면이 있다. 하지만 더 중요한 점은 정치인 변신과 활약, 투옥 등 나발니 인생의 고비마다 율리야의 영향력이 작용했기에, 정확한 사실관계를 바탕으로 해야 한다는 당위성 때문이기도 하다.

율리야는 나발니와 1976년생 동갑으로, 나발니와의 만남 당시 러시아의 명문 플레하노프경제대학 국제경제관계학부를 졸업하고 은행에서 이코노미스트로 재직하고 있었다. 이것들 외에는 그녀에 대해 알려진 바가 많지 않다. 율리야 나발나야 자신도 러시아 언론과의 몇 차례 인터뷰에서 기회가 있었지만 스스로 이력을 소상히 밝히지 않았다. 때문에 지금까지 무수한 소문과 추측이 난무한다. 가족사와 경력도 마찬가지다.

그녀의 가족 중 아버지가 러시아 연방보안국(ФСБ)의 전신인 소련 국가보안위원회(КГБ, KGB) 요원이었다는 설이 대표적이다. 유명방송인 크세니야 솝착은 2018 러시아 대통령 선거 출마 당시 "율리야의 친부(親父)인 보리스 아브로시모프(Борис Абросимов)가 국가보안위원회 요원으로 활동했었다"고 주장한 것. 그러나 이를 입증할만한 근거를 제시하지는 못했다. 이때도 율리야 대신, 남편인 알렉세이 나발니가 나서서 솝착의 주장은 거짓이라고 일축했다.[3]

율리야가 플레하노프경제대학을 졸업한 뒤 대학원에 진학해 해외에서 인턴을 했고 모스크바의 한 은행에서 근무했다는 경력 논란도 여전히 '진행형'이다. 플레하노프경제대학에 입학해 졸업한 사실까지는 확인이 됐지만, 그 외 대학원 입학과 해외 인턴, 모스크바 은행 근무 경력은 입증할 수 있는 자료가 하나도 나오지 않았다. 분명하게 사실로 증명된 부분은 1998년 알렉세이 나발니와 만난 이후 약 2년의 열애 끝에 2000년 8월 26일 결혼했다는 팩트 정도다.

하마터면 알렉세이 나발니와 율리야 나발나야의 인연이 불발될 뻔한 사실이 나중에 밝혀졌다. 1998년 여름 나발니의 터키행이 무산될 수도 있었기 때문이다. 터키는 두 사람의 첫 만남 장소였다. 나발니 부모가 "러시아민족우호대 법대 졸업 시험을 코앞에 두고 있으니 터키 휴가는 가지 않는 게 좋겠다"며 나발니를 설득했다고 한다.[4] 부모님의 말씀을 거역하는 일이 거의 없던 평소 같았다면 나발니가 수용했을 가능성이 높았다. 하지만 졸업을 앞두고 기분 전환을 위해 작정하고 나선 휴가여서 자신의 고집을 꺾지 않고 밀어붙였는데, 결과적으로는 인생을 함께 하게 된 만남과 인연이 휴가지에서 성사된 것이다.

율리야는 "(2000년) 결혼할 때만 해도 내 남편(알렉세이 나발니)이 장차 전 세계 미디어의 주목을 받는 유명 인사가 될 줄은 꿈에도 몰랐다. 난 전도유망한 법률가나 야당 지도자와 결혼한 게 아니었다. 그저 '료샤(Лёша, 남편 알렉세이의 애칭)'라는 이름의 러시아 청년과 결혼했을 뿐"이라고 회상했다.[5]

그녀는 남편인 알렉세이와 함께 그리고리 야블린스키가 이끄는 자유주의 정당 '야블로코'에 2000년 입당하면서 정치에 관심을 보였다. 입당 배경에 대해 "2000년 이후 정치 지도자 대부분의 이름을 외울 정도로 정치에 관심이 많았기 때문"[6]이라는 게 율리야 본인의 설명이다. 하지만 이듬해 딸 다리야(Дарья)가 태어나면서 모든 대외활동을 접고 가정에만 집중했다. 한동안 시부모를 도와 가구판매업에 뛰어들었던 것으로 알려진다. 정당 복귀 후 2007년 말 남편 나발니가 야블로코에서 출당 조치됐음에도 불구하고 자신은 계속 정당원 생활을 했다. 그러다가 2011년이 되어서야 야블로코를 공식 탈당했다.

결혼 후 나발니가 야권의 유력 지도자로 부상하면서 그녀의 무대도 가정에서 사회로 바뀌었다. 남편과 함께 집회에 적극 참여하는 것은 물론, 남편에 대한 언론 보도를 확인하고 대응하는 일까지 도맡았다. 그리고 2021년 남편이 장기 구금된 이후부터는 남편의 자리를 대신할 만큼 영향력을 키웠다.

러시아의 저명한 탐사저널리스트로 나발니 부부와 인연이 깊은 예브게니야 알바츠(Евгения Альбац) 노보예 브레먀(Новое врем я) 편집국장은 "나발니라는 정치인은 한 사람이 아니다. (부인) 율리야 와 (남편) 알렉세이 두 사람을 뜻한다. 알렉세이는 어떤 아이디어가 떠 올라 실행하려면 율리야와 먼저 협의하고, 글을 쓸 경우 출판하기 전 에 율리야가 사전에 검토한다. 율리야는 남편 알렉세이의 편집인 역할 을 담당한다"고 말했다.

러시아 현지에서 그녀에 대한 부정적인 소문이 없는 건 아니다. 딸 다리야가 러시아 대학 대신 비싼 돈을 들여 미국 스탠퍼드 대학에 서 수학한 사실, 프랑스의 집과 미 국 아파트 등 해외 재산의 형성, 그 리고 이 과정에서 자행했다는 탈세 의혹 등이다. 이에 나발니 부부는 2019년 세금 보고서를 공개해 탈 세가 아니라고 해명했지만, 의혹 이 말끔하게 해소된 것은 아니다.

▶ 2017년 나발니가 자신의 41번째 생일을 맞아 찍었다는 가족사진. 왼쪽부터 딸 다리야와 아들 자하르, 부인 율리야.

출처: www.navalny.com

아무튼 알렉세이 나발니는 율리 야 나발나야와의 결혼을 계기로 처 음 정치권을 발을 들여놓았다. 결 혼 전까지 주로 학부와 대학원을 통한 학업, 그리고 중간 중간 취업 과 창업을 반복했던 알렉세이가 2000년 아내 율리야와 함께 자유 주의계열 야당인 야블로코에 입당하면서부터다.

대학에서 법과 금융을 전공한 뒤 정계로 방향을 튼 이유는 뭘까. 한 마디로 러시아가 경제·사회적으로 제대로 돌아가지 않는 상황이 정치에서 비롯됐다는 인식 때문이라고 한다. 주변 인사들에 따르면, 알렉세이는 창업을 시도했다가 파산한 적이 몇 차례 있었고 자원 부국(富國)인 러시아가 1998년 모라토리엄을 선언할 정도로 나락에 빠진 주요 원인은 러시아 사회에 만연한 부정부패와 인맥 탓이라고 봤다는 것이다. 부정부패가 기업 활동을 크게 위축시키거나 왜곡한 것에 불만을 품고 이를 타파하기 위해 여당이 아닌, 야당에 들어가 정부의 부정부패를 고발하고 근절하는 투쟁에 나섰다는 분석이다. 아울러 이 과정에서 이코노미스트 출신인 아내 율리야의 조언과 역할이 상당했다는 후문이다.

물론 나발니가 공식적으로 밝힌 정치입문 배경은 '1999년 말 옐친이 민주적 절차 대신, 사적으로 푸틴에게 권력을 넘겨준 과정을 지켜봤기 때문'이다.

또 하나의 의문. 1990년대 말 러시아에서 활동했던 러시아연방공산당, 자유민주당, 연금당, 녹색환경당, 야블로코, 국민자유당, 러시아민주당, 러시아전인민연합당, 사회정의연금당 등 수많은 정당 가운데 나발니는 왜 야블로코를 선택한 것일까. 나발니가 털어놓은 이유는 이렇다.

"당시 여러 정당 중에서 초창기 내 선택지는 공산주의자들과 야블로코였다. 물론 (규모 면에서 3위권인) 자유민주당도 있긴 했다. 자유민주당의 지리놉스키 대표는 정치인으로서는 매우 유능한 인물이었다. 그러나 국민 대부분은 그를 권력만 좇는 선동가로 인식하고 진지한 인물로 받아들이지 않았다. 때문에 내게 있어 자유민주당 입당은 전혀 고려 대상이 아니었다. 남은 선택지 가운데 공산주의자들은 노멘클라투라(Номенклатура)였고 기득권자였다. 또 그들이 추구하는 소비에트 공산주의의 이념은 시대에 부합하지 않아 내가 도저히 수용할 수 없었다.

반면 야블로코만큼은 (야당들 가운데) 푸틴을 반대하는 유일한 정당이었고 (다른 정당들처럼) 콤소몰의 멤버도 없었다. 1999년 12월의 국가두마 선거를 지켜보니 야블로코만이 지속적으로 민주주의를 외치더라. 야블로코는 내게 유일한 대안이었다.

야블로코라는 정당은 대표인 그리고리 야블린스키의 리더십에 문제는 있었지만, 확실한 가치체계와 일관성을 갖고 있었다. 야블린스키라는 사람이 (신생 러시아의 초기 개혁을 추진했던) 보리스 옐친과 아나톨리 추바이스에 반대한 인물이어서 개인적으로는 좋아하지

해설 3.1 노멘클라투라

'공산귀족'으로 불렸던 노멘클라투라는 소련 시기 엘리트 충원의 기본토대로, 지배 엘리트를 지칭한다. 소련공산당 중앙위원회가 1982년에 펴낸 『당조직론(*Партийное строительство*)』책자에는 "노멘클라투라는 각급 당위원회에서 예비적으로 추천·승인한 민간 당직자 목록을 의미한다. 각급 당위원회에 소속된 노멘클라투라는 당의 명령에 의해서만 당직을 맡을 수 있고, 퇴직할 수 있다. 노멘클라투라의 목록에는 당위원회 외에 당내 주요 직책을 맡은 당직자도 포함한다"고 기술돼 있다. 하지만 이들 노멘클라투라는 나발니의 말처럼, 소련 붕괴 이후 자신들의 자본과 정보력을 이용해 옐친의 급진개혁에 편승, 일부는 자본가로 변신해 올리가르히(과두재벌)로 성장하기도 했다.

않았다. 다만 (여러 러시아 정치인 가운데) 가장 품위 있고 청렴한 정치인이라고 생각했다."[7]

1993년 사회단체로 설립한 야블로코는 2001년에 정당이 됐다. 자유주의를 지향하는 중도보수 정당이다. 정책적으로는 민주주의와 인권 중시, 서방과의 관계 강화를 꾀한다. 야블로코는 러시아어로 사과라는 뜻이지만, 본래 창당발기인인 그리고리 야블린스키(Григорий Явлинский), 유리 볼디레프(Юрий Болдырев), 블라디미르 루킨(Владимир Лукин)의 러시아어 머리글자에, 비전이나 눈을 뜻하는 오코(око)를 붙여 만든 이름이다. 때문에 초창기 세 명의 발기인에 무게를 둬 러시아어로 ЯБЛоко라고 표기했으나, 볼디레프 등이 탈당하고 제대로 된 정당의 모습을 갖춘 2001년부터는 Яблоко라고 쓴다.

이런 야블로코에서 나발니의 입지는 매우 빠르게 구축됐다. 나발니의 정치적 동료로, 2000년부터 야블로코에서 나발니와 함께 호흡을 맞췄던 야권 지도자 일리야 야신(Илья Яшин)의 말을 들어보자.

"내가 2001년부터 야블로코 모스크바 청년지부를 이끌 때 나와 나발니는 '정당의 성공은 거리로 나가 시민과 직접 접촉할 때만이 가능하다'는 생각을 갖고 있었다. 그때는 우리 러시아의 민주적 토대가 불안한 지경이었다. 우리는 실제 선거캠페인에서 대면 접촉을 강화했다. 그 결과 모스크바시 두마 선거(2001.12.16.)에서 야블로코의 지지율이 창당 후 처음으로 10%를 넘었고 의석도 전체 20석 가운데 2석을 획득했다. 야블로코에 '정치인'들은 많았지만, 실질적인 행동으로 옮긴이는 나발니 등 소수에 지나지 않았다. 그런 면에서 나발니는 야블로코의 중요한 인재였다."

나발니는 야블로코가 러시아의 기성 정당들과는 다른, 현장을 중시하는 차별화된 정당이 돼야만 국민의 지지를 얻어 살아남을 수 있다고 생각했다. 그러나 야블로코 역시 러시아 기성정당의 한계를 갖고 있었다. 따라서 현장을 외치는 나발니는 야블로코 안에서도 이른바 '튀는' 당원이 될 수밖에 없었다.

야블로코 입당 후 좌충우돌하면서 7년을 버틴 나발니는 그러나 과도한 민족주의 성향 때문에 2007년 말 퇴출된다. 2007년 12월 14일 야블로코 당 중앙위원회가 16명의 위원 가운데 15명의 찬성으로 당 연방위원회 위원이던 나발니의 출당 조치를 의결했기 때문이다. 그 근거는 "마녀사냥과도 같은 두려움을 촉발시키는 정치인(나발니)을 우리 당에 남아 있게 할 수는 없다. 지금, 그리고 다가올 미래에서 가장 심각한 위협은 바로 민족주의와 사회적 포퓰리즘이다. 이를 추종하고 선동한 나발니 위원은 용납할 수 없다"는 것이었다.

사건의 발단은 1년 전으로 거슬러 올라간다. 2006년 반(反)외국인 성향을 띤 '러시아의 행진(Русский марш)' 행사를 승인해 줄 것을 모스크바 시청에 직접 청원하고, 참관인 자격으로 이 시위에 적극 참여한 주인공이 바로 나발니였던 것. 이 때문에 야블로코는 "인종차별적, 민족주의적 활동 등으로 해당(害黨)행위를 저질렀다"며 당 중앙위원회에 나발니 징계를 회부했다. 중앙위원 중 유일하게 일리야 야신만 나발니의 민족주의적 행동이 야블로코에 해를 끼친 것도 아니고 따라서 출당 조치는 부당하다며 반대 의사를 표명했으나, 압도적 다수 의견에 묻혔다.

당시 상황에 대한 야신의 설명을 들어보자.

"나발니를 출당할 때 유일하게 나만 반대투표를 했다. 나발니는 우파 보수주의였고, 나는 좌파 자유주의였다. 물론 나와 나발니는 이념논쟁을 벌였다. 견해 차이가 있어도 정당은 다른 의견을 포용할 수 있는 민주적 절차에 의해 운영돼야 한다는 내 소신은 지금도 변함이 없다. 나발니 출당의 표면적 배경은 나발니의 민족주의 성향 때문이다. 하지만 내가 보기에 그건 위선이다. 야블로코의 지도부는 2003년 이후 나발니의 우파 민족주의 성향을 잘 알고 있었고, 2007년에야 그를 출당했다. 2003년에 나발니는 이미 사닷 카디로바(Саадат Кадырова)와의 유명한 갈등이 있었다.[8] 돌이켜보면 2003년에는 나발니가 민족주의자든 아니든 그의 정치적 견해에 대해 관심을 가진 이가 거의 없었고, 일 잘하는 당원이어서 누구도 그를 쫓아낼 생각을 하지 않았다. 그런데 2007년 나발니가 당대표인 야블린스키를 비판하고 당대표직 사임을 요구하자 당은 나발니를 민족주의자로 몰아붙였다. 나발니는 출당 징계위원회에서 자신의 입장을 표명한 뒤 문을 닫고 돌아나가며 '러시아에 영광을(Слава России)!'이라고 외쳤다. 동시에 이 구호는 민족주의와는 관계없고 애국주의의 발현이라고 주장했다."[9]

야신과 마찬가지로 나발니는 자신에 대한 출당 결정이 그리고리 야블린스키 당대표의 사퇴를 요구한 데 대한 보복성 조치이기 때문에 재고해줄 것을 요청했으나 받아들여지지 않았다.

나발니와 야블로코의 악연은 출당 파동으로 끝나지 않았다. 출당 이후 법적 분쟁까지 빚은 것이다. 2015년 2월 야블로코는 나발니를 상대로 100만 루블의 손해배상 소송을 제기했다. 나발니가 자신의 블로그에, 야블로코의 코스트로마(Кострома) 지부가 집권여당인 통합러시아 출신 올리가르히에 매수됐다는 내용을 올렸기 때문이다. 코스트로마는 모스크바에서 동북쪽으로 340km 떨어진 주(州)다. 법원은 이 내용의 사실 여부 판단을 위해 나발니의 소환과 출석을 요구했으나 나발니는 응하지 않았다. 법원의 야블로코의 주장에 타당성이 있다며 2015년 10월 나발니에게 블로그 게재 내용 삭제와 3만 6,000루블에 이르는 원고의 소송비용 변제를 판결했다.

사회분야 개혁에 매진하다

제도권 정당에서 배제되기 전부터 나발니는 러시아 사회의 불법적 요소와 싸우겠다는 의지를 내비쳤고 또 실천에 옮겼다. 그 첫 의사표시는 2005년 청년 운동조직 '다(ДА)!'로 세상에 모습을 드러냈다. '다!'는 영어로 Yes라는 의미이며, 본래는 '민주적 대안(Демократическая альтернатива)'의 약어다.

다!는 긍정적이고 효과적이며 사용가능한 법적 수단을 통해 사회문제를 해결함으로써, 궁극적으로 러시아 시민사회를 구축하려는 조직임을 밝히고 있다. 아울러 야블로코나 우파연합 등 특정 정파나 정당에 속하지 않는, 무소속 청년단체임을 분명히 했다.[10]

방법론은 ▲시민들에게 객관적인 정보 제공 ▲시민프로젝트의 이행 ▲프로젝트 틀 내에서만 행동 ▲광범위한 토론 수행 등 4가지다.

한 명의 대표자가 아니라, 수평적 구조의 코디네이터 6명이 공동대표 형태로 조직을 운영하고 이끌었다. 나발니와 마리야 가이다르(Мария Гайдар), 유리 빌니트(Юрий Вильнид), 올레크 코지레프(Олег Козырев), 나탈리야 모라리(Наталия Морарь), 드미트리 옵샨니코프(Дмитрий Овсянников) 등이 그들이다.

민족주의적 성향이 강한 코디네이터들의 면면이나 과격한 투쟁 지향 가능성 등 일각의 우려를 의식한 듯, 다!는 설립취지문에서 "우리는 무엇에 대한 광신도가 아니며 우리가 일하는 도시에서 설치는 미치광이 또한 아니다. 우리는 혁명 단체를 설립하지 않을 것이며 그 누구도 전복하고 싶지 않다"고 명시했다.

나발니의 동지이자 다!의 코디네이터 마리야 가이다르의 증언도 맥락이 비슷하다. 그녀는 "내가 나발니를 처음 만난 것은 (야블로코에 함께 몸담았을 때인) 2004년이었다. 나와 나발니는 러시아 전역을 아우르는 청년협의체의 설립 필요성에 공감대를 이뤘다. 다만 정당이나 정치적 기구가 아닌, 직접적인 행동을 할 수 있는 조직이어야 한다는 데 의견이 일치했다. 즉 '안티푸틴(Anti-Putin)'은 안 되며, 위계질서나 지도자, 지역별 지부 등이 없이 인터넷 등을 통해 자유롭게 프로젝트별로 활동할 수 있는 조직을 원했다. 그래서 출범한 것이 다!였다"고 말했다.

나발니는 다!의 프로젝트들을 신속하게 구상하고 실행에 옮겼다. 시기순으로 보면 집회 '파시즘 없는 러시아(Россия без фашизма, 2005. 4)'→시위 '나는 자유다(Я свободен, 2005. 6)'→집회 '대학의 부정·부패 반대(Против коррупции в ВУЗах, 2005. 7)'를 모스크바에서 열었고, 노보시비르스크에서는 캠페인 '언론검열반대(Против цензуре в СМИ, 2005. 8)' 등을 이어간 것이다.

하지만 기대했던 시민들의 적극적인 호응이 뒷받침되지 못하면서 다!의 힘은 쇠퇴했다.

나발니에게 있어 본격적인 사회분야 개혁은 2008년 '소액주주연합(Союз миноритарных акционеров)' 결성이 출발점이다.

나발니가 첫 삽을 뜬 소액주주운동은 많지 않은 금액을 투자해 적극적으로 주주로서의 권리를 행사하고 잘못된 정책의 시정을 요구하는, 일종의 주주행동주의(shareholder activism)다. 그런데 러시아에서는 '투자행동주의(Инвест-активизм)'[11]란 말을 더 자주 쓴다. 서방이 강조하는 주주로서의 권리 행사보다는, 주식을 사기 위한 투자에 더 방점이 있다. 물론 이는 부패와의 전쟁이라는 큰 틀 내에서 이뤄진다.

나발니가 사회적 불법과의 싸움에서 소액주주운동 방식을 선택한 이유는 무엇이었을까. 이 질문에 대한 답은 그의 학력·경력에서 찾을 수 있다. 그는 1998년 러시아 민족우호대 법대를 졸업하고 창업에 뛰어들었다가 1년 뒤인 1999년부터 2001년까지 러시아 연방정부 재정아카데미(ФинУ) 금융학부를 다녔다.

학부는 법대였으나 러시아 자본주의가 꽃피기 시작한 2000년대 초반 금융학부에서 주식거래를 전공한 것이다. 그의 얘기를 들어보자.

"나는 법학을 전공한 후 재정아카데미에서 주식거래 분야를 공부했다. 그런데 (러시아에 1998년부터) 금융위기의 쓰나미가 밀려들었고, 그 여파로 수중에 가진 돈은 바닥을 드러내기 시작했다. 상황이 이렇게 되자 주식시장에서 흔히 통용되는, '난 소액 거래자에 불과해(Я еще немножко трейдер)'라는 원칙이 적용되지 않았다. 때문에 주식을 그냥 취미로 하는 것은 불가능했다. 하지만 나는 항상 주식시장을 면밀하게 관찰해 왔고, (러시아 경제가 안정된) 2007년이 됐을 때 내가 보유한 자금을 주식에 투자하기로 결심했다. 그것도 '사기꾼'이라고 생각하는 트란스네프트같은 거대 국영기업에 말이다. 트란스네프트는 돈을 투자하기에 훌륭한 대상이었다. 다시 말해 이들 기업이 (국민의 돈을 갈취하는) 도둑질을 하지 않았다면 투자대상으로서 더할 나위 없이 좋았을 것이다. 국영 가스회사 가즈

정식명칭은 피난소보이 우니베르시테트(Финансовый униве рситет)로, 러시아에선 그 축약형인 핀우(ФинУ)로 부른다. 이 재정아카데미는 1919년 3월 제정러시아가 역사상 최초로 설립했던 모스크바 경제재정연구소가 모태(母胎)다. 주로 경제학자나 금융가, 은행가 등을 준비하는 학생들이 입학했다. 소련 붕괴 후인 1992년 러시아 초대 대통령 보리스 옐친이 연방정부 산하 재정아카데미로 개명하면서 정부 기관의 지위를 부여했다. 나발니 외에, 경제계에서 안드레이 아키모프(Андрей Акимов) 가즈프롬방크 회장, 안드레이 보로딘(Андрей Бородин) 모스크바은행 회장, 정계에서는 2012년 대선에 야당 후보로 출마했던 미하일 프로호로프(Михаил Прохоров) 전 오넥심그룹 회장, 세르게이 스테파신(Сергей Степашин) 전 총리, 보리스 표도로프(Борис Фё доров) 전 부총리 겸 재무장관, 안톤 실루아노프(Антон Силуа нов) 부총리 겸 재무장관, 알렉산드르 흘로포닌(Александр Хл опонин) 부총리 등 영향력 있는 인사들을 많이 배출했다. 러시아 국영언론사 리아노보스티와 고등경제대학(HSE)이 공동으로 실시하는 러시아 대학 평가에서 재정아카데미는 2009년 모스크바국립대등에 이어 3위까지 올랐다가 2020년대에는 10위권에 머물고 있다. 영국의 글로벌 대학평가기관 QS(Quacquarelli Symonds)가 발표한 2021 QS 세계대학평가에서 재정아카데미는 경제, 경영과 비즈니스, 사회과학 등 전 학문 분야에 걸쳐 351~500위권을 유지하고 있다.

프롬(Газпром), 국영 석유회사 로스네프트(Роснефть), 국영 대외무역은행(ВТБ)도 마찬가지다. 만약 외국인이라면 효율적 투자에 이보다 좋은 기업들은 없었을 것이다.

합리적 관점에서 볼 때 이들 기업의 주식 매입에 2만 달러를 투자한 내가 이 기업들을 부패혐의로 고발해야 할까. 물론 정답은 '아니오'다. 고발 후 소요될 소송비용이 초기 투자비용이나 배당금보다 더 많기 때문이다. 그래도 고발해야 한다. 선량한 다른 투자자들을 위해서 말이다. (이들 기업의 돈줄인) 러시아 천연자원 수출은 주주들만의 문제가 아니다. 정의(正義)의 차원이 있다. 국부(國富)를 재분배하는 일이다. 이것이 내가 2007년부터 이들 기업의 주주총회에 참석해 문제제기를 하고 답변을 요청한 이유다.

사람들이 종종 내게 물었다. '소액주주인데 뭘 할 수 있느냐?' '대체 국영기업 주식을 얼마나 갖고 있길래 그런 행동을 하는 거야'라고. 주주가 되기 전에는 이 질문에 답할 수 없었다. 그렇지만 이제는 당당히 말할 수 있다. 로스네프트의 경우 내가 0.00000326%의 주식을 갖고 있노라고."[12]

소액주주로서 나발니의 첫 타깃(target)은 국영 석유기업 로스네프트였다. 소련 해체 후인 1993년에 설립된 로스네프트는 석유 탐사와 채광, 정유, 석유제품 수송 등을 망라하는 기업이다. 2023년 말 기준 매출이 9조 루블이나 되며 30여만 명을 고용하고 있다.

나발니는 2008년 5월, 스위스에 본사를 둔 석유중개회사 '군보르(Gunvor)그룹'이 로스네프트의 석유 수출물량 거래를 거의 독점한 것은 불법이라며, 그 경위를 밝히라고 로스네프트 측에 요구했다. 실제 군보르그룹은 러시아 제2의 도시 상트페테르부르크와 발트해를 통해 해상으로 수출되는 러시아산 석유 물량의 3분의 1가량을 담당하고 있었다. 군보르그룹의 설립자는 겐나디 팀첸코(Геннадий Тимченко). 푸틴 대통령과 막역한 사이다. 로스네프트는 "군보르그룹과의 거래는 회사 기밀에 해당하는 사항이므로 공개할 수 없다"며 나발니 측의 해명 요구를 거부했다. 나발니는 소액주주로서 모스크바중재법원에 소송을 제기했다. 하지만 법원은 기밀이라는 로스네프트 측 주장을 받아들였다. 곡절끝에 나발니의 첫 시도는 물거품이 됐지만 부패와 싸우려는 첫 시도는 대중의 관심을 모으는 성공작으로 평가받았다.

다음 타깃은 트란스네프트(Транснефть). 트란스네프트는 1993년 8월에 설립된 국영 송유관·가스관 운송회사로, 세계 1위 송유관 회사이기도 하다. 약 6만 8,000km에 달하는 주요 파이프라인을 소유하고 있다. 러시아에서 생산하는 원유의 83%, 석유제품의 30%를 운송한다. 2022년 현재 매출규모가 약 1조 루블이고, 10만 명 이상의 근로자를 고용하고 있다.

나발니는 소액주주로서 모은 자료들을 활용, 먼저 트란스네프트 임원들의 횡령 의혹을 폭로했다. 트란스네프트의 임원들이 동시베리아·태평양 송유관 공사를 하면서 40억 달러의 공금을 유용했다고 밝혔다. 그러나 당시 세르게이 스테파신(Сергей Степашин) 러시아 감사원장은 나발니의 요청에 따라 이뤄진 조사 결과, 횡령에 대한 증거가 불충분하다며 의혹을 덮었다.

또한, 나발니는 트란스네프트가 집행했다는 기부금의 출처 의혹을 거론했다. 파이프라인으로 석유 수송을 독점하다 보면 어마어마한 규모의 수익이 발생하는데, 2006년과 2007년의 경우 트란스네프트는 수익 가운데 각각 53억 루블과 72억 루블의 돈을 '지원(Содействие)' 펀드에 기부했다는 것. 문제는 지원펀드가 트란스네프트로부터 받은 자선기금의 출처를 밝히지 않고 불투명하게 운용했다는 것이다. 실제로 이 펀드는 크레믈(Кремль, 영어로는 Kremlin으로 쓰며 우리의 대통령실에 해당)과 연방보안기관 임직원을 위한 일종의 기금이었다. 더군다나 2006~2007년은 푸틴의 두 번째 대통령 임기 종료(2008년)를 목전에 둔 시점이었다. 나발니 측은 거대 국영기업이 푸틴 정권 유지에 기여한 이들을 위해 기부금을 내놓은 것 아니냐는 의혹을 제기했다.

실제로 나발니의 문제 제기가 있고 나서야 트란스네프트는 2011년부터 기부금의 출처를 공개했다. 30억 루블에 이르는 기부금 중 대부분이 국제자선재단인 '콘스탄티노프(Константинов)펀드'로 집행됐는데, 이 펀드 역시 대통령행정실 고위 간부였던 블라디미르 코진(Владимир Козин)이 실질적인 책임자였던 것으로 알려졌다.

당시 나발니의 행동을 지켜봤던 옐레나 판필로바(Елена Панфилова) 국제투명성기구(TI) 러시아 사무소장 겸 반부패연구소장은 이렇게 평가했다. "부패와의 싸움은 일견 간단한 문제로 보인다. 만약 당신이 돌아다니며 부패! 부패!라고 외칠 때 사람들은 그 부패의 최고 윗선이 어디냐고 물을 것이다. 헌데 윗선을 규명하는 작업은 결코 쉬운 일이 아니다. 나발니가 트란스네프트의 부패 혐의를 제기했을 때 많은 이들은 '트란스네프트 측이 순순히 소액주주인 그에게 자료들을 넘겼을까'라고 물었다. 부패와의 진정한 싸움은 정말 지루하고 끝이 없는 작업이라는 점을 깨달아야 한다. 나발니도 그랬다. 부패관련 문서를 제출하고 법정에 가야 하며, 자료들을 수집하고 단서와 증거를 찾아 다시 법원에 출석해야 하는 등 나발니도 3년 만에 그 일을 해냈다."

나발니는 소액주주운동을 확산시켜 나가고자 했다. 2009년 미국 경제매거진 『포브스』의 러시아판과 공동으로 '주주권리보호센터(Центр защиты акционеров)'를 개설하고, 소액주주의 권리 보호에 적극 나섰다. 나발니에게 '주식계의 지도자(Биржевой Лидер)'라는 별명이 붙은 때가 이즈음이다.

하지만 2008년부터 전 세계에 불어닥친 글로벌 금융위기가 러시아에도 확산하고, 마침 조지아(전쟁할 때의 국가명은 그루지야)와의 전쟁이 발발하면서 나발니의 소액주주운동 동력은 조금씩 약해졌다. 그 사이 나발니는 2000년대 창업기업 알렉트를 운영하면서 친분을 쌓은 정치인 니키타 벨리흐 키로프주 지사의 프리랜서 법률자문으로 2009년 초 자리를 옮겼다. 키로프(Киров)주는 모스크바에서 동쪽으로 약 950km 떨어진 지역이다. 물리적 거리에다 실권이 크지 않은 법률자문이었지만 나발니의 부패와의 전쟁 의지는 결코 사그라들지 않았던 것으로 보인다.

동료 마리야 가이다르의 얘기를 들어보자. "2009년 나는 키로프주 지사의 사회문제 담당 자문이 됐다. 처음에 내가 키로프주로 옮기는 것을 주저하자 나발니가 함께 키로프주로 가자고 제의했고, 내가 나발니보다 늦게 키로프주에 합류했다. 나발니는 당시 키로프주에서 지역 차원의 부패와 싸우고자 했다. 다만 그 역시 법률자문이었고 특별한 권한이 부여되지 않았기 때문에 한계를 느껴 1년 정도 후에 키로프주를 떠났다. 아마도 그때의 경험을 통해 부패와의 전쟁 등 자신의 프로젝트들을 효율적으로 만들기 위해서는 내부로부터의 변화보다는 외부에서의 투쟁이 훨씬 낫다고 생각했을 것이다."[13]

키로프주에서 불법과의 투쟁을 위한 의지가 굳건해지는 동안, 나발니는 두 건의 커다란 소송과 논란에 부딪치게 된다. 즉 이때부터는 나발니에 대한 푸틴 정권 차원의 견제가 차츰 시작됐다는 의미로도 해석할 수 있다.

하나는 이른바 '키로블레스(Кировлес)' 사건이다. 키로블레스는 키로프주가 설립한 목재 기업이다. 나발니가 2009년 키로프 주지사의 법률자문으로 활동하면서 키로블레스의 하청계약에 관여했다는 의혹이다. 검찰 공소장에 따르면 2009년 키로프주 지사 자문이었던 나발니는 키로블레스의 뱌체슬라프 오팔레프(Вячеслав Опалев) 사장에게 목재 수입회사 대표인 표트르 오피체로프(Пётр Офицеров)를 소개했다. 오피체로프가 소유한 회사명은 '뱌츠카야 레스나야 콤파니야(ВЛК: Вятская лесная компания)'였다. 나발니가 이 두 회사 간의 계약체결을 강요했다는 것이다. 계약에 따라 2009년 4월부터 9월까지 키로블레스는 1만 입방미터의 목재를 시가보다 저렴한 1,600만 루블에 ВЛК에 판매했고, ВЛК는 이를 시장가격으로 되팔아 키로블레스에 손실을 입혔다는 게 의혹의 요지다.

2013년 러시아 검찰은 당시 나발니가 키로블레스로 하여금 지나치게 싼 가격에 목재를 팔도록 하고, 하청업체가 비싼 가격에 이를 되팔도록 조종해 키로프주에 큰 손해를 끼쳤다며 기소했다. 명백한 횡령이며, 나발니-오팔레프-오피체로프 3자 간 범죄행위라고 봤다. 검찰이 적용한 법률은 러시아 형법 제165조 '사기와 신뢰 악용에 따른 재산상 손실 초래'였다. 결국 키로프주 레닌스키구역 법원은 목재 1,600만 루블 어치를 빼돌려 유용한 혐의로 나발니에게 징역 5년에 집행유예 5년을 선고했다.

훗날 이 재판은 하청업체와 나발니의 관계를 입증하지 못했고, '상식에서 벗어난' 정도의 이윤을 챙긴 증거가 없다는 비판을 받았다. 2016년 유럽인권재판소 역시 '나발니가 부당하게 재판을 받았다'며 러시아정부가 나발니에게 5만 6,000유로를 보상하라고 판결했다. 러시아 대법원은 이후 지방법원으로 이 사건을 되돌려 보냈고, 2017년 2월에야 다시 판결이 났다. 하지만 재심 결과는 이전과 판결문까지 똑같았다. 형량도 전과 같은 징역 5년에 집행유예 5년.

다른 하나는 '이브로셰(Yves Rocher)사건'이다. 알렉세이와 올레크 나발니 형제가 2008년부터 2012년까지 프랑스 화장품회사 이브로셰를 포함한 2곳의 회사로부터 3,000만 루블을 횡령한 혐의였다.

검찰에 따르면 이브로셰의 러시아 법인인 '이브로셰 이스트(Yves Rocher East)'에서 나발니 형제가 최소 2,000만 루블 이상을 횡령했다는 것. 러시아 체신청(Почта России)의 부지점장으로 일하던 동생 올레크 나발니는 이브로셰 이스트 법인을 설득, 형인 알렉세이 나

▶ 올레크 나발니와 알렉세이 나발니(오른쪽) 형제.

출처: www.navalny.com

발니가 2008년에 설립한 '글라브노예 포드피스노예 아겐스트보(Гла вное подписное агентство)'라는 회사와 우편·수송 서비스 계약을 체결하도록 했다. 당시 알렉세이는 키로프주 지사 법률자문을 겸하고 있었다. 알렉세이의 회사는 수송설비를 갖추고 있지 않았고, 실제 수송은 올레크의 친구가 관리하는 다른 회사가 위탁받아 했으며 이 회사에서 제공하는 서비스 비용은 훨씬 저렴했다. 즉 알렉세이와 올레크 나발니 형제가 수송비를 과다 계상해 횡령을 주도했다는 게 러시아 검찰의 설명이었다. 계약 금액은 5,500만 루블이었으나, 실제로 소요된 비용은 3,100만 루블이었다고 한다. 또한, 이 부당거래를 파악한 이브로셰 이스트의 브루노 르프루(Bruno Leproux) 법인장이 검찰에 고발했다고 한다. 당초 러시아 검찰은 이브로셰의 돈을 횡령한 나발니 형제의 죄질이 나쁘다며 형인 알렉세이에게 징역 10년, 동생 올레크에게는 징역 8년을 구형했다.

2014년 12월 30일 모스크바 자모스크보레츠키 법원은 나발니의 유죄를 인정하고 징역 3년 6월에 집행유예 3년 6월을 선고했다. 같은 혐의로 기소된 동생 올레크 나발니에게도 징역 3년 6월을 선고했다.

이번에도 미국과 유럽연합은 '야권 인사 탄압', '정치적 동기가 개입한 재판'이라고 러시아 당국을 싸잡아 비판했다. 미 국무부는 "러시아의 이번 판결에는 (반정부) 정치활동을 중단시키고 관련자들을 처벌하려는 의도가 담긴 것으로 보인다"고 밝혔다. 또 EU 외교·안보 고위대표실도 "나발니 형제에 대한 혐의가 재판 과정에서 구체적으로 입증되지 않았다"며 "판결에는 정치적 동기가 있는 것 같다. 사법부의 결정은 정치적 간섭으로부터 자유롭고 독립적이어야 한다"고 지적했다.

키로블레스와 이브로셰, 이 두 사건의 파장은 두고두고 나발니의 발목을 잡는 족쇄로 기능하게 된다.

니키타 벨리흐 키로프주 지사의 법률자문 역할을 마친 나발니는 2010년 모스크바로 자리를 옮겼다. 그의 모스크바행(行)은 소액주주 운동을 통한 불법과의 싸움, 키로프주에서의 경험에 더해, 반부패 투쟁의 스펙트럼을 사회 전반으로 넓히는 전환점이 됐다.

그러던 중 우연한 기회에 미국 방문의 행운이 찾아온다. 2010년 당시 벨라루스계 미국 경제학자로 예일대 교수였던 올레크 치빈스키(Олег Цывинский)와 러시아 유력 경제학자 세르게이 구리예프(Сергей Гуриев) 등의 추천으로 '예일 월드 펠로(Yale World Fellow)'로 선발된 것. 예일 월드 펠로는 예일대가 2001년 개교 300주년을 맞아 국제교류 증진을 위해 만든 프로그램이었다. 15명 내외의 월드 펠로를 선발해 예일대에서 6개월 과정으로 연수 혜택을 부여하는데 여기에 나발니가 포함됐다. 나발니를 추천한 인사 명단에는 체스 전 세계 챔피언 출신의 야당 지도자 가리 카스파로프(Гарри Каспаров)와 탐사저널리스트 예브게니야 알바츠 등도 있었다.

사실 예일 월드 펠로의 선발 기회는 당시 러시아에서 나발니만큼이나 젊은 야권 지도자로 부상 중이던 마리야 가이다르에게 먼저 찾아왔던 것으로 알려졌다. 나발니는 훗날 "마리야 가이다르가 예일 펠로로 미국에 가고 싶어 했다. 그런데 당시 그녀는 키로프주 부지사 업무로 무척 바빴다. 그녀는 대신 나(나발니)라도 미국에 가주길 원했다. 그래서 서류를 제출했다"고 밝힌 바 있다.

나발니는 미국행 결심 배경을 다음과 같이 설명했다.

"생각해보면 나는 본래 뭔가 다른 세계에서의 삶에 매우 관심이 많앗다. 이게 미국에 가기로 마음을 굳힌 첫 번째 이유이고, 그보다 중요한 실제 사유는 따로 있다. 러시아의 '도둑놈들(푸틴 정권을 의미)'을 어떻게 고발하고 기소할 수 있을지를 배우기 위함이었다. 러시아에 있을 때 가즈프롬(국영가스회사)이나 로스네프트(국영석유회사) 사례를 고발하긴 했으나 러시아 법정은 이를 합리적으로 처리하는 게 불가능했다. 그래서 이들 기업의 돈세탁 등을 처벌할 수 있는 실질적인 메커니즘을 배워보고 싶었다. 그러나 이런 내 생각의 일부가 정말 순진한 발상이었다는 사실은 분명해졌다. 이는(러시아에서 돈세탁 등의 조사와 처벌은) 보이는 것보다 훨씬 복잡하고 어려운 것이었기 때문이다."[14]

결과적으로 본래 계획했던 방미 목표를 달성하지 못했지만, 예일대에서의 생활에 나발니는 만족했던 것으로 보인다. 나발니가 포함된 예일 월드 펠로 그룹에는 각기 다른 나라에서 온 14명이 함께 배치돼 공부했다. 소속 국가에서 분야는 다르지만, 열정적 활동가라는 공통점이 있어 별다른 어려움이 없었다고 한다. 나발니와 함께 연수한 이들 가운데는 독일 언론인과 남(南)수단의 외교관, 인도네시아 교수, 아프가니스탄의 학교 교장이 있었다. 또한, AIDS(후천성면역결핍증) 문제를 다루는 남아프리카공화국 여성 활동가가 있었고, 마약 밀거래를 추적하던 멕시코 여성 활동가, 인종차별 문제 해결에 적극적인 영국인 남성 활동가 등과도 동고동락했다.

예일 월드 펠로 프로그램은 여느 미국정부의 해외학생 지원 프로그램과 크게 다르지 않았다. 프로그램의 모든 참가자에게 여행과 숙박비용 일체를 제공했다. 특히 참가자들이 방문하고 싶은 곳은 어디든 자유롭게 찾아갈 수 있게 했고 만나고자 하는 인물이 있으면 이를 허용했다. 또 법대와 경영대학원에서 나발니는 기업거버넌스센터와 함께 하는 세미나를 통해 강의를 듣고 교수들과의 심도 있는 토론을 통해 기업 활동의 국제적 기준을 이해하게 됐다고 했다. 그 밖에 참가자들에게 제공하는 월 5,000달러의 일비(日費) 혜택도 받았다. 나발니는 특히 일비로 러시아정부에 내야 할 세금을 납부하고 가족 체류 비용의 일부를 댔다. 무엇보다 나발니는 부시(George W. Bush)와 클린턴(Bill Clinton) 전 미대통령을 비롯해 전 세계 거물들이 수학한 예일대에서 월드 펠로 프로그램을 통해 스마트한 사람들과 만나게 된 것이 가장 귀중한 성과라고 느꼈다고 한다.

나름 '꿈같은' 시간을 미국 예일대에서 보낸 뒤 2010년 귀국길에 오른 나발니는 반부패 운동의 새로운 단계라고 평가되는 작업에 착수한다. 바로 로스필(РосПил) 프로젝트의 설계와 집행이다. 곧이어 2011년 9월, 반부패 운동의 본격화를 위한 컨트롤타워 '부패와의 전쟁재단(Фонд борьбы с коррупцией)'을 설립한다. 부패와의 전쟁재단 설립 시기는 공식적으로는 2011년 9월 9일이지만, 모태인 로스필 프로젝트가 한 해 전에 이뤄졌으므로 2010년 말부터 활동해왔다고 보는 게 정확하다.

실제로 부패와의 전쟁재단은 설립 취지를 설명하는 부분에서 로스필을 포함, 로스야마(РосЯма) 로스비보리(РосВыборы) 도브라야 마시나 프라브디(Добрая машина правды) 로스제카하(РосЖКХ) 등 나발니의 5개 프로젝트를 통합해 만들었다고 밝히고 있다.[15] 이를 통해 국가기관이 압박을 느낄 수 있는 지역지부를 조직하고, 궁극적으로는 푸틴의 권력 시스템을 대체할 수 있는 대안을 만드는 것이라고 설명했다.

나발니는 2015년 도쥐드TV와의 인터뷰에서 "부패와 부패시스템은 국가발전의 주요 장애물이다. 물론 부패는 (선진국인) 노르웨이에도, 덴마크에도 있다. 그러나 스케일이 다르다. 나의 싸움은 러시아 국가발전의 장애물을 제거하려는데 목적이 있다. 부패와의 싸움이 사그라들기 위해서는 사법 개혁이 동반돼야 한다. 시스템이 구축되고 법관들이 독립적으로 활동할 수 있어야 한다. 연방예산과 행정의 개혁이 수반되고 모스크바에 집중된 권한이 지방에 이양돼야 한다. 나의 궁극적인 목적은 러시아를 변화시키는 것이다"[16]고 말한 바 있다.

2011년 공식 설립 때만해도 부패와의 전쟁재단 구성원은 나발니와 블라디미르 아슈르코프(Владимир Ашурков), 레오니트 볼코프(Леонид Волков) 등 3명에 불과했다. 하지만 10여 년이 흘러 대표 격인 사무총장을 비롯, 임원진만 40여 명에 이르는 규모로 성장했다.

이와 관련해 나발니는 "레오니트 볼코프 같은 이는 정말 많은 일을 하고 있으나 그는 재단의 급여를 받지 않는다. 많은 이들이 대부분 그렇게 하고 있고, 자원봉사처럼 일한다. 정부로부터 많은 압력이 들어오지만 이들은 재단을 떠나지 않는다"[17]고 말했다.

재단을 향한 각계의 지원도 잇따랐다. 2012년 5월 30일, 부패와의

표 3.1 부패와의 전쟁재단 역대 사무총장

시기	사무총장
2011~2014년	알렉세이 나발니
2014~2018년	로만 루바노프
2018~2021년	이반 쥬다노프
2021~2023년	레오니트 볼코프
2023년~현재	마리야 펩치흐

전쟁재단은 16명에 달하는 공식 후원자 명단을 발표했다. 정당인 블라디미르 아슈르코프, 보험회사 로스고스트라흐의 로만 보리소비치(Роман Борисович) 부회장, 작가 드미트리 비코프(Дмитрий Быков)와 보리스 아쿠닌(Борис Акунин), 알칸트라자산운용의 세르게이 그레치슈킨(Сергей Гречишкин) 파트너, 러시아경제학교의 세르게이 구리예프 전 총장, 파리경제대학 예카테리나 주랍스카야(Екатерина Журавская) 교수, 기업인 보리스 지민(Борис Зимин), 호텔 체인인 로스인베스트오텔의 키릴 이르튜가(Кирилл Иртюга) 파트너, 기업인 알렉산드르 레베데프(Александр Лебедев), 회계법인 볼쇼이 고로드의 아르툠 류비모프(Артём Любимов) 회계사, 언론인 레오니트 파르표노프(Леонид Парфёнов), 금융인 파벨 프로샨킨(Павел Просянкин), 알파그룹의 알렉세이 삽첸코(Алексей Савченко), 기업인 데니스 소콜로프(Денис Соколов)와 빅토르 야루토프(Виктор Ярутов) 등이 그들이다. 이들 후원자는 440만 루블의 후원금을 기탁했고, 향후에도 지속 후원하겠다고 약속했다.

또한, 재단은 자체 언론이라 할 수 있는 '리바이어던(Левиафан)'을 2016년부터 보유하고 있다.[18] 리바이어던은 구약 성서에 등장하는 괴수(怪獸)로, 일반적으로는 거대한 관료제로 구성된 전체주의 국가를 지칭한다. 다만 재단이 설립한 미디어 리바이어던이라는 이름은 2014년에 선보인 러시아 영화 제목에서 따왔다. 안드레이 즈뱌긴체프(Андрей Звягинцев) 감독의 이 영화는 러시아의 평범한 중년남성이 자신의 땅을 노리는 괴물 같은 국가권력자(리바이어던)에 맞서 싸우는 내용을 그렸다.

부패와의 전쟁재단이 국민의 높은 관심을 받게 되면서 대표인 나발니가 2012년 6월 25일 국영항공사 아에로플로트의 이사 11명 중 한 명으로 선임되는 '이례적' 사건도 발생했다. 아에로플로트는 러시아정부가 51%의 지분을 가진 항공사다. 나발니는 이날 주주들에 대한 이익배당금 분배와 새 이사진 구성을 위한 주주총회에서 소액주주들의 몰표 덕분에 이사에 선임된 것으로 알려졌다. 나발니가 얻은 주식 수는 전체 주식의 약 6%였다.

비탈리 사벨리예프(Виталий Савельев) 아에로플로트 사장은 나발니의 이사 선임 후 "나발니는 두려워할게 있는 사람들에게나 무서운 인물이며, 그가 우리 회사의 이사가 된 것에 아무런 문제가 없다"고 말했다. 나발니도 "소액주주의 권리와 회사의 이익을 지키기 위해 노력하겠다"며 자신의 트위터에 "아에로플로트 항공으로 비행하세요(Летайте самолетами Аэрофлота)"라고 썼다. 이사 선임에는 소액주주의 표가 결정적인 역할을 한 것을 부인하기는 어렵지만, 나발니를 지속적으로 후원해온 회사 대주주 알렉산드르 레베데프의 공도 빼놓을 수 없다.

인선과 관련해 레베데프는 "부패와의 전쟁 관점에서 보면 아에로플로트 국영항공사는 정확한 대상(타깃)이라고는 할 수 없다. 하지만 수십억 달러의 수입과 지배구조 등을 고려하면 당연히 대상이고 누군가가 수시로 장부 등을 들여다봐야 한다. 나발니는 소액주주들의 권리보호를 위해 일하던 인물이다. 그래서 나발니가 아에로플로트에서도 일을 잘 할 것이라 생각했다. 인맥을 동원해 내가 15%의 지분을 보유한 아에로플로트의 이사로 나발니를 앉혔다. 내가 나발니를 이사로 밀자 사람들은 '결국 나발니가 회사를 팔아먹게 하는 조치'라고 비난했지만, 정말 그렇게 됐나?"고 반문했다.[19]

2019년 10월 9일 러시아 법무부는 부패와의 전쟁재단을 '외국 대리인'으로 규정했고, 2년 뒤인 2021년 6월 9일 모스크바시 법원은 극단주의단체로 낙인찍어 해산명령을 내렸다. 기능의 마비였다.

2022년 7월 11일 나발니는 부패와의 전쟁재단을 러시아가 아닌, 국제적 재단으로 육성하겠다고 발표했다. 국제재단의 이사는 자신의 부인 율리야 나발나야, 버르호프스타트(Guy Verhofstadt) 전 벨기에 총리, 저명 미국 언론인이자 학자인 애플바움(Anne Applebaum)과 후쿠야마(Francis Fukuyama) 등이었다. 나발니는 유럽의회가 2021년 자신에게 수여한 사하로프상의 상금 5만 유로를 재단에 출연했다.

반부패 운동과 개혁에 매진하다 보니 나발니가 일부 인사를 모욕하는 일도 발생했다. 2011년 4월 18일, 나발니는 '세금공주(Налоговая принцесса)'라는 별명을 가진 러시아 미용업계의 큰손, 올가 스테파노바(Ольга Степанова)와 그녀의 남편 블라들렌 스테파노프가 800만 유로의 공금을 빼돌려 스위스 취리히에 예치했다는 내용을 자신의 블로그에 올렸다. 뿐만 아니라 스테파노프가 자신이 몸담고 있던 허미티지 캐피탈의 공금을 횡령한 혐의도 있다고 소개했다. 그러나 스테파노프는 나발니의 근거 없는 모함이자 중상비방이라며 모스크바 법원에 100만 루블의 손해배상 소송을 제기했고, 법원은 근거가 있다고 판단해 나발니에게 위자료 10만 루블을 지급하라고 판결했다.

다소 선을 넘는 나발니의 행동은 이에 그치지 않고 전쟁영웅에 대한 명예훼손, 판사에 대한 모욕 논란으로 이어졌다.

나발니는 제2차 세계대전 참전 예비역 대령인 이그낫 아르툐멘코(Игнат Артёменко)를 중상·비방해 전쟁영웅의 명예를 훼손한 혐의로 기소됐다.

93세의 러시아 전쟁영웅 아르툐멘코는 2020년 초, 푸틴 대통령이 2024년 이후 두 번 더 집권할 수 있는 길을 열어준 2020년의 헌법 개정안 지지 홍보 영상에 출연했다. 그런데 6월 나발니가 자신의 SNS를 통해 아르툐멘코를 포함, 영상에 출연한 사람들을 '반역자(Предатель)', '국가의 수치(Позор страны)', '부패한 하수인(Холуй)' 등으로 싸잡아 비난한 것. 특히 아르툐멘코에 대해서는 "90살이 넘은 노인이 제 정신으로 영상에서 말을 저렇게 하는 것이냐. 정신상태가 괜찮은 것이냐"고 막말 표현을 서슴지 않았다.[20]

중대범죄를 담당하는 러시아 연방수사위원회와 검찰은 나발니의 발언이 2차 대전 참전용사 아르툐멘코의 명예와 존엄성을 깎아내리는 고의적인 허위 정보를 포함하고 있다며 명예훼손죄로 기소했다. 결국 나발니에게는 85만 루블이라는 거액의 벌금이 부과됐다.

또한, 2021년 2월 모스크바 바부슈킨법정에서 아르툐멘코 사건에 대한 항소심 재판을 받을 때, 나발니가 판사였던 베라 아키모바(Вера Акимова)를 모욕했다는 혐의도 추가됐다. 심문 과정에서 나발니는 아르툐멘코 변호인단을 향해 부적절한 질문과 공격적인 행동을 멈추지 않았고 아키모바 판사가 20여 차례나 경고했음에도 불구하고 동일한 행동을 그치기는커녕 아키모바 판사에게도 날선 반응을 보여 판사 모욕죄가 추가됐다.

나발니와 부패와의 전쟁재단이 폭로한 내용은 또 다른 논란거리를 제공하기도 한다.

이목을 끌며 세상에 내놓음으로써 부패를 폭로한 대상기업의 대부분은 규모가 큰 국영이나 친푸틴 계열 기업이고, 많은 인사는 푸틴 대통령과 가깝다. 폭로 내용들 가운데는 소액주주의 힘만으로는 파악할 수 없는 자료들도 많다. 때문에 이들 국영기업의 경쟁 혹은 라이벌 기업들이나 푸틴에 반대하는 인사들이 불법적으로 제공한 정보를 나발니가 받아 폭로전쟁에 나섬으로써 혹시 나발니가 이들 기업 간 혹은 정치세력 간 세력 싸움에 휘말린 것 아니냐는 의심인 것이다.

2018년 나발니와 부패와의 전쟁재단은 세계 최대 알루미늄기업 루살의 회장인 올레크 데리파스카(Олег Дерипаска)가 세르게이 프리홋코(Сергей Приходько, 1957~2021년) 당시 푸틴 대통령의 외교 보좌관과 회동해 소위 '섹스파티'를 벌인 의혹이 있다고 폭로했다. 데리파스카는 러시아 올리가르히(과두재벌)의 대표적인 인사로, 푸틴 정권에도 협력해온 기업인이다. 루살(РУСАЛ) 회장으로서 2000년대 중반에는 자산이 280억 달러에 이르러 포브스 선정 세계 부호 순위 9위까지 올랐다. 또 프리홋코는 옐친 대통령 때인 1997년부터 푸틴 집권기인 2012년까지 무려 15년 이상 대통령 외교담당 보좌관으로 재직했던 관료 출신으로 내각 부총리를 역임했다. 사실 이 두 사람이 엮일 만한 여지가 없었다는 게 정치권의 중론이었다.

폭로는 나중에 사실이 아닌 것으로 밝혀졌다. 게다가 폭로 당시 데리파스카와 프리홋코의 라이벌 기업과 정치인이 나발니에게 가짜 회동 내용을 의도적으로 흘려 두 사람에게 커다란 타격을 주려 한 것 아니냐는 비판이 일었다.

알렉세이 무힌(Алексей Мухин) 러시아 정치정보센터 소장은 "나발니의 고발 행태 중 일부분은 누군가의 사주를 받고 하는 것처럼 보인다"며 "특히 2018 대선 도전 실패 후 나발니가 안팎의 주목을 끌기 위해 노력하는 과정에서 발생한 상황으로 평가된다"고 말했다.[21]

제도권 정치에 본격 도전

일부 논란은 있었으나 활발한 부패와의 전쟁을 통해 얻은 인지도를 바탕으로, 나발니는 2013년 9월 러시아 수도 모스크바 시장선거에 도전장을 내밀었다. 2008년 야블로코에서 퇴출된 후 나발니의 실질적인 정계 복귀 무대였다. 모스크바시정부의 예산이 러시아를 통틀어 가장 큰 만큼, 모스크바시의 수장은 정치적 상징성 외에 경제적으로도 막강한 권한을 가진 자리였다. 하지만 도전 과정은 험난했고 도전 기회 역시 미리 준비돼 있었다기보다는 다소 뜻밖에 찾아왔다.

모스크바 시장선거는 2012년 5월 드미트리 메드베데프(Дмитри й Медведев) 대통령이 전격 제시한 지방정부 수장 직선제에 따른 것이다. 그전까지 모스크바시를 포함해 러시아연방을 구성하는 주(州)와 공화국 등 83개 연방주체(행정단위) 수장들은 대통령이 임명했다. 때문에 메드베데프 대통령의 개혁 조치로 10년 만에 시민들은 자신의 손으로 시장을 직접 뽑게 됐다. 직선제 조치는 2011년 12월 러시아 전역을 휩쓴 국가두마 부정선거 항의 시위의 기세를 누그러뜨리려는 방안의 일환이기도 했다.

당시의 현역 모스크바 시장은 막강 파워의 세르게이 소뱌닌(Серг ей Собянин)이었다. 푸틴과 메드베데프 대통령의 지원을 등에 업고 있었다. 1991~1993년 중부 한티만시스크자치구 코갈림시 시장, 1994~2001년 한티만시스크자치구 두마 의장, 2001~2005년 튜멘주 지사, 2005~2008년 대통령행정실 실장, 2008~2010년 부총리 겸 내각 사무처장 등 요직을 두루 거친 그를 메드베데프 대통령이 2010년 10월부터 모스크바 시장으로 임명한 상태였던 것. 직선제라는 새로운 틀이 없었다면 2015년까지 임명직 시장 임기가 보장돼 있었다. 그러나 직선제로 바뀌면서 소뱌닌 시장은 새 선거 규정에 따라 시민들의 신임으로 다시 시장직에 오르겠다며 6월 5일 조기 사임하고 선거 준비에 들어갔다.

예상치 못한 선거제도의 변화로 나발니도 급하게 시장선거 도전 의사를 밝혔다. 하지만 이 때문에 모든 단위의 선거에 간여한다는 비아냥을 듣기도 했다. 그는 『베도모스티』 기자가 "당신은 대통령에 도전하고 싶다고 했다가 마음을 바꿔 시장선거로, 때로는 두마 선거 참여 등으로 계속 바뀐다"고 묻자 "내가 갑작스레 변심해서 시장선거에 도전한 게 아니라, 선거 일정이 예고 없이 바뀌기 때문이라는 점을 인정해야 할 것 같다. 내가 비록 정치인이지만, 이런 선거에 대응하는 것은 쉽지 않다. 나의 꿈은 러시아를 바꾸는 것이다. 그래서 앞으로도 필요하다면 그게 모스크바시 두마 선거든, 대통령 선거든 할 수 있는 모든 선거에 나갈 것"이라고 답했다.[22]

나발니가 넘어야 할 또 하나의 산은 소뱌닌의 유력 경쟁자로 부상하던 야권 대표주자 미하일 프로호로프(Михаил Прохоров)였다. 개인자산 132억 달러를 보유한 러시아 7위, 세계 58위 부자인 대표적 올리가르히(신흥재벌) 출신으로, 미국 NBA 농구팀 뉴저지 네츠(New Jersey Nets)의 구단주이기도 했다. 프로호로프는 1년여 전인 2012년 3월 러시아 대통령 선거에 무소속으로 출마했는데도 8%의 득표율로 3위를 차지한, 그야말로 '돌풍'의 주인공이었다. 프로호로프가 얻은 8%의 득표율은 전통적 야권 후보들인 블라디미르 지리놉스키(Владимир Жириновский) 자유민주당 후보(6.2%)나 세르게이 미로노프(Сергей Миронов) 정의러시아 후보(3.85%)보다 높은 것이었다.

2012 대선을 통해 인지도가 한껏 높아진 덕분에 프로호로프가 모스크바 시장선거에 도전하겠다는 뜻을 표명하지 않았는데도 2013년 초반, 야권 후보들 가운데 가장 높은 12~15%의 지지를 얻어 소뱌닌을 상대할 유일 후보로 거론되던 상황이었다. 프로호로프는 신생 야당 '시민강령(Гражданская платформа)'의 대표를 맡고 있었다. 야권 후보들 가운데 자유주의 등 그나마 나발니와 가장 유사한 성향의 후보도 프로호로프였다.

그런데 선거 준비가 한창이던 6월 13일, 야권 예비 후보들 중 지지율 1위의 프로호로프가 기자회견에서 '미하일 쿠투조프(Михаил Кутузов, 1745~1813년) 장군의 심정으로 시장 후보 출마를 포기한다'고 선언, 지각변동을 몰고 왔다. 그는 9월로 예정된 모스크바 시장선거는 소뱌닌 현 시장의 '시장면허증'을 연장하려는 푸틴 정권의 꼼수이기 때문에 참여하지 않는 것이며, 이는 쿠투조프 장군처럼 '2보 전진을 위한 1보 후퇴'라고 주장했다. 쿠투조프는 19세기 제정(帝政)러시아의 장군이다. 1812년 러시아 정벌에 나선 나폴레옹의 프랑스 대군에 맞서 싸우다 열세에 놓이자, 수도 모스크바를 불태우고 퇴각한 뒤 추위에 지친 프랑스군을 기습해 대승리를 거둔 주인공이다. 과거의 인물까지 프로호로프가 소환하며 출마를 포기한 것은 질 게 뻔한 선거에서 빠지려는 계책이라는 평가가 많았다.

아무튼 프로호로프가 불출마를 선언하면서 강력한 여권 후보 소뱌닌에 맞설 수 있는 야권 후보들은 연대 가능성 없이 각개전투하는 상황이 됐다. 하지만 이들 야권 후보도 일천한 정치경력의 나발니에 비하면 거대한 '산'이나 마찬가지였다. 제1야당 러시아연방공산당에서는 국가두마 의원 6선 경력의 이반 멜니코프(Иван Мельников) 후보, 국가두마 5선에다 야블로코 대표를 지낸 세르게이 미트로힌(Серг ей Митрохин) 야블로코 후보, 국가두마 현역 의원인 미하일 데그탸 료프(Михаил Дегтярёв) 자유민주당 후보, 초대 당대표를 역임한 니콜라이 레비체프(Николай Левичев) 정의러시아 후보 등이 그들 이었다.

나발니는 프로호로프의 출마 포기 선언에 열흘 앞선 6월 3일, 시장 선거 도전 의사를 밝혔다. 시장 출마의 변은 이랬다. "모스크바는 러 시아 전체인구의 15%가 살고, 예산만 1조 6,000억 루블을 쓰는 도시 다. 우리가 선거 슬로건을 '러시아를 변화시켜라, 모스크바에서 시작 하라(Измени Россию. Начни с Москвы)'고 한 이유가 있다. 만 약 모스크바 시장이 선거위원회나 TV에 의존하지 않고 정말 모스크바 시민의 제대로 된 투표를 통해 선출된다면, 러시아 연방정부 역시 바 뀔 것이다."[23]

하지만 나발니 앞에는 그의 입후보를 가로막는 제도적 난관이 자리 잡고 있었다. 모스크바 시장선거에 도전하려면 소위 '필터(фильтр)' 라고 하는 두 번의 장벽을 넘어야 한다. 후보 '지명'에 한번, 선거위원 회의 최종 후보 '등록'에 또 한 번이다.

먼저 후보로 지명되려면 모스크바 시민 7만 명의지지 서명을 받거 나, 법무부가 허가한 등록정당으로부터 후보로 지명받는 두 가지 중 하나를 택해야 한다. 나발니는 후자를 골랐다. 자유주의 성향의 야당 '러시아공화당-국민자유당(РПР-ПАРНАС)'은 나발니를 모스크바 시 장 후보로 공천했다. 물론 당내에서 공동대표를 맡고 있던 블라디미르 리슈코프(Владимир Рыжков)가 "당이 나발니에게 도둑질 당했다" 며 사퇴하는 등 잡음이 적지 않았으나 나발니로서는 시장선거 도전을 위한 1차 관문을 통과한 것이다.

다음은 최종 후보 등록. 이를 위해서는 '군·구역필터(муниципа льный фильтр)'라고 하는 절차를 필수적으로 넘어야 하는데, 선거 규정상 모스크바 시내 146개 군·구역 등 하위 행정단위 가운데 4분의 3인 110개 행정단위 대표의 지지 서명을 받아야 한다. 나름 노력했지 만 나발니 개인은 절반 밖에 지지 서명을 받지 못해 도전 기회가 무산 될 위험에 놓였다. 그때 지인들과 소속 정당, 모스크바시 두마가 나서 모자란 부분을 채워줌으로써 어렵사리 후보 등록도 마칠 수 있었다.

과정은 쉽지 않았으나 일단 후보가 되자 나발니는 그야말로 파죽지 세였다. 6월 초에서 7월 초까지 실시한 여론조사에서 나발니는 단숨 에 야권의 대표 후보로 발돋움했다. 러시아 시장조사회사 시노베이트 콤콘(Synovate Comcon)이 18세 이상 모스크바 시민 1,200명을 상 대로 '2013년 9월 8일 모스크바 시장선거에서 어느 후보를 선택할 것 인가'를 물은 결과, 나발니는 평균 78%의 예상득표율을 올린 집권여 당 후보 소뱌닌 현 시장에 이어 10.5%의 지지율로 2위를 기록했다.[24] 물론 소뱌닌 후보와의 격차가 워낙 컸지만, 3위 득표율을 기록한 세르 게이 미트로힌 러시아연방공산당 후보의 예상득표율 4.5%를 두 배 이 상 앞지른, 의미 있는 결과였다. 참신한 후보를 향한 모스크바 유권자 의 갈증을 나발니가 해소했을 뿐아니라 특히 젊은 유권자들에게 어필 했다는 평가가 주를 이뤘다.

7월 17일 모스크바시 선거위원회는 나발니의 모스크바 시장선거 후보 등록을 선거관리위원들의 만장일치로 통과시켰다. 나발니는 짧 은 시간 내 낮은 인지도만 극복하면 의외로 순항할 듯 보였다. 정부를 강하게 비판해온 나발니의 그간 성향으로 미뤄볼 때 후보 등록 자체부터 거부될 가능성이 높았지만 예상을 뒤엎고 선거위원들의 만장일치를 이끌어냈기 때문이었다.

하지만 후보 등록 결정 다음날인 18일 돌발변수가 등장했다. 키로프주 키로프시 레닌스키구역 법원이 키로블레스의 자산 1,600만 루블을 횡령한 혐의로 기소된 나발니에게 징역 5년의 중형을 선고하고 법정구속하면서 나발니의 시장 도전이 위기를 맞은 것. 이미 시장에 입후보해 후보 등록증을 받은 상태였는데도 나발니 후보는 구속을 피할 수 없었다.

그러자 나발니 구속은 '야당 후보에 대한 현 정권의 정치적 탄압'이라는 국내외의 강력한 비판 여론에 직면했고, 러시아 법원은 여론에 굴복했다. 상급법원인 키로프주 법원은 하급법원인 레닌스키구역 법원의 선고가 내려진 지 하루 만에 나발니의 출국 금지를 조건으로 임시 석방하라고 판결했다. 이로써 나발니의 시장 도전은 중단 없이 계

▶ 나발니의 모스크바 시장 후보 등록증. 오른쪽에 2013년 7월 17일 후보로 등록했다는 문구가 새겨 있다.

출처: https://2018.navalny.com/

　　　　　　　　　　　푸틴 정적, 나발니의 생애: 러시아정치의 앞날은

속될 수 있었다. 그럼에도 나발니 후보와 소뱌닌 후보와의 싸움은 마치 다윗과 골리앗의 싸움으로 비유됐다.

나발니 측은 7월 19일부터 9월 초까지 약 두 달간 러시아에서 흔치 않은 방식으로 선거운동을 적극 전개했다. 때문에 나발니의 선거운동에서 '전례 없다'고 꼽히는 부분이 많았다. ▲1억 340만 루블이라는 자발적 선거 후원금 ▲2만 명에 달하는 수많은 자원봉사자 등이 그것들이다.

나발니 측은 "시장선거를 준비하면서 무려 1억 루블 이상의 후원금을 모았다"며 "기대했던 것보다 훨씬 큰 돈이고, 러시아 선거 사상 처음으로 후원금을 모았다는 것에 자부심을 느낀다"고 반색했다. 통계에 따르면 1인당 평균 후원한 금액이 3,500루블이었다. 러시아 정가에서는 투명성을 바라는 시민들의 열망으로 해석했다. 특히 전체 후원금의 10%가량이 디지털지갑의 일종인 '얀덱스 코셸룍(Яндекс.Кошелек)'으로 들어왔다고 한다. 디지털로 무장한 나발니의 강점이 여지없이 발휘된 대목이었다.

모스크바 전역에서 대학생과 예술인, 컨설턴트, 은행가, 심지어 유명 정치인들까지 약 2만 명이 자원봉사자로 선거운동에 참여한 것은 러시아정치사에서 획기적이라 할 수 있었다. 대부분 인력과 자금을 '동원'하는 방식으로 치러온 러시아 선거판에서는 유례없는 일이었기 때문이다.

하지만 눈에 보이지 않는 커다란 장벽이 여전히 존재했다. 야권, 그것도 제도권이 아닌 신생 야당의 후보였던 나발니는 러시아인들의 80%가량이 정보 수집 창구로 활용하는 국영TV에서 소외됐다. 선거운동 초기부터 TV 토론 등에 참여할 수 있는 기회가 부여되지 않았던 것이다. TV 토론은 선거운동이 막바지를 치닫던 8월 하순이 돼서야 가능해졌지만 시청률이 극히 낮은 시영(市營) 신생 TV 채널 모스크바-24(Москва-24)와 모스크바-도베리예(Москва-Доверие)[25]에 배치됐고, 그마저도 소뱌닌 후보가 토론 참여를 거부했기 때문에 토론이 아닌 일방적 선거 홍보방송이었다. 나발니 측은 채널당 360분의 시간을 할애 받았다. 절반인 180분은 소뱌닌 후보를 제외한 군소 후보들 간의 집단 토론, 나머지 180분은 유세방송이었다. TV 토론은 8월 12일부터 9월 6일까지 5라운드(주 3회)에 걸쳐 진행됐는데 소뱌닌은 라운드 내내 불참해 김이 빠졌다. 나발니도 8월 12~16일의 1라운드 토론에만 참여하고 소뱌닌의 불참이 계속된 나머지 4개 라운드에는 참여하지 않았다.

TV 토론을 통한 선거운동이 사실상 좌절되면서 나발니 측은 초기엔 소셜네트워크를 이용했다가 점차 오프라인으로 확대하는 운동방식을 택했다. 국영방송 출연이 불발됐음에도 여론조사펀드에 따르면 나발니는 자신의 인지도를 60%대에서, 7~8월 사이 81%까지 끌어올렸다. 레바다센터에 따르면 모스크바시 유권자의 69%가 나발니의 선거운동에 관심을 보였다. 소뱌닌의 선거운동에 관심을 보인 유권자는 61%였다.

인터넷 경제 매체 '슬론(Slon)'에 따르면 모스크바 시민은 2013년 모스크바 시장선거운동에서 가장 기억에 남는 것으로 '나발니 큐브(Куб Навального)'[26]를 꼽았다. 선거운동에 참여한 자원봉사자들은 모두 이 이동식 천막, 즉 큐브를 받았다. 가로·세로·높이 각각 2m 가량 되는 이 큐브를 통해 나발니의 모습과 정책 설명, 선거 이슈들을 담았다. 여느 서방국가의 선거판에서는 흔히 등장하는 도구지만, 러시아

선거판에서는 이색적인 풍경이었다. 건물 벽에 붙이지도 않고 이동이 쉬워 젊은 자원봉사자들이 모스크바 시내에서 순식간에 이곳저곳 이동할 수 있었다. 나발니 진영이 선보인 최대의 아이디어 상품인 셈이었다.

나발니의 선거운동은 그에게 다소 부정적 성향을 가진 자본가들을 대상으로도 이뤄졌다. 그것도 단순히 후원받는 형식이 아니라, 경제공약을 설명하고 질의응답하는 새 방식이었다. 모스크바 한복판 최고급 호텔 중 한 곳인 리츠칼튼

▶ 2013년 모스크바 시장선거운동에서 선보였던 나발니 큐브의 모습.
출처: 2018.navalny.com

(Ritz Calton)에서 열린 '기업인 만찬'이 바로 그것이다. 만찬 초대장에는 '비용 7,800루블. 만찬 참가자들이 지불하되 선거운동 자금으로 사용하지 않음. 비용은 만찬 당일 호텔 측에 현금이나 카드로 결제해야 함'이라고 쓰여 있었다. 만찬에 참석한 투자자와 기업가, 은행가들은 나발니의 경제공약 입안자인 세르게이 구리예프의 발표를 청취했다. 많은 기업인은 나발니를 지지했다가 뒤따를 수 있는 압력과 후폭풍을 피하려 익명으로 참석하거나 대리인을 보낸 것으로 알려졌다. 참석 인사 중에는 정부 관계자도 상당수 있었다고 한다. 이날 사회는 영국 경제전문지 『이코노미스트(Economist)』의 모스크바 지국장 아르카디 오스트롭스키(Arkady Ostrovsky)[27]가 맡았다. 그는 세 시간 동

안 만찬 참석자들과 함께 나발니에게 그가 꾸릴 정부, 부패 척결 전략, 당선 시 취할 구체적 행동, 개인 소득, 이해 대립 문제 등에 관한 날카로운 질문을 던졌다. 유세 기간에 하루 수차례씩 인터뷰를 하고, 정기적으로 기자회견을 했던 나발니는 질문에 척척 대답했다고 한다.[28]

나발니 캠프는 기세를 몰아 나발니 후보가 '국민후보'임을 내세웠다. 캠프에서 활동했던 사회학자 이고리 에이드만(Игорь Эйдман)은 2011년 3월 9일 자신의 라이브저널에서 나발니를 '국민의 정치적 리더(Народно-политический лидер)'라고 소개했다. 국민의 정치적 리더란 '수년 동안 그 어느 정치인도 믿지 못한 수많은 러시아인들에게 신뢰를 준 지도자'라는 의미라는 설명을 곁들였다. 즉 국민후보이기 때문에 모스크바 시민에게 유세동참 뿐 아니라 선거감시단으로 참여해 달라고 적극 호소했다. 나발니가 가장 우려한 것 중의 하나가 바로 정권에 의한 선거결과 조작 가능성이었기 때문이다. 실제로 이 호소는 상당한 성과를 보였다. 모스크바를 넘어 원내외 정당, 사회기관에서 25만 명 이상이 투표소 상황을 감시했다.

한편 선거 슬로건 '러시아를 변화시켜라, 모스크바에서 시작하라'는 예상치 못한 난관에 봉착했다. 모스크바 시장을 뽑는 선거임에도 불구하고 러시아 전체를 거론하는 것은 '거대담론에 치우친 게 아니냐', 또는 변화만 강조함으로써 '공무원의 대대적인 물갈이가 이뤄지는 것이 아니냐'는 지적과 비판에 시달린 것. 그러자 나발니는 세부적인 선거 공약을 마련하면서는 이러한 우려 해소에 초점을 맞췄다.

우선 정책의 포커스를 모스크바로 국한해 모스크바시의 해외 투자유치 필요성을 강조했다. 나발니 캠프는 "러시아의 모든 돈은 모스크바에 집중돼 있지만, 세계은행(World Bank)의 평가에 따르면 모스크바는 투자 매력도 관점에서 볼 때 러시아 여러 도시 가운데 30위에 불과하다. 모스크바에 투자가 들어오지 않으면 시민들이 바라는 유럽식 삶의 질은 보장되지 않는다"고 했다.

그러면서도 시장에 당선될 경우 급격한 정책 선회의 우려를 의식한 듯, 전임자나 경쟁자의 정책을 수용할 뜻도 내비쳤다. 나발니는 『베도모스티』와의 인터뷰에서 "가령 소뱌닌 현 시장은 레토릭으로는 매우 양호하고 합리적이다. 부패와 싸우겠다고 이미 밝혔고, 건설마피아들을 척결하겠다고 했으며 지금보다 투명하게 계약을 체결하겠다고 한다"고 말했다.

공직 사회 개편과 관련해선 "적어도 공무원의 85%가량은 부패하지 않은 이들이라고 본다. 그들 역시 선량한 모스크바 시민들로, 어느 누구도 지위를 훔치지 않았고 정규급여와 안정성이 필요한 이들이다. 다만 우리는 그들이 뭔가 진정으로 개선하고 마피아시스템에 물들지 않기를 희망한다"고 밝혔다.

아울러 "지금 모스크바 시민들은 시정부에 대한 접근권이 없다. 시민들은 정부회의에서 논의된 내용을 알 수도 없고, 어떤 건설현장이 있다면 그에 관한 인허가 등의 정보를 취득할 수 없으며, 많은 법령이 어떻게 제정되는지 알 도리가 없다. 우리는 모든 상황에서 철저히 배제돼 있다. 당장 이런 법안들은 마련하는 것은 시장에 당선되지 못하더라도 가능하다. 우선은 현존 시스템을 활용할 것인데, 이른바 '시민입법이니셔티브'를 활용하는 방안이다. 이 이니셔티브는 시민의 삶에 영향을 미치는 사안에 대해 5만 명 이상의 시민이 시 당국에 입법 청원을 하면 법률 제정이 가능토록 한 제도다. 충분히 가능하다"고 했다.

적극적이고 대담한 행보에도 불구하고 결과적으로 공약이 한쪽으로 편중돼 있거나, 논란을 완전히 잠재우지 못한 내용들이 많았고 네거티브 전략에 기댄 것 등은 아쉽다는 지적이 있었다.

일례로 확실한 정책대안 제시보다는 소뱌닌 시장 일가의 부정 축재 등에 과도하게 집중한 것 아니냐는 비판이다. 실제 나발니는 소뱌닌의 두 딸인 안나 소뱌니나와 올가 소뱌니나가 각각 보유한 시가 1억 루블 이상의 아파트가 아버지가 시장으로 있는 모스크바시의 특혜를 받은 것이라고 주장했다. 게다가 두 딸의 사업파트너가 모스크바 시당국 뿐이라며 소위 '아빠찬스'를 사용한 것이라고 비판했다. 하지만 이 같은 주장은 유권자의 마음을 움직이지는 못한 것으로 평가됐다. 오히려 나발니가 그의 동료들과 2007년 동유럽 소국(小國) 몬테네그로에 설립했다는 일종의 페이퍼 컴퍼니가 친정부 블로거들에 의해 포착, 폭로됨으로써 탈세 논란의 장본인이 되기도 했다.[29]

또한, 구리예프 경제총괄책임이 마련한 선거공약에는 이민자들을 받아들여 경제발전에 활용한다는 내용이 포함됐는데, 이민자에 대한 나발니의 적대적 태도와 배치되지 않느냐는 논란도 선거운동 기간 내내 그의 발목을 잡았다.

나발니는 "선거 공약상의 이민자 정책과 이민자에 대한 나의 관점은 모순되지 않는다. 나와 구리예프는 이민자들의 강제노역'에 반대한다는 점에서 차이가 없다. 현재 모스크바에는 인근 국가에서 온 노동자들이 20여 명의 동료 노동자들과 무너져가는 주택에서 함께 기거하며 강제노동에 종사하는 경우가 많다. (모스크바 같은) 대도시에서는 본질적으로 이민이 늘 필요하고, 시 당국도 11만 명의 이주노동자들이 더 필요하다고 한다. 이민자들에게 보험과 8시간 노동 보장, 주거환경 개선 등의 조치를 해준다면 강제노역과 같은 행위를 근절할 수 있다. 그렇지만 (이들을 무한정 받아들이는 게 아니라) 입국을 제어할 수 있는 비자제도가 필요하다. 현재 중앙아시아와 캅카스 국민은 대부분 비자 면제로 러시아에 들어온다. 특히 정부 관련 계약에 불법 이주노동자들을 활용하는 것은 용납할 수 없다. 아울러 노동자를 불법적으로 고용하는 기업들의 면허를 박탈하는 법안도 만들어야 한다"고 말했다.

정치신인 격인 나발니는 8월까지 선방했다. 시노베이트 콤콘이 모스크바 시민을 상대로 실시한 선호 후보 조사에서 6~7월 10%대에 불과했던 나발니 지지율이 8월에 들어서면서 20% 선을 돌파했기 때문이다. 상대적으로 80%에 가까웠던 여당 후보 소뱌닌 시장의 지지율은 60% 밑으로 떨어지고 있었다.

네자비시마야 가제타(Независимая газета)는 "2013 모스크바 시장선거에서 선보인 나발니의 선거 운동은 러시아정치에서 가장 주목할만한 변화였고, 정치에 '나발니 인자(фактор Навального)'를

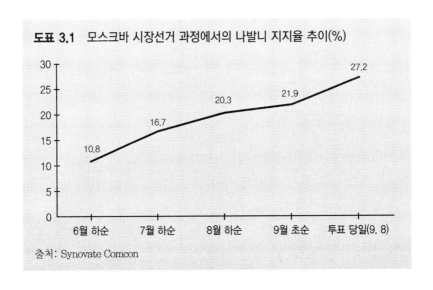

도표 3.1 모스크바 시장선거 과정에서의 나발니 지지율 추이(%)

출처: Synovate Comcon

표 3.2 2013년 모스크바 시장선거 결과

구분	후보	소속정당	최종 득표율
여권 후보	세르게이 소뱌닌	통합러시아	51.37%
야권 후보	알렉세이 나발니	러시아공화당-국민자유당	27.24%
	이반 멜니코프	러시아연방공산당	10.69%
	세르게이 미트로힌	야블로코	3.51%
	미하일 데그탸료프	자유민주당	2.86%
	니콜라이 레비체프	정의러시아	2.79%

불러왔다"며 "나발니가 유명 블로거에서 비로소 정치인으로서의 위상을 정립했다는 의미가 있다"고 평가했다.[30]

　2013년 모스크바 시장선거를 통해 '정치인 나발니'의 잠재력을 확인한 푸틴 등 러시아 집권 세력은 나발니에 대한 압박의 강도를 높이기 시작했다.

　분수령은 나발니가 다가오는 2018년 대통령 선거에 출마하겠다고 밝힌 2016년 말쯤이다. 나발니는 실제로 다른 후보들에 비해 상대적으로 빠른 2016년 12월 13일, 출마 선언을 조기에 해버렸다.[31] 대선 (2018년 3월 18일)을 1년 3개월여 앞둔 시점이었다. 왜 이른 시기에 출마 선언을 강행했는지는 명확치 않다. 정치권에서는 나발니가 자신의 출마 사실을 일찌감치 대내외에 공표하고 특히 서방의 관심을 끌어들임으로써 혹시 있을지도 모를 정권의 견제를 차단하려는 의도가 아니었겠느냐고 추측했다.

　대선 출마 선언 발표 전까지 나발니는 각종 시위나 집회에서 체포됐을 때 최대 15일의 구류형을 받았으나, 2017년부터는 15일의 구류형은 없고 형량이 모두 그 이상이었다. 이와 관련 나발니는 잦은 구류 등에 대한 소회를 위트 있게 밝힌 적이 있다. 그는 2015년 도쉬드 TV 인터뷰에서 "가택연금을 당하고 있으니 어디 갈 수도 없고 교통수단 이용에 돈을 들일 필요도 없으며 면도하거나 옷을 다릴 필요도 없다. 이게 가택연금의 장점들"이라면서 "정치인 가족으로서 우리 가족도 많은 희생을 하고 있다. 하지만 내 가족은 많은 불편함을 참아내고 있으며 이게 내게 힘을 불어넣고 있다"고 말했다.[32]

한편 나발니는 2017년 2월 러시아 제2의 도시 상트페테르부르크에서 첫 선거사무소를 개설하고 본격적인 선거운동에 돌입한다. 5월까지 그가 개설을 계획한 선거사무소는 최소 40개 선이었다.

나발니는 서방형 선거방식의 일반적 특징을 따른 '유일한' 후보라 할 수 있다. 즉 ▲선거자금 모금(독자적 기금의 모금을 기반으로 선거에 필요한 자금 운용. 특히 인터넷을 통한 온라인 기금모금 실행) ▲선거사무소 개소(선거운동과 선거에 관한 사무를 처리하기 위해 주요 도시별 설치) ▲자원봉사자 활용(봉사자를 모집하고 교육하며, 이들을 지역조직의 운영과 유세 지원, 유권자 접촉 등에 활용) ▲소셜네트워크서비스(SNS)를 통한 메시지 전달(이메일을 포함해 페이스북과 트위터 등 소셜네트워킹을 통해 지지 호소) 등을 모두 활용했다. 소련 시절을 포함, 러시아가 탄생한 이후에도 불가능할 것만 같았던 선거방식을 실천에 옮긴 것이다.

그러나 2017년 2월 8일 키로프주 키로프시 레닌스키구역 법원은 나발니의 횡령 혐의에 대한 파기환송심 재판에서 피고인 나발니에게 5년 징역형에 5년의 집행유예, 50만 루블의 벌금 부과를 선고했다. 재판부는 나발니가 2009년 키로프주 지사의 법률자문으로 일하면서 주정부 산하 목재 가공 기업 키로블레스 소유의 목재제품 1600만 루블어치를 빼돌려 유용한 혐의가 인정된다고 판결했다. 이 판결은 나발니가 대선에 출마할 기회가 박탈됐음을 암시하는 것이었다.

그럼에도 2017년 초부터 대선 후보로서 나발니의 위상은 정립되기 시작했다. 인지도가 높은 반푸틴 올리가르히 미하일 호도르콥스키와 미하일 카시야노프(Михаил Касьянов)가 푸틴의 유일 대항마로서 나발니에 대한 공개 지지 선언을 4월 중순에 했기 때문이다. 특히 2005~2006년의 연정 시도 결렬 이후 소원했던 카시야노프 국민자유당 대표의 지지는 나발니에게 큰 힘이 됐다.

하지만 레닌스키구역 법원 판결의 파장은 지속됐다. 2017년 5월 러시아 중앙선거위원회는 나발니의 출마가 사실상 어렵다고 밝혔다. 이에 대해 나발니 측은 유럽인권법원(ECHR)에 제소할 방침을 분명히 했으나 상황이 나아지지는 않았다.

후보자 등록 기간(2017년 12월 18일~2018년 1월 12일)에 나발니 캠프는 대규모 군중대회를 열었다. 특히 2017년 12월 24일 수도 모스크바를 비롯한 전국 20개 도시에서 열린 지지자들의 집회에서는 나발니를 대선 후보로 추대했다. 극동 블라디보스토크에서부터 북서부 상트페테르부르크에 이르기까지 전국 주요 도시에서 열린 추대 집회에 나온 나발니 지지자들은 2018년 3월 18일 치러지는 대선에 나발니를 후보로 내세우자고 목소리를 높이며, 지지를 표명했다. 나발니의 대권 도전을 법(키로블레스 사건 판결)으로 차단하려는 푸틴 정권과 사법부에 대한 시위 성격이 짙었다.

문제는 시민들의 지지만으로는 대선 후보가 되지 못한다는 사실이었다. 1차 관문은 2013년 모스크바 시장선거 입후보 때와 비슷한 입후보 절차였다. 그나마 모스크바 시장 도전 때는 자유주의 성향의 '러시아공화당-국민자유당' 소속 후보였으나 2018년 대선에서는 무소속 예비 후보였다.

러시아연방 대통령 선거법이 규정한 후보 출마 방법은 무소속과 등록정당으로 나뉜다. 무소속 후보자의 경우 최소 500명 이상의 지지 유권자 그룹을 등록하고, 30만 명 이상의 추천인 서명을 제출해야 한다. 추천인 서명은 한 연방주체(행정단위)에서 최대 7500명까지 가능하다. 등록정당 출마 후보자는 다시 국가두마(하원)의 원내정당이냐, 원외정당 출신이냐로 구분된다. 원내정당이 선출한 후보자의 경우 추천인 서명이 면제된다. 원외정당 후보자는 10만 명 이상의 추천인 서명을 제출하며 한 연방주체에서 최대 2,500명의 추천인 서명이 가능하다.[33] 원내정당 후보보다는 요건이 까다롭고, 무소속 후보에 비해서는 요건이 완화돼 있다.

나발니는 무소속 예비 후보여서 500명 이상의 지지 유권자 집단을 등록해야 하는데, 12월 24일 전국 집회에서 1만 5,000명 이상의 지지를 얻었다. 나발니는 이날 중앙선거위원회를 방문, 대선 후보 등록에 필요한 서류를 제출했다.

중앙선거위는 5일 이내에 후보 등록 여부를 결정해야 했다. 대선 후보로 등록된 무소속 출마자는 다시 전국에서 유권자 30만 명의 지지 서명을 받아 선거위에 제출하면 후보로 등록된다.

시민들에 의해 대선 후보로 공식 지명된 나발니도 이 일정에 맞춰 '선택할 시간(Пора выбирать)'을 슬로건으로 하고, 공식 선거운동에 본격 돌입할 예정이었다.

그러나 후보로 지명된 지 불과 하루만인 12월 25일, 러시아 중앙선거위원회가 후보 등록을 거부했다. 거부 명분은 나발니의 키로블레스 사건에 대한 법원 판결. 당시 선거위원 13명 중 12명이 나발니의 후보 등록을 거부해야 한다는 입장을 냈고, 1명은 기권했다. 위원회는 중죄 (重罪)로 유죄 판결을 받은 사람은 대통령으로 뽑힐 권리가 없다는 법 조항을 근거로 댔다.

러시아 대통령 선거법은 제1장 3조 피선거권 항목에서 '중대한 형을 선고받고 그 형이 확정된 후 10년을 경과하지 아니하거나 징역형의 선고를 받고 그 집행을 받지 아니하기로 확정된 후 또는 그 형의 집행이 종료되거나 면제된 후 10년을 경과하지 아니한 자는 대통령 후보로 출마할 수 없다'고 규정한다.[34]

엘라 팜필로바(Памфилова) 러시아 중앙선거위원장은 "관련 법률에 따라 유죄가 확정된 뒤 10년이 지나야 대통령 피선거권을 가질 수 있고 따라서 나발니는 (대통령 선거가 실시되는 2018년에 유죄 확정 상태이므로 10년 뒤인) 2028년 이후에나 출마할 수 있다"고 밝혔다.

중앙선거위가 나발니의 대선 후보 등록을 거부하자 나발니 측은 "푸틴 정권이 오로지 푸틴 후보와 그에게 위협이 되지 않을 정도의 몇몇 후보들로만 대선을 치르려 하고 있어 그 결과를 인정할 수 없다"며 대응조치로 선거 보이콧을 지지자들에게 호소하기 시작했다. 미국과 유럽연합은 "2013년의 키로블레스 사건 재판은 나발니가 공정한 재판을 받을 권리를 이미 상실했다는 증거이고 따라서 러시아 중앙선거위원회의 나발니 등록 거부는 정당하지 않다"며 우려를 표명했다.

흥미로운 사실은 2017년 12월 28일자 『베도모스티』가 나발니를 '올해의 정치인(Политик года)'으로 꼽았다는 점이다. 러시아 중앙선거위가 나발니의 대선 후보 등록을 거부한지 이틀만이다. 이 신문의

푸틴 정적, 나발니의 생애: 러시아정치의 앞날은

▶ 2017년 올해의 정치인으로 나발니를 선정한 러시아 『베도모스티』 캡처.

출처: Ведомости, 2017년 12월 28일

편집국은 "나발니가 2017년에 제대로 된 선거운동을 한 유일한 정치인이고, 자신들의 어젠다(agenda)를 2018년 대선 이슈로 제기했다"고 선정 이유를 밝혔다. 『베도모스티』는 1999년 서방자본이 창간한 경제전문지로, 러시아 일간지 가운데 매우 중립적인 논조를 유지하는 신문이다. 나발니 선정은 그에 대한 당국의 후보 등록 거부를 언론조차 납득할 수 없다는 불만의 표시가 아니었겠느냐는 해석이 주를 이뤘다.

나발니가 배제된 상황에서 2018년 3월 18일에 치러진 러시아 대통령 선거는 별다른 이슈 없이 푸틴 후보의 압도적 승리로 싱겁게 끝났다. 특히 푸틴 후보가 기록한 76.69%의 득표율은 개인 최고의 기록이자, 러시아 역대 대선 중 가장 높은 득표율이었다.

대선은 끝났지만 나발니가 푸틴 정권을 향한 칼날을 계속 겨누면서 나발니에 대한 압박은 더욱 혹독해졌다.

나발니와 그가 이끄는 부패와의 전쟁재단은 뜻을 같이하는 동료 류

표 3.3 2018년 러시아 대통령 선거 결과

구분	후보	소속정당	최종 득표율
여권 후보	블라디미르 푸틴	무소속(통합러시아)	76.69%
야권 후보	알렉세이 나발니	무소속	등록 거부돼 불참
	파벨 그루디닌	좌파전선 (러시아연방공산당)	11.77%
	블라디미르 지리놉스키	자유민주당	5.65%
	크세니야 솝착	국민의 이니셔티브	1.68%
	그리고리 야블린스키	야블로코	1.05%
	보리스 티토프	성장당	0.76%
	막심 수라이킨	러시아공산주의자들	0.68%
	세르게이 바부린	러시아전국민연맹	0.65%

보비 소볼(Любовь Соболь)과 함께 2019년 2월, 유튜브 영상으로 '콘코르트(Конкорд)'와 '모스콥스키 슈콜닉(Московский школьник)', 그리고 '비토-1(ВИТО-1)' 등 3개의 급식업체가 질 낮은 식료품을 학교와 유치원에 대량으로 납품해 2018년 12월에 집단 식중독을 일으키는 등 학생들의 건강을 해쳤다고 폭로했다. 이 3개 업체는 푸틴의 측근 사업가 예브게니 프리고진(Евгений Пригожин, 1961~2023년)이 직접 간여하고 있다고도 했다. 푸틴이 해외 유명 인사와 식사할 때 직접 서빙하면서 '푸틴의 요리사(повар Путина)'란 별명을 얻은 프리고진은 20대의 나이에 길거리 핫도그 장사로 시작해 요식사업으로 성공, 푸틴의 지원까지 등에 업고 학교 급식 사업을 장악하고 있었다.

푸틴 정적, 나발니의 생애: 러시아정치의 앞날은

나발니 측의 폭로에 대해 프리고진은 자신과 업체들의 명예가 훼손됐다며 나발니와 동료 소볼, 부패와의 전쟁재단을 상대로 4월에 손해배상 청구 소송을 냈다. 그리고 10월 모스크바 중재법원은 나발니와 소볼, 부패와의 전쟁재단 등 3자가 급식업체들에 각각 2,933여만 루블씩, 총 8,800만 루블의 손해배상금을 지급하라고 확정판결했다.

그러던 중 이번에는 독극물에 의한 암살 시도설이라는 초유의 사건이 나발니에게 일어난다.

2020년 8월 20일 시베리아를 방문했던 나발니가 톰스크에서 국내선 비행기를 타고 모스크바로 이동하던 중 기내에서 독극물 중독 증세로 쓰러져 혼수상태에 빠진 것. 당시 비행기는 인근 옴스크에 비상 착륙했다. 측근들은 나발니가 비행기에 탑승하기 전 공항 카페에서 차를 마신 것 외엔 다른 음식물을 먹은 게 없다면서, 누군가 차에 독극물을 타 그를 독살하려 시도했다고 주장했다. 반면 러시아 의료진은 독극물 흔적이 없다고 즉각 반박했다.

옴스크 병원으로 이송된 후에도 사흘가량 혼수상태였던 나발니는 부인 율리야가 '남편이 수준 높은 독일 의사들의 치료를 받을 수 있도록 독일 병원 이송을 허가해 달라'는 호소문을 푸틴 대통령 앞으로 보내고, 옴스크 병원 측이 "여러 검사 결과 나발니의 생명에 지장이 없고 상태가 안정됐기 때문에 독일 이송에 반대하지 않는다"고 밝히며 독일로 옮겨졌다. 18일 만에 의식을 회복한 나발니를 두고 이번에는 서방과 러시아 당국이 상반된 주장을 펼쳤다.

서방의 수사당국과 의료진은 나발니가 독극물에 중독된 것이 확실하다는 입장이었다. 독일정부는 연방군 연구시설의 검사 결과, 나발니에게 신경작용제의 일종인 '노비촉' 계열의 독극물이 사용됐다는 의심

할 여지 없는 증거가 나왔다고 발표했다. 소련 시절에 개발된 노비촉은 신경세포 간 소통에 지장을 줘 호흡정지, 심장마비, 장기손상 등을 초래하는 것으로 알려진 독극물이다. 프랑스와 스웨덴의 연구소도 나발니의 노비촉 중독을 확인했다고 밝혔다.

반면 러시아는 서방과 배치되는 주장을 펼쳤다. 2020년 11월, 나발니의 증상이 췌장염이었다고 결론 내리면서 서방이 주장하는 것과 같은 독극물 중독은 없었다고 했다. 인테르팍스 통신에 따르면 나발니 사건을 수사해온 러시아 내무부는 "(러시아) 의사들이 여러 차례 실시한 화학-독극물 검사 결과를 토대로 (나발니에게) 탄수화물 대사 장애, 내외분비 기능 장애를 동반한 만성 췌장염 등의 진단을 내렸다. '중독' 진단은 임상, 화학-독극물 검사 등에서 확인되지 않았다"고 발표했다. 또한, 나발니의 부인 율리야 나발나야가 8월에 쓰러졌을 당시 러시아 의료진에 설명한 내용을 인용, "나발니는 체중 감량을 위해 다이어트를 해왔고 식사를 불규칙적으로 했으며 사건 발생 전 3~5일 동안은 식사 뒤 불편을 호소하는 등 탄수화물 대사 장애 가능성이 있다"고 밝혔다. 아울러 나발니의 검체나 옷가지, 그가 묵었던 호텔과 머물렀던 공항 카페 등에서 수거한 물품들에서도 독극물 성분은 발견되지 않았다고 주장했다.

서방과 러시아가 대립하는 사이, 나발니의 상태는 호전됐다. 사건 발생 약 5개월 만인 2021년 1월 17일 나발니는 독일에서 모스크바로 돌아왔다. 다만 공항 도착 직후 러시아 교정 당국인 '연방형집행국' 요원들에 체포됐다. 체포의 이유는 '집행유예 의무를 여러 차례 위반했다'는 것이었다. 러시아 국내에서는 나발니가 국내법을 위반했기 때문에 체포와 구속이 당연하다는 의견이 우세했다.

하지만 서방의 시각은 확연하게 달랐다. 나발니의 귀국을 영웅시하며, 나발니를 소련 지도자 블라디미르 레닌(Владимир Ленин, 1870~1924년)이나 반체제 운동가 알렉산드르 솔제니친(Александр Солженицын, 1918~2008년)과 비교했다. 대체 무슨 내용일까.

"보드카 좀 갖다주셔. 우리는 지금 집으로 날아가고 있는 중이야(Водочки нам принеси. Мы домой летим)." 이는 나발니의 부인 율리야가 남편과 함께 독일에서 러시아로 귀국하기에 앞서 비행기에 올라탄 채 한 말이다. 율리야는 자신의 페이스북에 이 5초 분량의 짧은 영상을 올렸다. 본래 이 표현은 2000년에 제작된 러시아 컬트영화 '형제-2(Брат-2)'에 등장하는 대사로, 알코올 판매가 금지됐다며 음료 서비스를 거절한 승무원에게 귀국길의 두 주인공이 한 말이었다. 그만큼 당당하고 대담한 모습으로 귀국길에 올랐다는 의미다. 서방은 덤덤하게 푸틴 반대파의 지도자가 되기 위해 '호랑이굴(러시아)'에 들어가는 나발니의 모습에서, 제정러시아의 정치적 박해로 수 차례 유럽을 떠돌다가 혁명을 위해 100여 년 전인 1917년 당당하게 러시아로 돌아온 레닌의 모습이 겹친다고 평가했다.

또 미국의 외교전문 매체 『포린 폴리시(*Foreign Policy*)』는 기명 논평을 통해 "나발니가 가장 닮은 역사적 반체제 인사는 솔제니친"이라며 "나발니와 솔제니친 두 사람 모두 의지가 강하고 두려움이 없으며 수용소에서 몇 년을 (정권이) 위협하더라도 굴복시키지는 못할 것"이라고 했다. 특히 "나발니는 자신이 반대하는 정권을 뚫고 앞으로 나갈 예정"이라고도 했다.[35]

나발니는 수감 중임에도 불구하고 러시아와 우크라이나전쟁 1년을 맞은 2023년 2월 20일, 대리인을 통해 작성한 트위터 게시글을 통해 자신의 15가지 정치적 입장을 밝혔다. 우크라이나전쟁에만 국한된 것이 아니라, 푸틴 정권에 대한 전반적인 관점을 담았다. 나발니의 입장은 세 가지의 범주로 구성됐는데, ▲우크라이나전쟁의 원인과 과정(1~4번) ▲러시아와 국민의 행동지침(5~8번) ▲푸틴 대통령을 저지하는 것이 궁극적으로 러시아에 이익이 되는 이유(9~15번) 등이다. 주요 내용을 요약하면 다음과 같다.

1. 푸틴 대통령은 터무니없는 구실로 우크라이나에 대해 부당한 침략전쟁을 일으켰다. 이 전쟁에 '국민'의 지위를 부여하고 모든 러시아 국민을 공범자로 만들려 하지만 그의 시도는 실패하고 있다. 자원자가 거의 없어 푸틴의 군대는 강제 동원되고 있다.

2. 전쟁의 원인은 러시아 내부정치와 경제문제에서 비롯됐다. 어떤 대가를 치르더라도 권력을 유지하려는 푸틴의 열망이고 자신이 걸어온 길에 대한 집착일 뿐이다. 푸틴은 정복자 차르(황제)와 영토 확장자로서 역사에 기록되기를 원한다.

3. 수만 명의 무고한 우크라이나인들이 살해됐고 수백만 명이 고통을 겪었다. 도시와 인프라가 파괴됐고 전쟁 범죄가 저질러졌다.

4. 종국적인 군사적 패배는 동원된 수십만의 생명을 희생시키면서 늦출 수는 있겠지만 전체적으로 보면 불가피하다. 침략전쟁과 부패, 군 장성들의 안이함, 허약한 경제, 영웅주의에 더해, 우크라이나인들의 높은 방어 의지는 푸틴 군대의 패배를 초래할 뿐이다.

5. 우크라이나의 국경은 1991년(소련 해체와 우크라이나의 독립 시점)에 정해졌다. 당시 우리 러시아도 이를 인정했다. 지금도 이 국경을 인정해야 한다. 더 이상 왈가왈부할 문제가 아니다. 21세기에 국경의 임의적 변화를 위해 전쟁하는 것이 용인돼서는 안 된다. 이를 거부한다면 세상은 혼란에 빠질 것이다.

6. 우크라이나를 그대로 두고 국민이 원하는 대로 발전할 수 있는 기회를 부여해야 한다. 침략을 중단하고 전쟁을 종식하며 우크라이나 영토에서 모든 러시아 군대를 철수하라.

7. 러시아가 우크라이나에 가한 피해 배상 방안에 대해 우크라이나, 미국, EU, 영국과 함께 모색해야 한다. 예컨대 앞으로 (러시아의 권력 변화와 전쟁 종식 후) 러시아가 벌어들일 에너지 수출액이 배상자금이 될 것이다.

8. 국제기구와 협력해 전쟁범죄를 조사해야 한다.

9. 모든 러시아인은 제국주의적 인식을 갖고 있는가? 말도 안 된다. 가령 벨라루스는 우크라이나전쟁에 참여하고 있는데, 과연 벨라루스인들도 제국주의자인가. 아니다. 다만 벨라루스에도 독재자가 있을 뿐이다. 물론 러시아에 제국주의적 생각을 가진 이가 있으나 소수에 불과하며 선진국에서 보수든 진보든 과격주의자가 실패하듯, 제국주의자들은 선거에서 패배해야 한다.

10. 러시아는 과연 새로운 영토가 필요한가? 러시아는 인구가 줄고 지방이 죽어가는 대국(大國)이다. 제국주의와 영토로 확장하려는 욕망은 가장 해롭고 파괴적인 길이다. 러시아는 이미 대국이다. 우리의 임무는 사람들을 구하고 우리 자원을 풍부하게 개발하는 것이다.

11. 이 전쟁의 유산으로 우리는 복잡한 문제에 얽히게 될 것이다. 가장 중요한 것은 전쟁을 가능한한 빨리 끝내는 것이다. 그래야만 러시아를 떠난 사람들이 돌아오고 기업의 신뢰가 회복되며, 경제성장이 가능하다.

12. 전쟁이 끝나면 푸틴의 침략으로 입은 피해를 우크라이나에 배상해야 한다는 점을 다시 한번 강조한다. 우리는 밑바닥까지 추락했다. 러시아의 미래를 회복해야 한다.

13. 푸틴과 그 독재 정권의 해체, 이상적으로는 총선과 제헌의회 소집

을 통해 하는 것이다.

14. 공정한 선거, 사법부의 독립, 연방주의, 지방자치, 완전한 경제적 자유와 사회정의를 통해 의회공화국을 수립해야 한다.

15. 우리의 역사와 전통을 중시하면서 러시아는 유럽의 일부가 되어야 하며 유럽의 발전 경로를 따라야 한다. 그 외에 다른 것은 필요하지 않다.

하지만 다섯 번째 항목인 러시아-우크라이나 국경획정 문제의 경우 나발니는 2014년 러시아가 국제법상 우크라이나 영토인 크림반도를 무력으로 병합했을 당시, 우크라이나의 크림반도 반환 요구를 거부한 적이 있었다. 약 10년 만에 입장을 번복한 것이다. 나발니의 정책에서는 이처럼 입장을 바꾼 것들이 상당히 많은데, 이러한 내용들은 제5장에서 다시 다루기로 한다.

❖ 주

1) 나발니 할머니의 가계는 1930년대 '쿨락(Кулак, 부르주아 농민 즉 부농)'이어서 (쿨락을 박해했던) 소련 지도자 블라디미르 레닌(Владимир Ленин, 1870~1924년)을 혐오했다고 한다.
2) https://lb.ua/file/person/2148_navalniy_aleksey_anatolevich.html.
3) Woman.ru, 2021.1.18.
4) Константин Воронков (2011), C. 61.
5) *Собеседник*, 2020.12.5.
6) *Новый очаг*, 2021.7.24.
7) Константин Воронков (2011), C. 19.
8) 사닷 카디로바와의 사건은 5장 나발니의 정책프로그램 3절 이민 등 사회문제

해결방안 부분에서 보다 자세히 설명하기로 한다.

9) Газета.ru, 2007.12.15.
10) http://daproject.ru
11) Lenta.ru., 2010. 11. 16.
12) Константин Воронков (2011), С. 36.
13) https://daily.afisha.ru/archive/gorod/archive/new-politics-navalny/
14) Константин Воронков (2011), С. 59−60.
15) Forbes.ru, 2012.4.25. 로스필을 비롯해 나발니가 마련한 여러 프로젝트는 5장에서 상세히 설명하기 때문에 여기에서는 생략하기로 한다.
16) Телеканал Дождь, 2015.1.15.
17) Ibid.
18) 일각에서는 리바이어던 관련 내용이 근거가 없다고 주장하지만, 분명 부패와의 전쟁재단은 자체 홈페이지에서 'Левиафан − собственное СМИ Фонда борьбы с коррупцией(리바이어던-부패와의 전쟁재단의 공식 언론)'라고 밝혔다. 특히 부패와의 전쟁재단은 리바이어던에 푸틴 대통령 측근의 부패 관련 비디오물을 게재하고 있다.
19) https://daily.afisha.ru/archive/gorod/archive/new-politics-navalny/
20) *Коммерсантъ*, 2021.6.28.
21) https://www.business-gazeta.ru/article/372275
22) *Ведомости*, 2013.9.2.
23) *Ведомости*, 2013.9.2.
24) www.comcon-2.com
25) 모스크바시 당국이 2011년, 2013년에 각각 개국한 TV 채널이다. 도베리예는 '신뢰'라는 뜻이다.
26) https://republic.ru/posts/l/989578
27) 『이코노미스트』의 러시아·동유럽 지국장이다. 본래 러시아 출신이지만 영국 국적이며, 2015년 영국에서 러시아 언론문제를 매우 비판적으로 다룬 *The Invention of Russia: The Journey from Gorbachev's Freedom to Putin's War* (London : Atlantic Books, 2015)를 펴냈다.
28) https://www.rbth.com/politics/2013/10/07
29) https://lenta.ru/news/2013/08/21/navalnytrash/
30) *Независимая газета*, 2013.12.30.
31) 2018 러시아 대선 후보 가운데 나발니보다 출마 선언이 빨랐던 후보는 블라디미르 지리놉스키 자유민주당 대표로, 그는 2016년 10월 28일 대선 출마를 선언했다. 크세니야 솝착 '국민의 이니셔티브(Гражданская инициатива)' 후보가 2017년 10월, 그 외 다른 후보들은 2017년 말이었다.
32) Телеканал Дождь, 2015.1.15.

33) 러시아연방법 '러시아연방 대통령 선거에 관하여(О выборах Президента Российской Федерации)'의 제5장.

34) http://www.consultant.ru/document/Cons_doc_LAW_40445

35) Vladislav Davidzon, "Navalny Is All-In on Bringing Down Putinism," *Foreign Policy* (Jan 22, 2021).

4장

나발니의 정치적 위상

정치인으로서의 알렉세이 나발니는 2008년에야 주목받기 시작했다. 그의 나이 32살이었다. 24살의 '초보 정치인' 나발니가 2000년 야블로코라는 정당에 첫발을 들일 때만 해도 러시아 국내외에서 그를 눈여겨본 이는 없었다. 오히려 2007년 말 야블로코에서 출당되는 아픔을 겪고 나서야 세간의 관심을 끌게 된 것은 어쩌면 러시아정치권의 아이러니라 할 수 있다.

나발니가 급부상한 데는 물론 자신의 노력이 작용했다. 출당 파동 이후 나발니는 몇 년간 정계에서 자취를 감췄다. 대신 사회운동 쪽으로 눈을 돌렸다. 2008년 5월 15일 나발니는 자신과 뜻을 같이 하는 소액주주(миноритарный акционер)들을 규합해 로스네프트, 가즈프롬네프트, 수르굿네프티가즈 등 거대 국영기업의 비리 문제를 지속적으로 추적·공개하기로 했다고 발표했다. 이 발표는 정당인으로서의 발자취가 미미했던 나발니에게 대중의 이목이 쏠리는 첫 계기였다. 그는 이에 앞선 2008년 봄부터 30만 루블의 돈을 투자, 비공개리에 이들 기업의 주식을 조금씩 사들였다. 나름의 준비를 철저히 한 것이다.

하지만 소액주주운동, 반부패 활동과 더불어 나발니의 위상을 끌어올린 것은 다름 아닌 러시아의 정치 환경이었다.

그의 부상은 2000년부터 러시아 최고 지도자로서의 위상을 다진 푸틴 대통령이 4년 임기의 대통령을 연임한 뒤, 2008년 5월부터 대통령직을 후계자인 메드베데프 총리에게 넘기고 자신은 총리로 내려앉은 시기와 묘하게 일치한다.

2008년부터 2012년까지 푸틴은 대통령이 아닌 총리로, 나발니는 정치인이 아닌 사회운동가로 대중과 마주했다. 2012년 푸틴이 다시 대통령으로 복귀하자 나발니도 이때 모스크바 시장선거(2013년)에 나섰고, 푸틴이 또다시 2018년 대통령 선거에 나서려 하자 나발니도 이번에는 대권 도전을 선언했다. 이러한 나발니의 행보가 푸틴을 겨냥한 의도적인 것인지는 확실치 않으나, 두 사람의 대결 구도가 어렴풋이 형성된 것은 무척 흥미롭다. 하지만 설령 나발니가 의식적으로 했다고 하더라도 나발니에게 있어 푸틴이라는 인물은 상대가 되지 않을뿐더러 모든 야권 지도자들의 그림자를 지울 수 있을 만큼의 버거운 상대였다.

'푸틴 대통령(2000~2008년) → 메드베데프 대통령(2008~2012년) → 푸틴 대통령(2012~현재)'으로 이어지는 권력구도에서 푸틴의 대중적 인기와 국민적 지지는 서방이 인식하는 것보다 훨씬 견고하다. 서방세계는 푸틴을 권위주의적, 전제주의적 통치자로 판단하고 푸틴에 대한 지지 역시 왜곡된 측면이 많다고 보지만, 러시아 국민이 열광적인 지지를 보내는 데는 나름의 이유가 있다. 후술(後述)하겠지만 나발니가 고르바초프 전 소련대통령을 향해 불렀던 것처럼, 한때 푸틴을 '뛰어난 정치인(Выдающийся политический деятель)'이라고 표현했을 정도다.

러시아 국민의 입장에서 볼 때 지도자 푸틴은 ▲정치적으로 보리스 옐친 집권기 혼란했던 정국을 안정시키고 ▲외교적으로 소련 붕괴 후 종이호랑이로 전락했던 러시아의 국제적 위상을, 냉전시기 세계를 양분(兩分)했던 소련만큼은 아니더라도 일정부분 회복해 국가적 자존심을 세웠으며 ▲독립 주장으로 골칫덩이였던 체첸 등 북(北)캅카스 지역의 평화를 가져와 안정시켰고 ▲경제발전을 통해 국민의 평균 생활 수준을 끌어올렸으며 ▲1990년대 무법천지 상황을 극복하고 법과 사회질서를 확립했다는 등 지지 이유를 대는 것은 수십 가지가 가능하다. 일각에서는 푸틴 집권기에 이루어진 경제적 풍요와 사회 안정이 푸틴 집권에 때맞춰 고공비행하기 시작한 국제유가(油價) 덕분이고, 독재와 같은 강력한 사회적 억압 때문이라며 평가절하하지만, 이것들만으로는 푸틴의 꾸준한 인기를 설명할 수가 없다.

2000년 첫 대통령 선거 때 50%를 갓 넘긴 푸틴의 지지율은 집권 1기(2000~2004년) 70%를 넘어선 이후 2008년 글로벌금융위기 등이 있었지만 단 한 차례도 50% 밑으로 떨어진 적이 없었다.

2008년 후계자 메드베데프에게 대통령을 넘기고 자신은 총리로 4년을 재직한, 이른바 '탄뎀(Тандем)' 시기에 지지율이 하락하긴 했으나 자신의 정치 기반을 위협할만한 수준은 아니었다. 이 당시 지지율이 떨어진 이유는 글로벌금융위기 이후의 경제회복 속도가 기대치보다 더딘 데 대한 불만이 크게 작용했다.

심지어 2008년 8월 조지아와의 전쟁, 2014년 3월 우크라이나 크림

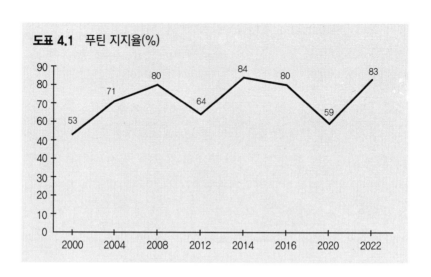

도표 4.1 푸틴 지지율(%)

반도 병합, 2022년 우크라이나와의 전쟁 돌입 등 국가적 위기 때는 푸틴에 대한 지지율이 80%를 훌쩍 넘으며 정점을 찍었다.

하지만 집권 장기화와 인근 우크라이나와의 갈등 등으로 푸틴 대통령에 대한 반감이 고개를 들면서 야권 인사 중 사회운동가로서 인기를 얻고 적극적인 행동을 통해 돋보인 나발니의 인기는, 미약하지만 점진적으로 상승세를 타기 시작했다.

푸틴의 영향력, 존재감 없는 야권

나발니의 부상을 이끈 또 하나의 이유는, 아무리 푸틴이라는 인물에 눌렸다고는 하나 기성 러시아 야권의 총체적인 무력감, 그런 야권을 바라보는 국민의 피로감이다. 1990년대부터 활동해 온 겐나디 쥬가노

푸틴 정적, 나발니의 생애: 러시아정치의 앞날은

프 러시아연방공산당 대표, 블라디미르 지리놉스키 자유민주당 대표, 세르게이 미로노프 정의러시아당 대표, 그리고리 야블린스키 야블로코 대표 등이 세대교체 없이 여전히 야권의 대표 정치인들로 자리매김 하고 있었던 것이다. 1996년 러시아 대통령 선거에 출마했던 쥬가노 프, 지리놉스키, 야블린스키 등이 당 대표 자격으로 12년 뒤인 2008 년 대선에 후보로 나섰을 정도였다. 대선 때마다 이들 야권 주자의 득 표율을 모두 합해도 전체 득표의 30%를 넘지 못할 만큼 야권의 존재 감은 미미했다. 앞서 살펴봤듯 시간이 흐를수록 푸틴의 영향력은 더욱 굳건해진 반면, 상대적으로 야권에 대한 국민적 실망과 외면은 더욱 심화할 수밖에 없었다.

그런 가운데 나발니의 인기는 점차 우상향(右上向) 곡선을 그리게 된다. 대신 그는 기존 야권과 일정한 거리를 뒀다. 당연히 기존 야권 편입을 통한 제도권 진출 가능성은 고려 대상에서 멀어졌다.

나발니는 기존 야당 지도자들을 비판하며 야권의 물갈이 필요성을

표 4.1 2000~2022년 러시아 주요 정치지도자의 지지율 (%, 각 연도 5월 기준)

지도자 \ 연도	2000	2004	2008	2012	2018	2022
블라디미르 푸틴	53	71	80	64	78	83
쥬가노프(공산당)	29	14	18	17	12	4
지리놉스키(자유민주당)	3	9	9	6	6	
미로노프(정의러시아)		1	1	4	1	1
야블린스키(야블로코)	6	2	1	1	1	1
알렉세이 나발니				1	3	9

출처: 레바다센터와 로미르의 결과 종합.

제기했다. 그는 2016년 12월 인터넷매체 메두자(Медуза)와의 인터 뷰에서 "만약 우리가 야블린스키, 지리놉스키, 쥬가노프, 미로노프 등 그동안 계속 봐 왔던 인물들을 또다시 (선거라는) 경기장에서 만난다 면 이를 결코 선거 절차라고 부를 수는 없을 것이다. 우리는 근본적으 로 새로운 야당이 필요하며, 일하는 사람들이 필요하다"[1]고 했다.

어쩌면 2000년부터 7년여 야블로코 당원으로 활동해왔던 나발니의 '역설'이라고 할 수 있다. 나발니는 왜 기성 야당에 대한 반감(反感)이 컸던 것일까.

무엇보다 기존 야당들이 능력 부족으로 러시아정치에서 제 역할을 못한 부분에 대한 반성이 크게 작용했다는 분석이다. 그는 2009년 1 월 26일 '코메르산트-젠기(Коммерсантъ-Деньги)'라는 매체와의 인터뷰에서 정당이 가진 특권은 누리면서 무기력한 야당들을 싸잡아 비난했다.

"나는 1999년 말 권력의 재편(옐친 대통령의 퇴진과 푸틴의 등장) 을 보며 야블로코 입당을 결심했다. 그런데 막상 당에 들어와 보니 할 일을 찾아서 하는 당직자들이 눈에 잘 띄지 않았다. (2001년) 25

해설 4.1 메두자

러시아정부의 검열을 피하기 위해 러시아 인접국인 라트비아 수 도 리가에 본사를 두고 2014년 설립한 인터넷 매체다. 같은 인터 넷 매체 렌타루의 편집국장을 지낸 갈리나 팀첸코(Галина Тим ченко)가 설립했으며 러시아 국적을 가진 20여명의 기자로만 운 영한다.

살의 나이에 나는 맨 아래 당직자로 업무를 시작했다. 그런데 목구
멍이 포도청이라고 … 먹고 살아야 했기 때문에 입당 당시 나의 다
른 직업인 법률서비스 제공으로 생계를 꾸려나갔다. 하지만 당직자
들은 월평균 800~1,100달러의 급여를 받고 있었다. (중앙보다는
덜 하지만) 지방 사무소의 당직자들도 400달러를 수령했다. 쓸데없
는 의식과 절차에도 시간을 많이 할애해야 했다. 게다가 오랫동안
야당생활을 해온 사람들은 타락하고 퇴보해서 참신하고 똑똑한 젊
은 정치인들을 제대로 알아보지도 못했다. 과연 정당의 존재 이유가
있는 것일까라는 회의가 들었다. 정치에 대해 좀 더 많이 생각하게
된 계기였다."[2]

국제통화기금(IMF)과 세계은행(World Bank)의 통계에 따르면,
2001년 러시아 국민의 1인당 GDP는 2,348달러였다. 바꿔 말하면 나
발니의 증언으로 유추할 때 야당이라고 하더라도 지방 당직자들의 수
입은 일반 국민보다 두 배가량 많고, 중앙의 고위 당직자들은 4~5배
를 더 수령하면서도 제대로 일하지 않는다고 비판한 것이다. 이처럼
당직자들의 무기력증은 전체 야권 침체의 단면일 뿐이었다.

러시아정치에서 야권이 침체된 이유는 세 가지 정도다.

우선 내부적 요인으로 수많은 소수 정당의 난립, 그리고 비전을 가
진 정당 대표자의 부재(不在)가 꼽힌다.

연방단위의 러시아 정당들은 법무부에 등록한 뒤 기능할 수 있다.
2023년 말 현재 법무부에 등록된 정당은 30개다. 등록정당 30개 가운
데 가장 최근인 2021년 9월에 실시된 국가두마 선거에서 의석을 획득
한 정당은 5개뿐으로, 이들은 국가두마에서 교섭단체를 구성하고 있
다. 그 외 25개는 원외(院外)정당이다. 5개 정당 중에서는 통합러시아
가 유일 집권여당이고, 러시아연방공산당 자유민주당 정의러시아 새

표 4.2 러시아의 등록 정당 현황(2023년 12월 현재)

정당명	대표자	창당 연도	비고(성향)
통합러시아(Единая Россия)	드미트리 메드베데프 (전 통령), 푸틴	2001	우파
러시아연방공산당(Коммунистич еская партия Российской Фед ерации)	겐나디 쥬가노프	1993	좌파
러시아자유민주당(Либерально-де мократическая партия России)	리덴코-슬루츠키 (고 블라디미르 지리놉스키)	1989	우파
러시아애국자들(Патриоты России)	겐나디 세미긴	2005	
야블로코(Яблоко)	니콜라이 리바코프 (그리고리 야블린스키)	1995	중도좌파
정의러시아(Справедливая Россия)	세르게이 미로노프	2006	중도좌파
성장당(Партия роста)	보리스 티토프	2008	중도우파
국민자유당(Партия народной свободы)	미하일 카시야노프	1990	중도우파
러시아민주당(Демократическая партия России)	티무르 보그다노프	1990	중도우파
진보당(Партия прогресса)	올레샤 페트리옌코	2012	
러시아자유정의당(Российская па ртия свободы и справедливо сти)	콘스탄틴 리코프		중도좌파
러시아녹색환경당(Российская эк ологическая партия ≪Зелён ые≫)	안드레이 나기빈	1993	중도
러시아공산주의자당(Коммунист ическая партия Коммунисты России)	세르게이 말린코비치	2009	극좌
전국민연합(Российский общена родный союз)	세르게이 바부린	1991	우파

계속 ▶▶

푸틴 정적, 나발니의 생애: 러시아정치의 앞날은

정당명	대표자	창당연도	비고(성향)
정의당(Партия за справедливость!)	블라디미르 포노마렌코	2012	중도좌파
사회보호당(Партия социальной защиты)	블라디미르 미하일로프	2012	
국민의 힘(Гражданская сила)	키릴 비카닌	2007	중도좌파
러시아연금당(Российская партия пенсионеров)	블라디미르 부라코프	1997	중도
시민강령(Гражданская платформа)	리팟 샤이훗디노프	2012	우파
비즈니스당(Партия Дела)	콘스탄틴 바브킨	2010	중도좌파
조국(Родина)	알렉세이 주라블료프	2003	극우
러시아연방카자흐당(Казачья партия Российской Федерации)	니콜라이 콘스탄티노프	2013	민족주의
국민의 이니셔티브(Гражданская инициатива)	안드레이 네차예프	2013	중도우파
러시아재생당(Партия возрождения России)	이고리 아슈르베일리	2002	중도좌파
러시아를 위한 대안(Альтернатива для России)	안토니나 세로바	2015	좌파
러시아국민애국자당(Народно-патриотическая партия России)	블라디미르 밀로세르도프	2018	
새로운 사람들(Новые люди)	알렉세이 네차예프	2020	중도우파
녹색대안(Зелёная альтернатива)	루슬란 호보스토프	2019	중도좌파
직접민주주의당(Партия прямой демократии)	뱌체슬라프 마카로프	2020	중도우파
미래러시아(Россия будущего)	안드레이 코로보프	2021	나발니의 진보당 등록 방해를 위해 창당한 어용정당

로운사람들 등 나머지 4개 정당은 명목상 야당으로 분류된다. 이밖에 또 다른 30여 개의 정당이 활동은 하지만 법무부로부터 등록을 거부당하거나 등록하지 않은 상태로 남아 있다.

더욱이 20년 안팎의 역사에 더해 국가두마 선거마다 의석을 획득하며 스스로를 진정한 야당이라고 주장해온 자유민주당·정의러시아 등 거대 야당들은 푸틴 대통령과 집권 여당인 통합러시아에 우호적이다. 그래서 이들 정당을 러시아 내부에선 '지원군(поддержка)', 즉 푸틴과 여당에 도움을 주는 야당 혹은 '체제 내의 야당(Внутрисистемная оппозиция)'으로 불린다. 다시 말해 푸틴 체제 속에 편입된, 무늬만 야당이라는 뜻이다.

소수 야당의 난립은 또 선거에서 자연스럽게 이른바 '일여다야(一與多野)'구도를 고착시키고, 결과적으로 야권은 승리의 동력을 상실할 수밖에 없다. 푸틴이 집권한 2000년 이후 지금까지 치러진 다섯 차례의 국가두마 선거에서 2011년 12월의 선거를 제외하고 네 번의 선거에서 야권은 10개 정당 이상이 참여해 유일 여당을 상대했다.

정당의 난립 외에, 정책적 비전을 가진 당의 대표자가 잘 보이지 않

표 4.3 2000년 이후 역대 국가두마 선거에 참가 현황

국가두마 선거 차수	선거일	선거 참여 여야 정당 수	여당 의석 (비율)
4대 국가두마 선거	2003년 12월 7일	1:22	223(50%)
5대 국가두마 선거	2007년 12월 2일	1:10	315(70%)
6대 국가두마 선거	2011년 12월 4일	1:06	238(53%)
7대 국가두마 선거	2016년 9월 18일	1:13	343(76%)
8대 국가두마 선거	2021년 9월 17일~19일	1:13	324(72%)

고, 있다고 해도 그 대표자 한 사람에게만 의존하는 러시아 야당들의 행태 역시 야권이 존재감을 상실한 두 번째 내부적 요인이다.

국가두마를 기준으로 전체 의석의 10~20%를 꾸준히 획득해온 제1야당 러시아연방공산당은 집단지도체제를 유지하고 있으나 1993년 이후 겐나디 쥬가노프라는 인물이 당의 간판 격이었다. 정당의 태생부터 과거 소련공산당을 계승하고 있다고 하면서 여전히 마르크스-레닌주의의 유지, 경제의 국유화 등 시대적 흐름에 역행하는 정책들을 고집한다.

제2~3 야당들인 자유민주당과 정의러시아도 각각 지리놉스키, 미로노프라는 인물에 기대어왔다. 자유민주당은 자유나 민주와 같은 내용은 보이지 않고 선거 때마다 내는 공약도 러시아 제국(帝國)의 부활, 남성들에게 무료 보드카 제공 등 현실성 없는 내용들을 제시함으로써 유권자의 외면을 받는다. 2006년 창당 후 연방회의(상원) 의장 출신의 미로노프를 대표로 내세운 정의러시아는 2008년 푸틴 대통령이 연임 후 3선 도전을 하지 않겠다고 했을 때 오히려 푸틴의 3선 도전을 강력히 옹호하고 3선 도전에 반대하는 시민들을 추방해야 한다고 하는 등 민심과 동떨어진 정책들을 내세워왔다.

이들 제도권 야당들이 비현실적 정책과 한 사람의 대표에게 과도하게 기대는 것도 문제지만 당 안팎으로 체계가 없다는 게 가장 큰 문제라고 지적하는 이들도 적지 않다. 러시아 정계에서조차 '야당들은 무체계-비체계적 정당(Несистемно-бессистемная оппозиция)'이라고 지칭한다. 정당에 대해 평가할 수 있는 최대 혹평이다.

가뜩이나 지리멸렬한 야권의 싹을 자르기 위해 현 정권이 만들어 시행해온 선거제도는 외부적 요인으로서, 야당의 존재감을 무너뜨린

세 번째 이유다.

러시아의 정당명부 비례대표제도는 '원내 진입장벽(Проходной барьер)'이라고 하는 5% 득표율 장벽을 두고, 이를 넘긴 정당에만 의석을 배분토록 규정한다. 다시 말해 비례대표 의석 확보가 가능한 법적 최소 득표율로, '퍼센트장벽(процентный барьер)'이라고도 한다. 산술적으로 투표율이 50%를 넘는 선거에서 어느 정당이든 5% 이상 득표율을 올리면 최소 3석 이상의 의석은 확보할 수 있다. 그런데 이 제도가 여당에는 과도하게 유리한 반면, 야당에는 극도로 불리하다는 것이다.

특히 정당명부 비례대표 투표에서 5% 진입장벽을 넘지 못한 정당들의 득표는 사표(死票)가 되고, 진입장벽을 초과한 정당들에 재(再)분배하는 게 문제다.

2021년 9월에 치러진 8대 국가두마 선거의 예를 들어보자. 비례대표 투표로 각 정당이 가져가는 의석 총수는 225석이다. 통합러시아를 비롯해 러시아연방공산당, 자유민주당, 정의러시아, '새로운사람들' 등 5개 정당이 5%의 진입장벽을 넘었고, 이들 정당이 얻은 득표수는 5,017만 6,609표(전체 득표의 89.08%)였다. 연금당과 야블로코 등 5%의 진입장벽을 넘지 못한 9개 정당이 획득한 득표수는 615만 3,081표(전체 득표의 10.92%)였다. 그러나 이는 의석 배분에서 제외되는 사표가 된다. 따라서 사표로 처리되지 않는다면 각 정당은 25만 354표마다 1개 의석을 받을 수 있었으나 5% 득표에 실패한 정당들의 득표수를 제외하고, 5% 이상 득표한 정당들에 22만 3,007표마다 1개 의석이 배분된다. 이 계산법에 따라 소수점 이하는 제외하고 1차로 통합러시아에 125석, 러시아연방공산당에 47석, 자유민주당엔 19석,

표 4.4 러시아의 정당명부 비례대표 의석 배분 방식(2021년 9월 국가두마 선거 기준)

득표율 5% 초과 정당	득표수 (득표율)	총득표수/기준득표수에 따른 의석	1차배분의석 (소수점 이하 버림)	2차배분의석 (소수점 이하 반올림)	총의석수 (재계산된 득표율)
통합러시아	28,064,200 (49.82%)	125.85	125	0.85→1	126(56%)
연방공산당	10,660,669 (18.93%)	47.80	47	0.80→1	48(21.33%)
자유민주당	4,252,252 (7.55%)	19.07	19	0.07→0	19(8.44%)
정의러시아	4,201,744 (7.46%)	18.84	18	0.84→1	19(8.44%)
새로운사람들	2,997,744 (5.32%)	13.44	13	0.44→0	13(5.78%)
5개 정당 합계	50,176,609 (89.08%)	225	222	3.00→3	225(100%)
5% 미만 득표정당 합계	6,153,081 (10.92%)	0	0	0	0
총계	56,329,690 (100%)	225	222	3	225(100%)

정의러시아에 18석, 새로운사람들에 13석이 각각 배분됐다. 하지만 1차 배분만으로는 비례대표 의석 총수 225석에 3석이 모자란다. 나머지 3개 의석을 채우기 위해 1차 의석 배분 때 계산식에 포함하지 않았던 소수점 이하 수 가운데 반올림을 해서 0.5 이상에게 다시 1석을 배분한다. 이처럼 2차 배분 과정을 거치면 통합러시아와 러시아연방공산당, 정의러시아에 1석씩이 더 할당되는 것이다. 재분배 과정에서도 득표율이 높은 정당이 추가로 더 배분받기 때문에 소수당은 더 불리할 수밖에 없는 구조다.

지역구 225개 의석 선거도 크게 다르지 않다. 국가두마는 선거구별로 1명의 당선자를 뽑는 소선거구제(Депутатов в одномандатных округах)를 채택하고 있다. 2021년 9월에 실시된 8대 국가두마 선거의 경우 225개 지역구 후보자만 2,296명으로, 10.2대 1의 경쟁률을 나타냈다. 문제는 2000년 푸틴 대통령이 집권한 이후 지방에 대한 통제력을 구축하고 영향력을 장악해옴으로써 유권자들에게 자신을 알릴 풍부한 기회를 확보한 여당 후보들과 달리, 야권 후보들은 얼굴을 알릴 계기가 거의 없었고 조직이라든가 재정적 측면에서도 압도적 열세에 있었다는 점이다. 더욱이 비례대표 선거와 마찬가지로, 지역구 선거에서도 일여다야(一與多野) 구도였다는 점이다. 영향력이 큰 1명의 여당 후보를, 세력이 미미한 야당 후보 여럿이 상대해야 하다 보니 결과는 불 보듯 뻔했다. 지역구 선거 결과를 보면 2016년 7대 국가두마나 2021년 8대 국가두마 선거에서 집권 여당인 통합러시아는 지역구 225개 의석 중 각각 203석, 198석을 획득해 90%에 가까운 의석을 가져갔다.

흥미로운 점은 8대 국가두마(2021년 9월)의 지역구 선거에서 통합러시아가 획득한 지역구 의석이 7대 국가두마(2016년 9월) 때보다 5석 줄었는데, 이는 나발니와 관련이 있다는 사실이다. 나발니는 2018년 러시아 대선을 계기로 유권자들에게 '움노예 골로소바니예(Умное голосование)'를 해줄 것을 주문해왔다. 각 선거구에서 그나마 가장 경쟁력이 강한 야당 후보 한 사람에게 표를 몰아줌으로써 여당 후보의 낙선을 목표로 한 프로젝트다. 덕분에 제1야당이던 러시아연방공산당은 2016년 7대 국가두마에서 7석에 불과했던 지역구 의석수가 5년 후인 2021년 8대에선 9석으로 두 석 늘어남으로써 나발니가 불을 댕긴 움노예 골로소바니예의 최대 수혜자가 됐다.

비록 나발니가 기존 야당들과 그 지도자들을 불신하기는 했지만, 주적(主敵)이라 할 수 있는 푸틴과 집권 여당을 무너뜨리기 위해 사실상 야권을 규합한 선거 전략이 효과를 발휘한 셈이었다.

하지만 움노예 골로소바니예 프로젝트는 나발니의 친정 격인 야블로코에는 독(毒)이 됐다. 야블로코 소속 지역구 후보 중 그나마 경쟁력이 있는 후보의 표마저 당선 가능성이 약간 더 높은 공산당 후보쪽으로 몰렸기 때문이다. 나발니에게 화가 난 야블로코는 2021년 8대 국가두마 선거가 끝난 지 약 한달 만인 10월 18일, 나발니 세력과의 완전 결별을 선언했다. 야블로코는 이날 발표한 공식성명에서 "나발니가 주장해온 움노예 골로소바니예를 지지했던 우리 야블로코 당원은 당원으로서의 자격을 잃는다"며 "움노예 골로소바니예는 결과적으로 볼셰비즘을 추구하는 러시아연방공산당만 도와줬을 뿐"이라고 했다. 그러면서 "우리가 상대하는 적(敵)은 정부뿐만 아니라 (나발니, 공산당과 같은) 현대적 볼셰비즘"이라고 했다.[3]

기성 야당은 물론이고, 신진 야권으로 부상한 인사들에 대한 불신도 나발니가 제도권 야권과 거리를 둔 요인이었다. 대표적인 사례가 푸틴 집권 후 첫 내각에서 총리(2000~2004년)를 지낸 미하일 카시야노프(Михаил Касьянов) 국민자유당 대표와의 2015~2016년 연정(聯政) 시도 결렬이다.

야권의 신진 대표주자였던 나발니와 카시야노프는 2015년 12월 11일 모스크바에서 기자회견을 갖고, 2016년 9월에 치르는 국가두마 선거에서의 승리를 위해 힘을 합치기로 했다. 나발니가 이끄는 진보당과 카시야노프의 국민자유당이 협의를 거쳐 ▲군소 야당을 아우르는 범(凡)민주연합의 결성 ▲국가두마 의원 후보자명부 작성을 위한 예비경선(праймериз) 실시 ▲카시야노프의 국가두마 의원 후보자 명단 1번 내정 등에 합의했다. 국가두마 선거에 참여하려는 각 정당은 선거위원회에 제출해야 하는 비례대표의원 후보자명부를 작성하는데, 일반적으로 명부 작성을 위해 예비경선을 거치는 게 관례다. 이 범민주연합에는 진보당과 국민자유당 외에도 러시아자유주의자당, 러시아의 민주적 선택, 12월5일당 등 소규모 민주정당들이 포함됐다.

나발니가 카시야노프와 손을 잡은 데에는 나름의 계산이 섰던 것으로 풀이된다. 비록 국민자유당 측이 범민주연합 결성을 주도한 것은 맞지만, 국민자유당이나 다른 정당들은 제대로 된 선거를 치른 경험이 없고, 카시야노프만 해도 대중적 인지도가 떨어지는 등 유권자들에게 표를 호소할 대표인물이 없다고 봤다. 반면 나발니는 2013년 모스크바 시장선거에서 집권당 후보였던 세르게이 소뱌닌에 이어 27.2%라는 놀라운 득표율로 2위를 차지했고, 자신이 이끈 진보당 소속 당원들은 선거를 치러본 경험이 나름 풍부하다고 믿었다. 또 연정이 성공할 경우 선거 참여의 궁극적 목표인 제도권 의회 의석 획득이 가능하고 의회 내외곽에서 대정부 투쟁을 할 수 있을 것이라는 실질적 셈법도 녹아 있었다.

여러 소규모 야당을 규합해 범민주연합을 구성하고, 인구 100만 명 이상으로 유권자 규모가 큰 모스크바, 상트페테르부르크, 노보시비르스크, 예카테린부르크 등의 대도시에서 선전할 경우 득표율에 따라 나발니가 국가두마 450석 중 최대 6석까지 얻을 수 있다는 전망이 러시아정치권에서 실제로 존재했다.

하지만 2016년 초 실무 협상 도중 돌발변수가 등장했다.

그해 4월 1일 러시아 TV방송사 엔테베(HTB)가 '카시야노프의 하루(Касьянов день)'라는 32분짜리 탐사보도 프로그램을 방영한 것. 이 프로그램은 카시야노프가 국민자유당 소속 당원이자 블로거인 러시아계 영국인 여성 펠레빈(Nataliya Pelevine, 러시아 성은 펠레비나)과 오랫동안 부적절한 관계를 맺어왔다며 누군가 몰래 촬영한 성관계 동영상을 공개했다. 더 큰 문제는 프로그램에서 노출된 두 사람 간의 은밀한 대화였다. 대화 중에는 카시야노프가 야권의 대표주자로 급부상한 나발니와 일리야 야신 등에 대해 부정적으로 언급한 내용들이 포함돼 있었다.

특히 녹취 동영상 속에서 카시야노프는 펠레빈과 얘기를 나누다 "나발니 측에 맞서 국가두마 의원 후보자를 우리 당이 많이 내야 하는데, 어떤 전략으로 나발니 측을 공략할지가 관건"이라며 나발니에 대한 견제 심리를 여과 없이 드러냈다. 카시야노프의 말을 받은 나탈리야 펠레빈은 인신공격성 발언을 서슴지 않았다. 그녀는 "나발니 측과의 동맹은 필요하지만 그와 직접적인 충돌을 피하는 게 좋아. 그렇지만 나발니는 '별 것 아닌 놈(Говно)'에 불과해"라고 말했다. 카시야노프와 펠레빈은 동영상 보도 후 "야당 지도자를 음해하고 야당 전체를 무너뜨리려는 일부 정치권과 언론이 결탁해 벌인 비열한 정치적 술책"이고 비난하며 "인권과 사생활을 침해한 동영상 공개는 명백한 불법이기 때문에 법적 대응을 하겠다"고 했다.

하지만 보도의 파장은 예상 수위를 훨씬 뛰어넘었다. 무엇보다 당내 반발이 거셌다.

엔테베의 보도가 나간 뒤인 4월 12일, 야신 당시 국민자유당 부대표는 공식 석상에서 "엔테베 프로그램은 우리 당의 명예를 크게 실추시켰고 선거운동에도 악영향을 미쳤을 뿐 아니라 과연 카시야노프 당대표를 비례후보자 명부 1번으로 해야 하는지, 당대표가 가진 비례후보자 지명쿼터가 있어야 하는지에 대해 심각한 의문을 불러일으켰다"고 비판했다. 그는 또 "현 상황에서는 카시야노프 대표를 포함한 후보자 모두가 경선을 통해 선출돼야 하고 공정한 경선을 위해 나는 국가두마 비례대표 의원 후보에 도전하지 않겠다"는 입장을 제시했다.

카시야노프는 야신의 제안을 받아들일 수 없다며, 야신의 선택과 관계없이 자신은 비례대표 1번에서 사퇴하지 않을 것이고 당연히 경선에 참여하지도 않겠다고 했다.

카시야노프와 펠레빈 간의 대화 속에 등장한 나발니도 가만 있지 않았다. 연정을 위한 실무협상 과정에서 나발니 측은 카시야노프의 도덕성 등이 의문시되는 만큼, 후보자명부 작성을 위한 경선에 자신과 카시야노프를 비롯해 주요 인물들이 모두 참여해 공정한 절차를 거쳐야 한다고 주장했다. 카시야노프 측은 나발니의 제안 역시 거절하고 1번 명부에서 내려오는 일은 절대 없을 것이라고 했다. 그러나 나발니는 카시야노프 측을 겨냥, "범민주연합의 멤버들이 협력 대신 권력을 획득하고 영향력을 확대하는 데만 혈안이 돼 있다"고 비난했다.

나발니와 그 지지자들은 카시야노프 대표가 끝내 뜻을 굽히지 않자 결국 2016년 4월 28일, 연정 참여 포기를 선언하기에 이른다. 연정 구성에 합의한 지 5개월여 만이다. 그로부터 2개월 여 후 국민자유당은 후보명부 세 명을 확정했는데 예상대로 경선에 불참한 카시야노프가 1번, 경선을 실시했던 뱌체슬라프 말체프(Вячеслав Мальцев)와 안드레이 주보프(Андрей Зубов)가 각각 2~3번을 차지했다.

상호 불신과 연정 실패로 만신창이가 된 범민주연합은 러시아 선거위원회로부터 등록을 거부당하고 총선에 참여하지 못했다. 대신 범민주연합의 모자를 벗고 단일정당으로 2016년 국가두마 선거에 참여한 국민자유당은 총 38만 4,675표, 득표율 0.73%라는 참담한 성적을 거뒀다. 물론 의석을 얻는데도 당연히 실패했다.

보폭 넓히며 야권 중심으로 도약

2000년 야블로코 입당으로, 한때 기존 야권을 통해 제도권 진입을 모색했던 나발니는 2007년 말 야블로코에서 퇴출되면서 정치인생 최대의 위기를 맞게 된다. 게다가 푸틴 대통령과 집권 여당 통합러시아의 기세는 날이 갈수록 등등해진 반면, 야권은 더욱 위축됐고 지리멸렬해졌다.

때문에 나발니는 새로운 방식을 통한 정치의 길을 모색한다. 새 방식이란 디지털 도전과 사회운동 프로젝트 론칭(launching) 등을 뜻한다.

디지털 도전은 '라이브저널(Live Journal, 러시아식 표현은 지보이

주르날[Живой Журнал])'을 시작으로 다양한 형태의 소셜네트워크 서비스(SNS)를 활용했다. 나발니 스스로 "내 인생은 라이브저널과 함께였다"고 말할 정도다. 그는 한 인터뷰에서 "2005년경부터 정치인으로서, 공인(公人)으로서 나는 라이브저널로 태어났고, 라이브저널 속에서 자랐으며, 정치적 청춘을 라이브저널에서 보냈다. 만약 라이브저널이 없었다면 정치판에 본격 뛰어들지 못했을 것이다"[4]고 밝혔다.

나발니는 2006년 4월 19일 라이브저널 계정(navalny.livejournal.com)을 처음 개설했다. 하지만 본격적으로 이 계정에 블로그를 쓰기 시작한 시점은 야블로코에서 출당된 후인 2008년부터다. 2006년 한 해 동안 업로드한 콘텐츠가 38개였지만 2008년에는 88개로, 2년 만에 배 이상 증가했다.

그는 블로그라는 수단을 활용한 배경에 대해 "러시아의 공식 미디어에는 검열이 있기 때문에, (역으로) 나의 블로그가 존재할 수 있다. 블로그 외에는 달리 방법이 없었다"[5]고 했다.

나발니가 처음부터 누구와 싸우거나, 다른 사람을 비판하고 권력을 잡기 위한 목적으로 라이브저널 블로그를 계획한 것은 아니었다. 블로그를 개설했던 초창기의 목표는, 라디오 에호 모스크비의 주간 프로그램 '도시건설 연대기(Градостроительные хроники)'에 출연해서 말한 내용을 마치 일기(日記)처럼 게시해 독자들의 주의를 끌려는 것이었다. 주요 내용도 모스크바 시민들의 권익 보호였다. 그러나 불과 몇 년 만에 유머, 여행 사진, 가족들의 이야기가 나오고 야블로코의 야블린스키 대표에 대한 비판, 민족주의를 표방한 행사 '러시아의 행진(Русский марш)'에 관한 결산보고, 국가기관의 작동메커니즘에 관한 견해, 사회문제에 관한 여러 의견을 개진하는 공간으로 나발니의 블로그는 진화했다. 시간이 지남에 따라 블로그의 궁극적인 목적은 중요한 사회문제에 관해 자신의 의견을 공개적으로 표출하는 것이었다고, 나발니는 주장했다.[6]

SNS 활용을 통한 나발니의 디지털 도전은 시기상 2013년 모스크바 시장선거를 전후로 양상이 바뀐다. 시장 도전에 나서기까지 나발니 SNS의 '펜(pen)'이 주요 국영기업의 부패와 비리를 폭로하는 데 초점을 맞췄다면, 시장 도전 실패 후에는 푸틴 대통령과 그 측근들을 직접 겨냥했다.

2009년 11월 나발니는 국영은행 베테베의 리스 자회사인 베테베리징(ВТБ-Лизинг)이 석유 시추장비 구매계약을 체결하면서 무려 1억 5,000만 달러를 횡령했다고 폭로했다. 2007년 베테베리징이 중국 쓰촨홍화(四川宏華)석유그룹이 제작한 시추장비 30대 구입을 4억 5,000만 달러에 계약했는데, 이 금액이 시가보다 1.5배 높은 가격이었다는 것이다. 또한, 2010년 11월 국영 송유관회사 트란스네프트의 임원들이 동시베리아·태평양 송유관 공사를 하면서 40억 달러의 공금을 착복했다고도 라이브저널에서 밝혔다.

그러나 2013년 이후에는 폭로 대상이 이른바 '정권 실세들'로 바뀐다. 폭로 동영상의 러시아어 제목만 봐도 누구를 타깃으로 삼은 것인지 명확하다. '차이카-부패와의 전쟁 필름(Чайка. Фильм Фонда борьбы с коррупцией)', '그는 더 이상 드미트리가 아니다(Он Вам не Димон)', '미슈스틴 총리의 비밀자금(Засекреченные миллиарды премьера Мишустина)', '푸틴을 위한 궁전(Дворец для Путина)'등이 그것이다.

나발니는 이들 동영상을 제작해 블로그에서만 상영하는 게 아니라,

표 4.5 나발니 블로그가 고발한 동영상들의 주요내용과 경과

영상 게재 시기	대상자	주요 내용	뷰어 수
2015년 12월 1일	유리 차이카 전 검찰총장	검찰총장 차이카의 아들인 아르툠과 이고리 차이카 형제가 아버지의 권력을 등에 업고 시베리아의 선박·소금광산 등을 헐값에 사들여 사익을 편취했을뿐 아니라, 이 과정에서 범죄조직과 공모해 살인과 협박까지 저질렀다는 내용	2,620만
2017년 3월 2일	드미트리 메드베데프 전 대통령	메드베데프가 모스크바 인근에 대규모 저택, 상트페테르부르크에 궁전과 호화 아파트, 시베리아에 스키리조트, 흑해 주변에 대규모 포도농장과 와이너리, 호화요트 2척 등을 차명으로 보유했다는 것. 게다가 이탈리아 토스카나 지방에는 포도농장과 올리브밭이 딸린 17세기의 화려한 성채(100만㎡ 규모)를 소유하는 등 모두 12억 달러의 부정축재를 했다는 내용	4,550만
2016년 7월 14일(1차) 2018년 3월 6일(2차)	이고리 슈발로프 전 부총리	부총리를 지낸 슈발로프 국가개발공사 회장이 6,500만 달러짜리 전용 제트기를 갖고 있고, 오스트리아와 이탈리아 등에 총 3,500만 달러 어치의 부동산도 소유하고 있다는 내용	1,000만 (2회합산)
2020년 12월 14일~21일	나발니 독극물 중독사건		5,700만 (2회합산)

푸틴 정적, 나발니의 생애: 러시아정치의 앞날은

영상 게재 시기	대상자	주요 내용	뷰어 수
2021년 1월 19일	블라디미르 푸틴 대통령	푸틴 대통령이 뇌물로 흑해에 면한 러시아 남부 크라스노다르주의 휴양도시 겔렌직에 전체 면적 68만㎡의 부지, 건축면적 1만 7,000㎡에 달하는 대규모 리조트 시설(궁전)을 갖고 있다는 내용. 11억 유로 가치의 이 리조트에는 아이스링크, 카지노 시설이 완비돼 있다는 것	1억 2,430만
2022년 1월		나발니의 비디오들 상영 금지처분	

글로벌 1위 유튜브와 러시아 시장점유율 1위 브콘탁테(VK) 등에 개설한 자신의 채널에도 탑재해 파급효과를 노렸다. 일종의 '원 소스 멀티유즈(One Source Multi Use)' 기법을 활용한 것이다. 이는 하나의 핵심 콘텐츠를 가공해 많은 채널에 확산함으로써 효과를 극대화하는 전략이다.

해설 4.2   브콘탁테

브콘탁테의 러시아어 표기는 'ВКонтакте'지만, 일반적으로는 영어 축약형인 VK가 널리 쓰인다. VK는 텔레그램(Telegram)을 만든 러시아의 파벨 두로프(Павел Дуров)가 2006년 10월 10일부터 선보이기 시작했다. 페이스북과 유사한 형태이고, 러시아를 비롯해 우크라이나 벨라루스 카자흐스탄 등 옛 소련권에서 많이 사용하며 82개 언어로 서비스한다. VK의 가입 계정 수는 최소 5억 개에 달한다. 월간 이용자는 1억 명이 넘는다. 2023년 현재 VK는 세계에서 15번째로 가장 많이 방문하는 웹사이트로 알려져 있다.

인터넷기술과 정치행위의 상관성을 연구하는 벨라루스 정치학자 알렉산드르 게라시멘카(Aleksandr Herasimenka)는 나발니가 이처럼 푸틴 정권에 도전하면서 디지털을 활용하는 데는 다섯 가지의 배경·특징이 있다고 분석[7]해 눈길을 끈다.

첫째, 나발니 진영은 러시아권 최대 SNS인 브콘탁테를 정치도구로 활용한다는 점이다. 러시아에서 사실상 처음으로 푸틴 반대운동이 벌어진 2011년에 VK는 나발니의 반부패 캠페인을 거들며 정치토론의 장으로 변신했다. 나발니는 VK에 자신의 계정명을 '선(善)과 중립의 마지막 싸움(Финальная битва между добром и нейтралитетом)'이라고 적었다. 여기에서 말하는 '중립' 진영은 러시아에서 광고를 중지함으로써 푸틴 반대파에 대한 후원 기회를 차단하고 푸틴 측을 지원한다는 구글과 메타 등의 서구 인터넷 기업이며, '선'은 자신의 편에 서준 VK를 의미하는 것으로 보인다.

둘째, 나발니가 특히 푸틴을 적시(摘示)한 반대 캠페인은 암호화된 비상업적 플랫폼 텔레그램을 활용한다는 사실이다. 대통령실을 뜻하는 크레믈을 포함해 러시아정부의 다각적인 디지털 감시를 피하기 위한 고육책으로 분석된다.

셋째, 나발니 진영은 유튜브를 일종의 '대안(代案)TV'로 만들었다. 연방 차원에서는 유튜브에 공동관심사를 다뤄 전 국민이 볼 수 있도록 하고, 지방의 나발니 캠프는 자체 유튜브 채널을 만들어 지역의 정치사회뉴스를 보도했다. 러시아의 주류 미디어들은 정부로부터 워낙 심각한 검열을 받는 데다 크레믈에 비판적인 뉴스를 방영하지 않기 때문이라는 것이다.

나발니는 2013년과 2017년에 전 국민이 시청할 수 있는 두 개의 유튜브 채널을 개설했다. 2013년 7월 6일에 문을 연 탐사보도 채널'알렉세이 나발니'는 2022년 초 구독자가 520만 명을 돌파했다. 2017년 3월 14일에 오픈한 '나발니 라이브(Навальный LIVE)스트림' 채널은 4년 만에 구독자 220만 명을 넘어섰다.

넷째, 나발니는 디지털을 도구화하면서 대도시에 비해 상대적으로 소외됐던 지방의 이슈와 관심사를 중앙무대로 끌어올렸다. 때문에 나발니가 정치를 러시아 각 지방에 돌려줬다는 평가가 나온다. 러시아는 시간대만 11시간에 이르는 광대한 영토를 갖고 있지만, 정치는 모스크바에 집중돼 있다. 그러나 나발니는 수도 모스크바에만 집중하지 않고 지방을 적절히 공략했고, 푸틴에 충성하는 지방의 엘리트들에 맞서면서 돌풍을 일으키기도 했다. 이 과정에서 VK와 텔레그램, 유튜브를 적절하게 활용한 것이다. 덕분에 나발니의 지방 유튜브 채널 팔로워(follower)는 러시아 주요 TV 방송사의 팔로워나 구독자 수를 능가할 정도로 성장했다.

다섯째, 디지털 자원을 동원함으로써 전국적 시위가 가능케 만들었다는 특징이 있다. 유튜브 등으로 참여를 적극 호소해 2017년 3월 26일 발생한 반정부 시위는 러시아 전국에서 최소 82개 도시의 시민들이 참여했다. 이는 1990년대 초반 러시아 탄생 이후 최대 규모였다.

나발니의 또 다른 새 방식은 다양한 사회운동 프로젝트다. 로스필(РосПил) 로스제카하(РосЖКХ) 로스야마(РосЯма) 로스비보리(РосВыборы) 도브라야 마시나 프라브디(Добрая машина правды) 등인데, 이들의 구체적인 내용은 5장에서 상세히 설명토록 한다.

이들 프로젝트는 시기적으로 볼 때 2010~2012년에 집중적으로 론칭했다는 특징이 있다. 내용 면에서는 인권 유린 감시, 사회정책 토론에서 시작해 정부의 부패 고발, 선거 보이콧 운동에 이르기까지 소프트한 주제에서 무거운 이슈로 범위를 넓히는 특징을 보였다. 또한, 프로젝트의 참여 계층을 청년층에서 시작해 일반 국민으로 확대, 속도는 느리지만 지지세를 늘려가는 전략을 사용했다.

나발니가 디지털 도전과 사회 운동프로젝트만을 통해 야권에서의 입지를 강화한 것은 아니었다. 정치적으로는 푸틴 대통령과 집권 통합러시아에 맞서 분열된 야권을 규합하는 노력도 게을리하지 않았다.

그 첫 번째 시도는 자신이 출마하지는 않았지만 2011년 12월의 국가두마 선거에서 다른 야권 후보들에 대한 지지 호소였다. 반정부 시위가 한창이던 2011년 2월 2일, 대중연설을 하면서 유권자들에게 12월의 선거에 적극 참여하고, '통합러시아만 아니라면 그 어느 야당후보라도 찍어 달라(Голосовать за кого угодно, кроме Единой России)' '투표장에 가서 통합러시아에 반대하는 표를 던져 달라(Прийти и голосовать против Единой России)'고 독려했다. 그 결과 바로 직전의 2007년 12월 국가두마 선거에서 450석 중 315석을 얻어 압도적 개헌선까지 확보했던 집권 통합러시아는 2011년 12월 선거에서 무려 77석이 감소한 238석에 그쳤다. 대신 야당인 러시아연방공산당은 35석, 정의러시아는 26석, 자유민주당은 16석이 각각 증가했다. 나발니의 이러한 시도는 각급 단위의 선거에서 통합러시아 후보의 낙마를 목표로 2018년부터 더 강력하게 전개한 '움노예 골로소바니예'의 자양분이 됐다.

정당인 신분(2000~2007년)이었을 때보다 출당 후 선보인 디지털 도전과 사회운동 프로젝트, 야권 통합 노력 등을 통해 러시아 안팎의 시선이 나발니에게 쏠렸다. 자연스레 국내외 수상 경력도 화려해졌다.

▲2009년 경제지 『베도모스티』 선정 '올해의 인물' ▲2011년 남성잡지 *GQ* 선정 '올해의 인물' ▲2012년 미국 시사주간지 『타임(*Time*)』 선정 '세계에서 가장 영향력 있는 100대 인물' ▲2020~2021년 노벨 평화상 후보 연속 지명 등이 그것이다.

국민 사이에서 나발니에 대한 관심이 치솟기 시작했다. 사실 이보다 더 의미 있는 부분은 야당의 존재 필요성에 대한 국민의 인식이 높아졌다는 사실이다.

레바다센터가 국민 1,600명을 상대로 실시한 여론조사에서 '러시아에 현재 야당이 존재한다고 보느냐'는 질문에 그렇다고 응답한 러시아 국민은 2004년에 42%, 2008년에 46%였으나 2012년에는 66%로 급상승했다. 또한, '러시아에 야당이 필요하다고 생각하느냐'는 설문에 필요하다고 대답한 비율은 2004년과 2008년에 각각 61%였는데 2012년에는 72%로 올랐다. 2004년과 2008년은 푸틴 대통령이 첫 번째와 두 번째의 임기를 마친 시기이고, 2012년은 나발니가 본격적으로 활약한 때다. 같은 조사에서 '왜 야당이 필요 없다고 생각하느냐'는 질문에 2004년과 2008년 절반 이상의 응답자는 "야당이 사회 전반의 문제해결을 시도하는 푸틴 대통령을 방해하기 때문"이라고 말했다. 하지만 2012년에는 같은 응답은 17%로 줄었다.[8] 나발니 덕분에 야권의 위상이 상승했다고 해석할 수 있는 대목이다.

나발니의 노력에도 불구하고 러시아 야권은 푸틴 대통령의 집권 기간 내내 각급 선거에서 여전한 무기력을 노출했다.

신구(新舊)할 것 없이 야권 전체가 러시아정치권에서 무게감을 느낄 수 없을 정도로 허약하다 보니 푸틴과 그의 정치적 후계자 메드베데프 전 대통령 등 러시아 최고 지도부가 나발니를 의도적으로 무시하는 전략을 쓰고 있다는 얘기들이 나온다.[9] 무시 전략을 통해 성장세에 있는 나발니 세력의 싹을 자르려 한다는 것이다.

이를 뒷받침하는 에피소드 하나.

2017년 3월 4일, 러시아 중부 탐보프주 육류 가공공장을 방문한 메드베데프 당시 총리(전 대통령)는 나발니가 폭로했다는 다큐멘터리에 대한 논평을 언론인들로부터 요구받았다. 이 다큐멘터리는 3월 2일 나발니가 유튜브에 게재한 49분 분량의 '그는 더 이상 드미트리가 아니다(Он вам не димон)'를 가리키는 것이었다. 사람에 따라 다르게 해석할 수 있지만 메드베데프 이름인 드미트리의 러시아식 애칭 디마(Дима)를 활용, '그는 더 이상 (우리가 알고 있던 실용주의적 지도자) 디마가 아니다' 쯤으로 풀이됐다. 나발니의 유튜브 방송 중 가장 주목을 끈 아이템 중 하나였다. 다큐멘터리에 따르면, 메드베데프는 모스크바 인근에 대규모 저택, 상트페테르부르크에 궁전과 호화 아파트 여러 채, 시베리아에 스키 리조트와 농장, 흑해 주변에 대규모 포도농장과 와이너리, 1,000만 달러짜리 요트 2척 등을 차명으로 보유했다. 게다가 이탈리아의 토스카나 지방에는 100만㎡ 크기의 포도농장과 올리브밭이 딸린, 17세기 화려한 성채를 소유하고 있다는 것이다. 나발니는 재정전문가답게 관련 문서와 소유 구조, 그리고 현장 영상과 인터뷰 등을 통해 메드베데프 축재(蓄財)의 실상을 파헤쳤다고 주장했다. 나발니는 결론으로 "메드베데프가 나를 포함한 러시아 국민에게서 훔친 돈으로 거대한 부패의 커넥션을 완성했다"고 말했다. 이어 "전직 대통령이었고 현직 총리이며, 집권당 통합러시아의 대표인 그가 부패의 제국을 만들 수 있는 배경은 (메드베데프의 정치적 스승인) 푸틴 대통령이 그보다 더한 부패를 저지르고 있기 때문"이라고 결론지었다.

메드베데프 총리는 언론의 논평 요구에 "내가 한 번도 들어본 적 없고 전혀 근거 없는 자료라는 것들을 가져다가 이상한 작품을 만들었다"면서도 다큐멘터리 제작을 주도한 나발니의 이름은 거론하지 않았다. 이름 대신 메드베데프는 나발니를 염두에 두고 '그런 사람(Тот персонаж)'이라고 지칭했다. 실제로 "그런 사람(나발니를 지칭)은 모든 사람이 나쁘며, 오직 자신을 대통령으로 뽑아달라고 공개적으로 이야기한다"고 비판한 것이다. 일반적으로 'Тот персонаж'라는 대명사가 러시아에서 부정적 의미로 사용[10]되는 점을 고려하면, 러시아 지도부의 나발니 무시 주장에 설득력이 있다고 할 수 있다. 더욱이 메드베데프는 지금까지 나발니 측의 수없는 공격에도 나발니에 대해 직접적인 언급을 하지 않는다. 만약 이름을 부르게 될 경우 나발니의 존재와 그 위상을 인정하는 것으로 비치기 때문이라는 풀이가 나온다.

푸틴 대통령도 나발니의 이름을 언급하지 않기는 마찬가지다. 푸틴은 나발니를 의미할 때는 주로 '그 인사(это господин)' 또는 '어떤 행위자(некоторый деятель, 어떤 행위자)'라 지칭한다.

이와 관련한 재미있는 일화. 2013년 9월 초 푸틴 대통령은 러시아 국영방송사 제1채널(Первый канал), 미국 AP통신과 합동 인터뷰를 하면서 나발니에 관한 질문이 나올 때마다 실명 대신 수차례 '그 인사'라고 명명했다. 이 인터뷰를 시청했던 미국 잡지 『네이션(Nation)』의 알렉 룬(Alec Luhn) 모스크바 주재 특파원. 그는 발다이클럽 포럼 기간에 푸틴 대통령에게 나발니의 이름을 제대로 한 번만 불러줄 수 있느냐고 요청했다. 그러자 푸틴 대통령은 "아뇨, 왜 그러시죠? 알렉세이 나발니는 야당 지도자들 중 한 명 아닌가요"라고 반문했다. 푸틴의 말이 떨어지기가 무섭게 영국의 『가디언(Guardian)』 등 서방 언론

들은 "푸틴 대통령이 처음으로 나발니를 나발니라고 불렀다"고 보도
했다. 푸틴의 이 한마디가 큰 뉴스가 될 정도로 푸틴 대통령이 나발니
를 철저하게 무시해왔다는 얘기다.

나발니 무시 전략은 최고 권력자들만의 전유물은 아니었다. 나발니
의 존재를 거의 도외시했던 국영 매체가 2018 대선 출마 여부를 고심
하던 나발니의 위선자적 가면을 아예 벗겨보겠다며 특집 다큐멘터리
를 제작, 방영한 적이 있다. 25분짜리 이 다큐멘터리의 제목은 '브로
더 효과(Эффект Брадера)'. 국영 로시야(Россия)-1 TV가 만들어
2016년 4월 13일 방영했다.

제목에 등장하는 브로더는 1990년대~2000년대 초중반 러시아에
서 활동한 영국계 투자펀드 '허미티지 캐피털'의 최고경영자 빌 브로더
(Bill Browder)를 가리킨다. 나발니의 절친이었던 고(故) 세르게이 마

해설 4.3 발다이클럽

발다이클럽의 정식 명칭은 '발다이 국제 토론클럽(Валдай Ме
ждународный Дискуссионный Клуб)'이다. 러시아의 정
치·경제·사회 현안과 국제사회에서 러시아의 역할에 대해 국내
외 전문가들의 의견을 듣는다는 목적으로 러시아정부가 푸틴 대
통령 집권기인 2004년 9월 설립했다. 회의가 개최되는 노브고로
드시 인근 발다이 호수에서 이름을 따왔고, 국영 통신사 리아노보
스티(РИА Новости)가 회의를 후원한다. 푸틴 대통령과는 클럽
에서의 연설과 만찬토론회 형식으로 연계돼 있으며, 러시아 고위
정치인들이 대거 참석한다. 2023년 말 현재 85개국, 1,000여 명
의 전문가들이 클럽 회원으로 등록돼 있다.

푸틴 정적, 나발니의 생애: 러시아정치의 앞날은

그니츠키(Сергей Магнитский, 1972~2009년)의 지인이기도 하다. 미국 CIA의 비밀문서로 추정되는 많은 문건과 통화녹취들이 등장하는 이 다큐멘터리에 따르면, 빌 브로더는 CIA가 고용한 비밀요원이다. 브로더가 러시아의 헌법 질서를 훼손하고 궁극적으로 러시아를 파괴하기 위해 나발니를 고용했고, 나발니는 브로더의 지령에 따라 각종 반정부 행위를 기획했다는 게 요지다. 다큐 영상에는 나발니가 '무슨 답변을 하라는 것이냐'며 기자의 인터뷰를 회피하는 장면도 나온다.

이에 대해 나발니는 사실관계가 틀렸다며 즉각 반발했다. 러시아 국민 70%가 정보를 얻는 창구로 TV를 꼽는 게 사실이고, 따라서 국영 로시야TV의 영향력을 잘 알기 때문이었다. 나발니는 다큐멘터리에서 증거로 제시된 CIA 요원 간의 문서들을 보면 문법적인 오류는 물론이고, 날짜가 일치하지 않으며 내용도 심각한 허위들로 가득 차 있다고 비판했다. 때문에 문건들의 진위와 다큐멘터리 자체의 신빙성에 심각한 결함이 있다고 주장했다. 당시 러시아정치권도 이 다큐멘터리에 흠결이 너무 많다는 데 이견이 없었다.

단순한 해프닝 정도로 끝날 줄 알았던 국영 로시야-1TV의 다큐멘터리 방영은 그러나 전혀 뜻밖의 상황을 연출했다. '브로더 효과'라는 다큐멘터리는 로시야TV에서 방영했지만 다른 국영TV 뉴스와 온라인 뉴스를 통해 전국적으로 퍼져나갔고 나발니라는 젊은 야당 정치인이 있다는 사실을 처음 알게 된 시청자와 독자마저 생겨났다는 점이다. 그전까지 나발니에 관한 언급은 국영TV에서 1년에 한두 차례 나올까 말까 한 정도였으니, 나발니를 오히려 홍보해준 셈이 된 것. 그해 12월에 나발니가 대선에 도전하겠다고 선언함에 따라, 나발니의 대권 도전을 8개월 앞두고 '위선자 나발니의 진면목을 까발리겠다'던 국영 매

▶ 국영 로시야TV가 방영한 다큐멘터리 '브로더 효과' 화면 일부.

출처: TV 화면 캡처.

체의 계획은 역효과를 낳고 말았다.

아나스타샤 카준(Anastasia Kazun) 러시아 고등경제대학 교수는 "국가의 지속적인 압력을 받는 러시아 언론은 나발니를 무시하거나 최대한 비방하려는 시도 사이에서 줄타기를 하는 경향이 있다"며 "그렇다 보니 로시야-1TV의 다큐멘터리처럼 형편없이 만들어지는 경우가 허다하고 오히려 대중에게 야권 정치인을 알리는 수단이 되기도 한다"고 평가했다.[11]

그런 가운데 나발니의 제안과 요구사항을 푸틴 정권이 먼저 나서 역으로 선점(先占)함으로써 나발니의 존재감을 의도적으로 깔아뭉갠다는 견해도 나온다. 나발니와 그 지지자들은 2010년대 초반 일련의

푸틴 정적, 나발니의 생애: 러시아정치의 앞날은

반정부 시위에서 부패와의 전쟁, 애국주의 운동의 전개 등을 주장했다. 이러한 구호들이 나오는 시점에서 정부 당국이 바로 행동에 나서거나 수위가 더 높은 조치를 취함으로써 더 이상 추가 요구사항이 나오지 못하게끔 한다는 것이다.

예를 들어, 나발니는 2011년 초반 푸틴과 집권 여당 통합러시아를 향해 '사기꾼과 도둑들(жуликов и воров)'이라고 칭한 뒤 정부 고위 당국자들의 부패를 일소해야 한다고 했다. 푸틴은 자신의 측근 인사로 2007년부터 국방부를 이끌어오던 아나톨리 세르듀코프(Анатолий Сердюков) 당시 국방부 장관을 2012년 11월 전격 경질했다. 경질 사유는 국방부 산하 자산관리 기업 '오보론세르비스(Оборонсервис)'가 국방부 소유의 부동산과 주식 등을 시가보다 훨씬 싼 값에 팔아넘겨 국고에 약 40억 루블의 손실(횡령)을 입힌 것에 대한 장관의 관리·감독 책임이었다. 다만 푸틴은 경질 후 세르듀코프 장관이 횡령 사건에 직접 가담했을 수 있다는 혐의에 대해서는 확인된 바 없다며 두둔했고, 실제로 재판과정에서 법원으로부터 혐의없음으로 면책돼 2017년부터 러시아 국영 헬리콥터회사 '로스트베르톨(Роствертол)'의 이사회 의장을 맡고 있다.

또 나발니 측이 강조해온 민족주의 혹은 애국주의와 관련해선, 민족주의 성향이 강한 드미트리 로고진(Дмитрий Рогозин) 조국당 대표를 2011년 12월 23일 내각 부총리에 임명했다. 사실 푸틴 정권은 소련에 대한 향수를 자극하는 애국주의·민족주의에 기반을 뒀지만, 국내외의 반발을 고려해 각료급에는 그런 성향의 인물 임명을 의도적으로 배제해왔다. 때문에 러시아정치권은 이 역시 나발니 측이 "푸틴 정권은 애국주의와 민족주의를 소홀히 한다"고 공격할 가능성을 염두에 두고 실행한, 선제적 대응 사례로 꼽는다.

다른 한편, 러시아정부는 '외국 대리인'인 듯한 낙인을 찍어 야권 대표주자 나발니를 견제한다. 러시아에서 외국 대리인은 통상 간첩으로 받아들여진다. 푸틴은 총리에서 다시 대통령으로 복귀한 2012년 7월, 소위 비정부기구(NGO)법으로 불렸던 종전의 '외국 대리인의 기능을 하는 비정부기구 행위규제에 관한 연방법'을 개정[12]해 반정부 성향의 언론사 = NGO = 외국 대리인이라는 등식을 만들어 이들을 규제해왔다. 정부가 외국 대리인으로 지정하면 개인이든, 단체든 행정규제가 강화되고 활동한 내용을 전부 당국에 보고해야 하며 모든 자금 출처는 공개하도록 강요받는다. 발간하는 출판물이나 SNS 내용에도 자기가 외국 대리인이라는 점을 명시해야 하는 등 규제가 엄청나다.

그런데 엄밀히 말해 나발니는 러시아정부가 지정한 외국 대리인은 아니다. 지금까지 러시아 법무부는 개인의 경우 우크라이나와의 전쟁 전인 2021년 12월 30일까지 75명, 그 이후 2023년 12월 말까지 227명을 서방의 자금지원을 받아 외국의 이익을 대변하는 외국 대리인으로 지정했다. 이 명단에 나발니는 포함돼 있지 않다. 다만 러시아정부는 2019년 10월 9일, 나발니가 설립한 부패와의 전쟁재단을 외국의 대리인으로 지정했다. 그런데도 마치 나발니 개인이 외국 대리인인 것처럼 국민에게 인식되는 것이다.

이는 여론조사기관 비촘이 2022년 6월 실시한 조사 결과에 그대로 투영돼 있다. 러시아정부는 여론조사 직전 NGO법 개정을 추진하고 있었다. 비촘은 이 NGO법 개정안에 관한 러시아 국민의 의견을 물었다. '외국 대리인은 무엇을 뜻하는가'라는 설문에서 응답자의 27%는 '스파이(Шпион)', '조국의 배신자(Предатель Родины)', '국민의 적(Враг народа)' 등으로 보았다. 응답자의 54%는 외국 대리인을 규제하는 법이 필요하다고 인식했다. 특히 많은 응답자가 러시아에서 활동 중인 외국 대리인으로 도쥐드TV(12%), 라디오 에호 모스크비(11%), 인터넷매체 메두자(11%) 등 주로 반정부 성향의 언론사들을 꼽았는데, 개인으로는 가장 많이 나발니(9%)를 외국 대리인이라고 생각했다.[13]

러시아 국민이 혐오하는 '간첩'의 멍에를 씌워 나발니와 국민 간의 접점을 차단하려는 지속적인 선전·선동이 효과를 나타냈다는 분석이다. 하지만 이는 역으로 보면 정부가 견제구를 끊임없이 날려야 할 만큼, 러시아 정계에서 차지하는 나발니의 위상이 높아졌다는 방증이기도 하다.

한편 나발니가 기존의 신구 야권과 거리를 두면서 여론 호소에 치중하다 보니, 의도적으로 포퓰리즘(populism)을 이용하는 것 아니냐는 지적이 늘 꼬리표처럼 따라다닌다. 러시아 정계에서 나발니의 포퓰리즘 여부에 대한 논란은 팽팽하다. 그렇지만 나발니에게 호의적인 정치평론가들 사이에서마저 나발니가 포퓰리즘을 활용한 것은 사실이라는 의견이 우세하다.

근거는 이렇다. 나발니는 러시아정치의 대표적인 아웃사이더다. 웬만해서는 기존 정치의 장벽을 뚫기가 어려울뿐더러 인지도 상승을 기대하기도 쉽지 않다. 헌데 나발니는 선출직에 대한 그의 몇 차례 도전 실패에도 불구하고, 유튜브·페이스북·트위터 등 포퓰리즘에 기댄 디지털 도구 덕분에 인지도가 계속 상승했다. 특히 포퓰리즘의 수단으로는 언론계의 트렌드로 자리 잡은 탐사저널리즘과 시민행동주의(civic activism)를 적극 활용한다는 것이다.

러시아 정치학계 석학인 블라디미르 겔만(Владимир Гельман) 박사는 "야권 지도자 나발니는 2010년대 이후 유리 차이카(전 법무부 장관), 세르게이 프리홋코(전 대통령 외교보좌관, 전 부총리), 올레크 데리파스카(세계 최대 알루미늄기업 루살 회장) 등의 정치경제 통치엘리트에 도전하고 자신의 인지도를 끌어올릴 전략의 하나로 커뮤니케이션 도구들을 창조적으로 활용하고 포퓰리즘에 기대왔다"고 평가했다.

러시아의 유력 싱크탱크 민첸코 컨설팅 설립자인 정치사회학자 예브게니 민첸코(Евгений Минченко)도 나발니의 포퓰리즘을 지적했다. 그는 "나발니의 포퓰리즘은 크림반도 문제나 대서방관계 등은 제외하고 오로지 사회문제만을 겨냥한 전형적인 사회적 포퓰리즘"이라며 "이는 사회적 이슈에 매우 까다롭고 민감한 러시아 국민을 고려해 고안한 전략"이라고 했다.

나발니 포퓰리즘의 출발점은 대체로 민족주의와 애국주의를 주창하기 시작한 2007년 나로드 운동이라고 보는 견해가 다수다.

디지털정치를 연구하는 소피야 글라주노바(Sofya Glazunova) 박사는 나발니 포퓰리즘의 유형을 다음의 네 가지로 규정했다.[14]

첫째는 피상적 포퓰리즘(superficial populism)이다. 나발니가 주요 엘리트들을 공격할 때 범죄의 증거를 제시하지 않는 경우가 허다한 것에서 볼 수 있듯, 냉정하게 말해 많은 노력과 행동이 필요치 않다는 것이다. 오히려 대중들에게 조사해달라고 촉구만 해도 대중이 자발적으로 움직이게 된다. 이런 측면에서 피상적 포퓰리즘은 수동적 포퓰리즘(passive populism)이라고도 할 수 있다.

둘째 탐사적 포퓰리즘(investigative populism)이다. 나발니는 호화재산 등 반부패 상징들을 보여주고 조사한 결과의 일부만을 제시하는 경향이 강하다. 즉 언론에서 사용하는 탐사저널리즘을 적극 활용하고 있다.

셋째 시민들의 과격한 행동을 촉구하는 급진적 포퓰리즘(radical populism)이라 할 수 있다. 급진적 행동은 온·오프라인에서 동시에 활용한다. 특히 온라인의 경우 시민들에게 유튜브 채널을 구독하게 하고 비디오를 공유하는 방식이다. 나발니가 이 과정에서 강조하는 가장 중요한 키워드는 '국민(the people)'이다.

마지막 특징은 주창적 포퓰리즘(advocacy populism)이다. 지금까지는 주로 부패에 초점을 맞춰 정권과 친정부 인사들의 정통성을 허물려 한다는 것이다.

포퓰리즘이 직간접적으로 영향을 미쳐 나발니의 위상이 높아지자, 일부 러시아 국민은 그를 전 세계 유명인들과 비교하기도 한다. 흥미로운 점은 나발니 스스로 굳이 싫은 내색을 하지 않는다는 것이다.

그는 2016년 12월 반체제 인터넷 매체 메두자와의 인터뷰에서 "많은 사람이 나를 아무하고나 비교한다. 스노든(Edward Snowden, 2014년 미 국가안보국[NSA]의 기밀자료를 폭로한 내부 고발자로 현재 망명 중)과도, 샌더스(Bernie Sanders, 2016년 미국 대선 민주당 경선 후보)와도, 심지어 트럼프(Donald Trump, 미국 공화당 대선 후보로 제45대 대통령에 당선돼 2017~2021년 재임)와도, 또 어떤 측면에서는 보리스 옐친(전 러시아 대통령)과 비교하기도 한다. 나는 아무래도 상관없다. 사람들이 생각하는 것은 개개인의 자유니까"[15]라고 말했다.

❖ 주

1) Медуза, 2016. 12. 15.
2) *Коммерсантъ-Деньги*, 2009. 1. 26.
3) *Moscow Times*, 2021. 10. 18.
4) Радио Свобода, 2019. 11. 2.
5) *Esquire*, 2012. 11. 23.
6) Константин Воронков (2011), С. 35.
7) *Washington Post*, 2018. 2. 23.
8) Левада-Центр, 2016. 3. 14.
9) https://www.dp.ru/a/2017/04/05/Tot_samij_personazh_kak_n
10) 가령 Ты знаешь, именно тот персонаж(너는 그런 사람을 알고 있니)? 라는 의문문에서도 토트 페르소나시는 부정적 색채가 강한 단어로 쓰인다.
11) Anastasia Kazun, "To cover or not to cover: Alexei Navalny in Russian media," *International Area Studies Review* (May 2019), pp. 312–326 참조.
12) NGO법의 제정부터 개정까지의 상세한 내용은 권경복, 『현대 러시아 언론의 심층적 이해』 (2020), pp. 237–239 참조.
13) ВЦИОМ Новости, 2022. 6. 28.
14) Sofya Glazunova, "Four Populisms of Alexey Navalny," *Media and Communication* (2020), pp. 121–132.
15) *Медуза*, 2016. 12. 15.

5장

나발니의 정책 프로그램들

나발니는 2013년 모스크바 시장선거, 2018년 대통령 선거 도전 등을 통해 유권자에게 다가서긴 했으나 그전까지는 정치인으로서 자신의 존재감을 드러내기가 쉽지 않았다. 특히 2018 대통령 선거 출마 의사를 밝혔지만 등록이 거부돼 자신의 생각을 전파할 기회 확보가 원천적으로 불가능했다.

이렇게 된 가장 큰 원인은 소속 정당의 사실상 부재(不在), 다시 말해 제대로 된 정치기반이 없었기 때문이다. 또한, 국영 미디어가 만들어낸 나발니의 투사(鬪士), 비주류 정치인(fringe politician) 이미지는 나발니가 다수 국민의 지지를 얻는 데 걸림돌이 됐다. 물론 이러한 문제는 나발니 스스로 자초한 면도 없지 않다. 하지만 야권을 냉혹하게 다루려는 집권세력의 견제 의도가 큰 영향을 미친 것은 분명한 사실이다.

때문에 나발니는 자신이 원했든, 그렇지 않든 사회운동(social move-ment)을 통해 국민에게 접근하고 러시아 사회의 변화를 이끌어내려 했다. 2000년 정치에 입문하면서 야블로코라는 소수 야당에 몸담았지만, 그의 시선은 캠페인을 통한 사회운동으로 향하고 있었다. 출발점은 당(야블로코)내 사회운동 조직의 구축이었다. 2005~2007년의 움직임들이 이 맥락에서 이뤄졌다.

그러다가 2010년 예일 월드 펠로로 선발돼 미국에서 체류하는 동안 공공캠페인을 통한 사회운동의 활성화를 꾀한다. 나발니에게 예일 월드 펠로 선발 추천서를 써준 이들 가운데 한 명이었던 막심 트루돌류보프(Максим Трудолюбов)『베도모스티』기자는 이렇게 회고했다.

"나는 나발니보다 1년 앞선 2009년에 예일대에서 공부했고 2010~2011년 하버드대에서 니만 펠로(Nieman Fellow)[1])로 수학하던 중 나발니와 미국에서 종종 만나 얘기를 나눴다. 내 기억에 나발니는 러시아의 부패 이슈에 관심이 많았다. 많은 이들과 접촉하면서 로스필 등 자신이 구상하고 있던 공공 프로젝트의 파이낸싱(financing) 방안에 대해 심도 있게 연구하고 있다고 말했다. 또 4개월 동안 예일대의 최고 교수와 석학들을 만나고, 많은 라운드테이블(roundtable)과 회의에 참석하면서 아이디어를 얻은 것으로 안다."

초창기 나발니 지지자들은 나발니가 추진한 프로젝트에 대해 러시아어로 '사회운동(социальное движение)'이라는 표현보다는, '공공캠페인(общественная кампания)'이라고 부르는 걸 선호했다. 전자는 어떤 특정한 목적을 달성하기 위해 많은 사람이 느슨하게 조직했다는 의미가 강하다. 반면 후자는 사회의 변혁을 위해 정치적 수단을 활용한다는 뜻이 내포돼 있기 때문이라고 한다.

나발니의 정치적 동지로서 그의 법률자문을 받았던 니키타 벨리흐 키로프주 지사는 "내가 생각하는 나발니는 지금도 정치인이라기보다는 오히려 사회적 공인에 가깝다. 그만큼 생활밀착형 공공 프로젝트를 잘 디자인했다. 가령 로스필이나 로스야마의 경우 매우 건설적인 프로젝트였다. 차이가 있다면 로스야마의 경우 나 같은 정치인도 나쁜 도로 상태를 모르지는 않았으나 예산상의 부족 등을 고려하지 않을 수 없었다는 점 정도"[2]라고 말했다.

하지만 2013년 모스크바 시장선거에서의 패배, 그리고 2018년 대선 등록 거부를 계기로 나발니의 사회운동은 과거에 비해 조직화하고 구체화했으며, 정치색이 짙어졌다는 특징을 나타낸다. 이렇게 된 데는 단순한 사회운동으로는 체제 변혁까지 유도할 수 없고, 구심점이 확실하지 않고 목표가 뚜렷하지 않은 조직 운용은 한계가 있다는 점을 인식했기 때문이라는 분석이다.

나발니가 2017년부터 2019년까지의 시기에 주도한 사회운동에서는 몇 가지 주목할 만한 변화를 감지할 수 있다.

첫째, 조직 면에서 사무소를 중심으로 각종 프로젝트를 전개했다. 나발니는 2018 대선이 실시되기 전까지 1년 여의 시간을 3단계로 나눠 러시아 전역에서 81개 사무소를 개설했다. 이 중 70개는 나발니 사회운동 측이 재정을 댔고, 나머지 10여 개 사무소는 경비를 자체 충당했다. 그러나 대선이 2018년 3월에 끝나고 4단계에 들어서면서 심각한 재정난 때문에 81개였던 사무소는 41개로 급감했다. 물론 이들 사무소는 2018 대선 이후 지금까지도 활동하고 있다. 다만 명칭을 '정치센터(политическкий центр)'로 바꿨다. 이들 사무소에 등록된 지

표 5.1 2017~2019년 나발니 사회운동의 단계

단계	시기	특징	구체적 내용
1	2016년 12월~ 2017년 6월	네트워크 구축	대도시 위주 광범위한 사회운동 네트워크 조직, 반부패 시위 주도, 지지그룹 구축
2	2017년 6월~ 2017년 12월	목표 전환	반부패 시위에서 대통령 선거(2018. 3)출마로 방향 수정, 81개 도시에 사무소 개설
3	2017년 12월~ 2018년 3월	대선 전후 반정부 활동	'자바스톱카 이즈비라텔레이,' 자신의 대선 도전은 무산됐으나 대선 감시 준비와 투표율 낮추기에 주력(푸틴이 당선되더라도 정통성을 상실케 하려는 목적), 대선 후 부정선거 시위
4	2018년 3월~ 2018년 11월	사회적 이슈로 전환	푸틴 대통령 취임(2018.5) 후 '푸틴은 우리의 차르가 아니다(Он нам не царь)' 시위 전개. 사무소 숫자 감소, 연금개혁 등 사회적 이슈와 지방의 문제 제기
5	2018년 11월~ 2019년 5월	'움노예 골로소바니예'	집권세력 부패 폭로 활동, 기초단계 선거에서 여당인 통합러시아 후보 낙마 주력, 움노예 골로소바니예와 프롭소유즈 나발노보 등의 프로젝트 시작

출처: Роман Савенков, "Общественное движение Алексея Навального в России: ресурсы, тактика и перспективы," *Восток Европы / Гуманитарно-общественные исследования* 2018/4, 2, С. 157–168.

지자는 2019년 기준, 64만 8,000여 명 선이었다.

둘째, 젊은 지지자와 적극적 활동가들이 주를 이뤘다는 점이다. 초기 단계의 참가자들은 주로 16~22세의 청소년층이었다. 이들은 문화 행사나 오락 등을 위주로 나발니 사회운동을 전개하는 데 앞장섰다. '나발니 2018' 웹사이트에 따르면, 자원봉사자는 20만 명 선이었다. 대선을 치른 2018년 말까지 나발니 라이브 채널은 구독자가 600만 명

푸틴 정적, 나발니의 생애: 러시아정치의 앞날은

에 이르렀고 이중 유료 구독자는 88만 9,000명 정도였다.

셋째, 대규모 후원금을 통한 프로젝트 실행이다. 나발니가 대선 출마 선언에서부터 등록 거부까지의 과정을 겪던 2016년 말부터 2018년 3월까지 모인 후원금은 3억 6,800만 루블에 달했다. 정부 당국에 등록되지 않은 정치세력이 이만큼의 후원금을 모은 것은 러시아에서는 대단히 이례적이었다. 가령 제1야당 러시아연방공산당이 2017년 당원들로부터 9,690만 루블의 당비(黨費)를 걷었고, 그 외에 모은 후원금이 1,100만 루블 정도였기 때문이다.

마지막으로 제도권 진입을 위해 경쟁하던 야권 지도자들의 협조가 거의 없는 상황에서 실행됐다는 점이다. 국가두마(하원)에 입성하지 못한 야당 세력들은 대규모 반정부 항의 시위, 정책연합 등에서도 협력보다는 서로 경쟁하는 데 치중했다. 게다가 대부분의 민주적 지도자들은 공공캠페인을 통해 대통령이 되고자 하는 나발니의 의도를 전적으로 지지할 자세가 돼 있지 않았다. 그나마 협력할 수 있는 야권 후보는 크세니야 솝착 정도였는데, 그녀마저도 2017년 10월 18일 대선 출마를 선언하면서 오히려 나발니의 라이벌이 됐다. 나발니와 솝착은 무엇보다 대도시, 청년층으로 구성된 지지기반이 겹쳐 쉽사리 협력하기는 어려웠다. 나발니가 가져갈 수 있는 모스크바·상트페테르부르크 등 주요 대도시의 표밭을 솝착이 잠식할 수 있기 때문이었다. 실제 나발니의 주요 사무소는 모스크바를 중심으로 한 중·서북부 쪽에 집중돼 있었고 인구밀도가 낮은 시베리아와 극동에는 거의 없었다. 사정이 이렇다 보니 나발니의 각종 프로젝트는 야권의 비협조 속에서 국민만 보고 '외롭게' 진행돼야 했다.

하지만 이러한 나발니의 노력에도 불구하고 점차 시간이 흐르면서

'준비된 정치인'이라는 견지에서 볼 때 한계가 노출되기 시작했다. 일정부분 포퓰리즘에 기댄 사회운동 프로젝트 치중, 정책을 가다듬고 검증할 수 있는 싱크탱크의 결여, 이념이나 조직을 망라한 포괄적 로드맵(roadmap)의 부재 등이 그것이다. 뿐만 아니라 특정 정치지도자(푸틴 대통령)와 세력을 겨냥한 정치적 양극화에 매몰되다 보니 이 같은 한계들은 더 크게 부각됐다.

때문에 나발니가 시도한 사회운동 프로젝트들은 사안별로 보면 내용이 충실하고 대중의 관심을 끌어모으기에 충분했으나, 종합적 관점에서는 부실이 조금씩 드러났고 나발니 개인 역시 일부 정치적 사안과 외교·경제 분야 이슈들에 대해선 중심을 잡지 못하고 우왕좌왕하는 모습을 보여왔다는 지적이다.

국내 정치·경제 부문의 개혁

나발니의 정치개혁 방향은 기본적으로 러시아 최고 지도자 푸틴 대통령에 대한 인식을 밑바탕으로 한다. 푸틴 대통령에 대한 긍정적인 평가가 없는 것은 아니지만, 부정적으로 보는 관점이 압도적으로 우세하다.

러시아정치권이 꼽는 문제는 푸틴에 대한 비판이나 '정적(政敵)' 등의 표현까지는 상관이 없으나 이따금 '혁명(револю́ция)'같은 단어를 입에 올림으로써 정권이 감내할 수 있는 선을 나발니가 넘는 것이라고 한다. 나발니가 푸틴을 보는 관점이 어떻길래 이 같은 평가가 나오는 것일까. 그의 인식을 정리해보면 다음과 같다.

푸틴 정적, 나발니의 생애: 러시아정치의 앞날은

▶ 2012: '푸틴은 리콴유도, 루카셴코도 아니다'(『에스콰이어지』인터뷰)
"만약 푸틴 대통령이 러시아의 리콴유(李光耀, 1923~2015년, 싱가포르의 전 지도자)였다면 나는 푸틴을 용서했을 것이다. 리콴유는 전제군주 같은 정책을 펼쳤지만, 동시에 사기꾼들을 추적해 잡아들였다. 그러나 푸틴은 리콴유 같은 지도자가 아니다. 또한, 푸틴은 러시아판 알렉산드르 루카셴코(Александр Лукашенко, 1990년대 초반부터 장기 집권하며 세습까지 시도하는 벨라루스의 독재자)도 될 수 없다. 나는 푸틴이 정말로 자신이 설계한 시스템이 지속될 것이라고 믿는지 궁금할 따름이다. 푸틴이 만약 (1960년대 후반부터 장기 집권하다가 2011년 아랍의 봄으로 시위대에 의해 사망한 리비아의) 무아마르 카다피(Muammar Khadafi) 처형 장면을 직접 봤다면 그는 '쿨한 남자(Крутой парень)'다."

▶ 2014: '푸틴은 뛰어난 정치인이며, 집권 초기 옳은 일을 했다'
(2014년 10월 15일 자택구금 중 라디오 '에호 모스크비' 인터뷰).
"푸틴 대통령이 집권 초기에 옳은 일들을 했다는 사실을 부정하는 것은 어리석다. 세제(稅制)개혁 같은 사안들이 그런 예인데, 그 전(푸틴 집권 이전)부터 세제개혁을 준비해왔지만 (실행에 옮기지 못하던 것을) 실천한 이는 푸틴 대통령이다. 또 행정개혁도 푸틴정부에서 시작했다. (푸틴 정권이 사실상 시작된) 1999년부터 나는 스스로를 푸틴에 반대하는 사람이라고 생각해왔으나, 푸틴이 옳은 일을 한 것까지 부인하는 것은 아니라고 생각한다. 푸틴은 분명히 뛰어난 정치인이고, 대중의 의식을 다루는 데 있어 훌륭한 자질을 갖고 있다."

▶ 2017: '푸틴은 나의 적이자, 러시아를 망친 최고위 관료다' (유튜브 채널 '나발니 라이브')
"푸틴 대통령은 물론 '나의 적(мой противник)'이다. 그는 우리 러시아를 망친 최고위 관료다. 아울러 러시아의 미래를 훔친 사람이다. 나는 푸틴과 싸우기 위해 (2018년 대통령) 선거에 나가려는 것이다."[3]

▶ 2018: '푸틴의 유일한 대항마는 바로 나다' (대선 유세)
"'알렉세이 나발니-블라디미르 푸틴의 유일하고 진정한 대항마.' 이 게 바로 나를 정의하는 것이다."

나발니는 2018 대통령 선거 출마를 선언하면서 비로소 자신을 푸틴의 유일한 정적(政敵)이라고 포지셔닝(positioning)한다.

그리고 2018년 5월부터 종전의 4년이 아닌, 6년의 임기가 새로 시작되는 푸틴을 향해 "대통령 (두 번) 임기가 12년(6년+6년)이면 부패해진다"고 직격했다. 그는 라디오 스보보다(Радио Свобода)와의 인터뷰에서 "한 사람이 대통령을 12년 하는 것은 부당한 것 같다. 만약 한 대통령이 두 차례의 임기를 수행한다면 그 12년은 계속 부패해질 것이다. 대통령의 임기는 합산해서 8년(4년+4년)이면 충분하다"[4]고 말했다.

그에 앞서 정치인 푸틴의 등장 배경과 관련해선 근본적으로 소련공산당과 그 간부들의 탓이라고 책임을 돌렸다. 나발니는 2013년 인터넷매체 슬론(Slon)과의 인터뷰에서 이렇게 말했다.

"앞으로는 우리는 1980년대와 1990년대에 일어났던 상황을 반복할 수 있다. 소련공산당의 멍청한 '당나귀들(Ослы, 당의 간부들을 지칭)'이 최고결정기구인 정치국에 앉아 경이로운 대건설 공사에 돈을 쏟아 부었고 아프가니스탄에서 전쟁을 하며 모든 것을 무너뜨렸다. 소련은 고르바초프 대통령이 파괴한 것이 아니라, 소련공산당의 '바보들(Придурки)'에 의해 무너진 것이다. 그 후 돈이 없는 새정부(옐친 정권)가 1990년대 들어섰고 한동안 러시아는 민주주의 국가라고 불렸으나 정작 대부분은 '콤소몰(Комсомол, 공산주의 청년동맹)' 악당 출신들이 장악했으며 그들은 철저히 부패하고 위선적이었다. 민주주의와 자유주의라는 단어는 어느새 '욕설'이 되어버

푸틴 정적, 나발니의 생애: 러시아정치의 앞날은

렸고 시장 경제는 작동하지 않아 결국 반동세력(푸틴을 의미)이 집권했다."[5]

이러한 맥락에서 보면, 1991년 소련 해체 후 나발니가 한 때 합리적 지도자라고 생각했던 이는 바로 옐친이었다. 그도 그럴 것이 나발니는 "옐친은 한 때 나의 이상형적 존재였고 난 옐친의 '절대적인 팬(Суперфанат)'이었다. 옐친은 나처럼 러시아의 변화를 원하는 수천만 명의 희망과 기대를 한 몸에 받았지만 결과는 어땠나. 옐친은 그런 희망과 기대를, 한 줌도 되지 않는 도둑들(푸틴과 추종세력들을 지칭)에게 넘겨버렸다. 특히 정권 말 알코올에 빠지고 딸 타티야나와 같은 친인척에 둘러싸여 우리 거대한 러시아의 미래를 팔아먹어 버렸다"고 아쉬워했다.

푸틴 정권에서 풍부한 천연자원 개발과 국제유가의 상승이 있었지만 부패가 횡행했다고 본 나발니. 이 때문에 현재 러시아의 상황이 혼란스럽다고 진단했다. 그는 2012년 당시 『에스콰이어지』와의 인터뷰에서 "지금 러시아는 역사상 가장 부유하고 자유롭다. 엄청난 양의 돈이 나라에 쏟아지는 지금의 상황은 거대한 변화의 기회를 제공하지만, 그 기회는 활용되지 못하고 있다. 러시아의 가장 큰 문제는 푸틴 정권 하에서 국가가 마피아집단으로 변했다는 점"[6]이라고 했다.

따라서 '혁명'이 자연스럽다는 점도 역설한다. 그는 "푸틴의 러시아에서 혁명은 불가피하다. 변화는 불만족한 사람들이 많아질 때 일어난다" "나는 혁명이 가능하고 또 유용하다고 믿는 사람이다. 물론 점진적 발전이 혁명보다 낫긴 하다. 그러나 국민이 더 이상 못 참겠다고 생각한다면 그들과 함께 거리로 나가겠다"고 말했다.[7]

같은 맥락에서 나발니는 러시아가 혼란스럽기 때문에 2010년대 초반 중동과 북아프리카를 휩쓴 민주화 과정이 언젠가는 도래할 것으로 인식했다. 그는 2015년 라디오 스보보다와의 인터뷰에서 "정치란 '끝없는 혼란(Бесконечный хаос)'이라고 생각한다. 그런 혼란은 어떤 임의의, 우연한 사건들에서 비롯되기도 한다. '블랙 스완(Черный лебедь, 도저히 일어나지 않을 것 같은 일이 실제로 일어나는 현상을 이르는 말)'이 생겨날 수도 있다. (2011년 아프리카) 튀니지에서 한 택시 운전자의 분신으로 '아랍의 봄(арабская весна)'이 시작됐듯, 나는 유사한 일이 우리 러시아에서도 곧 혹은 나중에라도 일어날 것이라고 본다"[8]고 밝혔다.

나발니는 푸틴과 여당 통합러시아의 지속적인 집권을 차단해야 한다는 입장이다. 그는 "선거에서 통합러시아만 아니라면 다른 모든 정당에 투표를 해도 된다. 선거를 거부하는 것은 도덕적으로 옳은 수단이지만, 장기적인 투쟁의 관점에서 보면 의미 없다. 현재 가장 중요한 것은 통합러시아를 국민들로부터 분리하는 것이다"고 주장한 것.

이러한 관점은 나발니가 훗날인 2017년 말 '선거 보이콧(Бойкот выборов)', 2018년 말 '움노예 골로소바니예(Умное голосование)' 등의 프로젝트를 각각 시작하는 배경이 됐다.

한편, 나발니는 자신이 생각하는 러시아의 이상적 통치형태로 대통령제보다 의원내각제를 선호한다는 견해를 표명한 바 있다. 그는 2014년 10월 15일 자택구금 중 라디오 에호 모스크비와의 인터뷰에서 "나는 의원내각제(Парламентская республика)가 러시아에 더 적합하다고 생각한다. 전 세계를 통틀어 순수한 의미의 의원내각제나 대통령제를 채택하고 있는 나라는 거의 없고, 대부분이 혼합된 정치체제다.

해설 5.1 아랍의 봄

정확하게는 2010년 12월 17일 튀니지 중부 인구 4만 명의 소도시 시디 부지드에서 채소노점상이던 모하메드 부아지지(Mohamed Bouazizi, 26)가 공무원의 노점단속에 대한 항의 표시로 분신하면서 시작됐다. 부아지지는 대학에서 컴퓨터공학을 전공했지만 독재 정권의 경제난 탓에 일자리를 찾지 못하고 노점상으로 겨우 생계를 꾸렸다. 노점 단속에 나선 경찰이 그의 뺨을 때리고 과일 수레를 부순 뒤 외상으로 구입한 과일 200달러 어치를 압수했다. 시청을 찾아가 사정했지만 소용없었다. 부아지지는 주정부 청사 앞에서 머리에 기름을 붓고 불을 댕겼다. 경제난에 신음하던 튀니지 국민은 분신 소식에 들고 일어났고 시위가 열흘 넘게 계속되자 독재자 제인 엘아비디네 벤 알리(Zine El AbidineBen Ali) 대통령은 뒤늦게 병원으로 달려갔지만 사경을 헤매던 부아지지는 2011년 1월 4일 끝내 세상을 떠났다. 성난 민심은 더욱 달아올랐고 결국 1987년 무혈 쿠데타로 정권을 잡은 뒤 인권 탄압과 부정부패 등 독재의 전형을 보여 온 벤 알리는 부아지지 사망 후 열흘만인 1월 14일 퇴진했다. 튀니지에서의 시위 성공에 힘입어 혁명의 물결이 알제리, 이집트, 예멘, 리비아 등으로 퍼져나갔고, 2011년 리비아에서는 카다피가 축출되기에 이르렀다.

우리 러시아는 연방제도도, 헌법도 중요한데 지금은 모든 것을 모스크바가 통제하는 형태여서 이를 개선하는 것이 무엇보다 중요하다"고 말했다.

그는 2022년 9월 30일자 미국『워싱턴포스트(*Washington Post*)』에 기고한 글에서도 "러시아의 미래 통치모델은 강력한 힘이나 엄격한 통제력이 아닌, 조화와 합의, 전 사회의 이해에 대한 고려가 뒷받침되는 의원내각제여야 한다"며 "그래야만 황제적 전제주의의 고리를 끊을 수 있다"고 주장했다.[9] 물론 나발니도 의원내각제가 100%를 보장하지는 않는다는 점을 인정하지만 그래도 최선은 의원내각제라는 것이다. 그는 의원내각제였던 튀르키예(터키)가 2017년 개헌 국민투표 이후 권위적인 대통령 중심제로 변모했고, 헝가리 역시 강한 독재국가로 변질됐다는 사실을 예로 들면서 "의원내각제 개념이 너무 광범위하고 언제든 권위주의체제로 바뀔 수 있지만 그래도 의원내각제만이 권력이 한 사람에게만 집중되는 것을 방지하고 다수 정당에 의한 정부 구성, 사법제도의 독립, 지방정부의 권한 확대 등을 보장할 수 있다"고 했다.[10]

더불어 나발니는 "러시아는 더 이상 차르(황제)를 원하지 않는다. 지금의 러시아 대통령과 크레믈은 모든 권력과 돈을 소유하고 있다. 그러나 중앙과 지방의 권력 배분은 분명 가능하다. 어떻게? 간단하다. 권력의 분배란 자유선거를 보장해 지방의 국민으로 하여금 그들이 원하는 수장들을 뽑고 이들에게 중앙정부가 자치권을 부여하면 되는 것"[11]이라고 했다. 푸틴의 재집권을 막을 수 있는 방법 역시 단순하다며, 러시아의 야당들이 선거에 참여할 기회가 공정하게 주어진다면 집권당인 통합러시아가 의회를 장악할 가능성이 줄고 그렇게 될 경우 푸틴의 장기 집권도 종식될 것이라 단언했다.

나발니는 정치를 파악하고 바라보는 하나의 창(窓)으로서, 언론의 중요성을 수차례 강조해왔다. 물론 친정부 성향의 언론이 선전도구로 변질되는 것에 대한 우려는 지속적으로 제기한다.

나발니는 2011년 출간된 콘스탄틴 보론코프(Константин Воронков)의 저서 『사기꾼과 도둑놈들의 위협(Гроза жуликов и воров)』

에서 "나는 항상 신문을 읽는다. 우리 가족은 신문 이즈베스티야(Изв естия), 모스콥스키 콤소몰레츠(Московский комсомолец), 아르 구멘티 이 팍티(Аргументы и факты) 등을 구독하고 있다. 우리나라 정부의 장·차관이 누구인지 알고 있고 정치적 논의에 항상 참여하며 나만의 견해를 늘 갖고 있다. 어떤 사람이 정치에 관심이 없다고 말하면 그 사람은 그냥 '바보들(Глупы)' 중 하나라고 생각한다.[12] 그렇게 말하는 이가 바보가 아니라면 스스로의 게으름이나 하찮음을 회피해보려는 변명에 불과하다"고 말했다.

나발니는 단순히 신문의 중요성과 구독만을 강조한 게 아니라, 국영 TV도 즐겨 시청한다는 사실, 또한 기회가 되면 꼭 국영 TV에 출연하고 싶다는 희망을 스스로 공개해 눈길을 끌었다.

2012년 『에스콰이어지』 인터뷰에서 "나는 제1채널(Первый кан ал) 뉴스를 시청하려 노력한다. 집권층은 모든 TV 채널에서 항상 똑같이 거짓말을 늘어놓는다. 특히 교묘하게 거짓을 말하기 때문에 괴로울 뿐이다. 집권층은 TV에서 나를 보여주려 하지 않는데, 난 개의치 않는다. 그들은 나를 무시하고 있고, 나 역시 그들을 무시하면 그뿐이다. 내게 제1채널에 출연할 시간이 주어진다면 나는 사람들에게 진실이 무엇인지를 말하고 싶지는 않다. 여러 가지 추상적인 수사(修辭)를 동원할 여유가 내게는 없다. 다만 가장 중요한 거짓말이 어떤 것들인지는 밝히고 싶다. 예를 들어 최근 몇 년 간 우리 러시아가 세계 최대의 석유 수출국으로 2조 달러에 가까운 돈을 벌어들였지만, 모든 오일머니는 푸틴이 고용한 특정인들에게 도둑질당했다. 그들의 이름을 거명하고, 결국 그들이 나라를 배신한 것이며, 오일머니에 대한 세금을 피하기 위해 스위스로 도망쳤다는 팩트, 그리고 그들을 결국 감방으로 보내자는 말을 하고 싶다"[13]고 했다.

특히 친푸틴 성향을 과도하게 드러내는 언론에 대해서는 날선 비판을 주저하지 않았다. 나발니는 2018년 1월 세르게이 야코블레프(Сергей Яковлев)『코메르산트』편집국장이 당시 푸틴 대통령과의 대담에서 친(親)푸틴 발언을 쏟아내자 "『코메르산트』의 많은 기자가들이 불편해 할 수도 있지만, 나는 『코메르산트』가 부패하고 형편없는 신문사라고 생각한다. 코메르산트는 실제로 그렇게 행동해왔다. 수년 동안 『코메르산트』는 '우스마노프의 시녀(Слуги Усманова)'였다"[14]고 말했다. 『코메르산트』는 소련에서 언론 자유가 도래하기 시작한 1989년 언론인 블라디미르 야코블레프(Владимир Яковлев)가 주간지로 창간했다. 1992년부터 일간지로 전환했고 지금도 러시아 신문업계를 대표하는 위상을 갖고 있다.

여기에서 잠깐 우스마노프라는 인물에 대한 설명이 필요하다. 푸틴의 측근 기업인이자 러시아 미디어계의 '큰손'으로 불리는 알리셰르 우스마노프(Алишер Усманов)는 2006년 푸틴의 정적(政敵) 보리스 베레좁스키(Борис Березовский, 1946~2013년)로부터 코메르산트의 지분을 100% 인수했다. 코메르산트 인수는 자신의 성(姓) 우스마노프의 영어표기 Usmanov의 첫 세 알파벳을 딴 USM 홀딩을 통해 이뤄졌다. 그는 코메르산트 외에, 유테베라는 미디어 홀딩을 2009년에 설립해 디즈니채널, 오락·스포츠 전문 채널 '7TV', 음악·연예 전문 TV 채널 'Muz-TV'를 소유하고 있다. 30여 개의 지방 TV 방송국에도 투자하고 있다.

나발니는 이에 앞선 2011년 11월 28일, 자신의 트위터에서 친정부 성향의 TV 방송사들인 RT와 엔테베(HTB) 등을 겨냥해 "당신들은 수

RT는 러시아의 'CNN'이라 불리는 국영 국제뉴스전문 채널이다. 2005년 9월 시험방송을 거쳐 12월 공식 개국했다. RT는 2005년 개국할 당시만 해도 명칭이 영어 'Russia Today'였다. 그러다가 2009년 러시아의 흔적을 지우고 이니셜만 사용해 RT로 개명했다. 2024년 초 현재 방송사에는 전 세계적으로 2000여 명의 언론인이 뉴스를 제작하는 것으로 알려져 있다.

르코프의 선전도구일 뿐이야"라고 깎아내렸다. 나발니가 거론한 '수르코프의 선전도구'란 주권민주주의로 대표되는 푸틴정부의 정치철학 완성과 전파, 집권 여당인 통합러시아 창당, 친정부 청년 친위대인 '나시(НАШИ)' 설립, 언론의 통치수단화 등으로 푸틴의 정치적 안정성에 기여한 블라디슬라프 수르코프(Владислав Сурков)[15)]의 선전방

'우리들의 것'이라는 뜻의 나시는 푸틴을 옹호하는 30세 미만의 젊은이 15만여 명으로 2005년 바실리 야케멘코(Василий Якеменко)가 설립한 것으로 알려져 있다. 하지만 '애국'을 기치로 내걸어 이 단체 설립을 주도한 이는 푸틴의 책사 혹은 크레믈의 회색추기경으로 불리는 블라디슬라프 수르코프(나시 설립 당시 직책은 대통령 행정실 부실장)라는 게 정설이다. 나시의 지도부 인사들은 30세를 넘어서면서 통치엘리트 그룹으로 진출하기도 한다.

출처: Елена Лоскутова, *Юная политика История молодежных политических организаций современной России* (Москва: Панорама, 2008), С. 259–281.

식을 통칭한다.

한편 나발니가 러시아 정치개혁에 관심을 드러낸 시점은 2006년 초반이라 할 수 있다. 공중파 TV의 정치토론을 주관하면서다. 나발니는 2006년 2월, 모스크바시가 운영하는 방송사 테베첸트르에서 '정치 토론(Политические дебаты)' 프로그램을 맡아 정치인 패널들을 상대로 정치개혁 문제를 논의했다. 나발니의 친구인 올레크 코지레프는 "나발니는 2월에 세르게이 카자코프(Сергей Казаков) 등과 함께 토론플랫폼인 '정치토론'을 만들었다. 이 플랫폼은 아마도 나발니가 모스크바에서 처음으로 대중적 인기를 얻는 계기가 아니었나 생각한다"고 회고했다.

나발니가 자신의 정치관을 좀 더 구체화한 계기는 2007년 6월 23일, 나로드(Народ)라는 단체의 결성이다. 나로드는 이른바 민족민주주의를 이념으로 하는 조직이다. 국민 혹은 인민이라는 뜻으로 해석되는 나로드는 축약형이고, 본래는 '민족적 러시아 해방운동(Национальное русское освободительное движение)'의 약자다.

나발니를 포함해 야권의 청년 정치인들인 세르게이 굴랴예프(Сергей Гуляев), 블라디미르 골리셰프(Владимир Голышев), 파벨 스뱌텐코프(Павел Святенков), 표트르 밀로세르도프(Пётр Милосердов), 안드레이 드미트리예프(Андрей Дмитриев), 자하르 프릴레핀(Захар Прилепин) 등이 나로드의 매니페스토(manipesto)를 만들었다.

나로드의 성격을 파악할 수 있는 매니페스토. 그 내용은 다음과 같다.

1. 러시아라는 국가의 주요 과제는 러시아 문명의 퇴보를 멈추고 러시

아 국민, 문화, 언어, 역사적 영토의 보존과 발전 조건을 창출하는 것이다. 러시아의 토착민들은 러시아 문명사에 확고하게 새겨져 있으며 러시아인과 오랫동안 운명을 같이했다. 소수 민족에게는 성공적 동화(同化)와 국가 정체성 보존을 위한 모든 기회가 있다.

2. 키예프공국에서 소련에 이르기까지 모든 형태의 법적 후계자가 현재의 러시아임을 공식 선언하고 러시아 과거, 현재, 미래의 유기적 통합을 복원해야 한다.

3. 러시아인은 유럽에서 (영토적으로) 가장 넓게 분단된 국민이다. 모든 러시아인에게는 러시아 시민권을 얻을 권리와 고국으로 돌아갈 기회가 부여돼야 한다.

4. 모든 권력은 실질적으로 국민에게 있다. 대통령과 지방 수장, 연방회의(상원)와 국가두마(하원) 의원은 직접, 자유선거로 선출돼야 한다.

5. 모든 권력기관에 대한 시민의 통제, 광범위한 정치개혁, 견제와 균형 시스템으로서 진정한 권력 분립은 '위로부터의' 범죄에 대한 우리의 대안이다.

6. 판사, 검사 등의 독립: 우리는 스스로를 불신케 하는 부패한 법 집행 시스템의 해체를 옹호한다. 배심원 재판은 정의에 기초해 이뤄져야 한다.

7. 자기방어(Самозащита)는 모든 사람의 권리다. 러시아의 법을 준수하는 모든 국민은 소형화기를 소유할 권리가 있다.

8. 체첸 공화국의 반군(叛軍) 부대원에 대한 일방적 사면은 용납될 수 없다. 러시아 연방군 가운데 적대행위 가담자는 기소 면제에서 배제돼야 한다.

9. 국가와 시민에게 피해를 준 입법 및 기타 행위의 채택·시행에 직접적인 책임이 있는 사람은 마땅히 책임을 져야 한다.

10. 러시아 국민이 (소련 해체기인) 1991~1992년에 손실을 입은 자산은 보상돼야 한다.

11. 1992년부터 2006년까지 이뤄진 광범위한 민영화는 부당하고 불법적이었다. 주요 민영화 거래뿐만 아니라 주식 대부 경매 결과 등은 원래의 거래가격으로 국가가 환원해야 한다.

12. 합리적인 이민은 국가가 우선순위에 두는 정책이다. 하지만 우리 집에 왔는데도 우리의 법과 전통을 존중하지 않으려는 사람들은 추방돼야 한다.

13. 러시아는 역사적 동맹국들, 특히 트란스니스트리아, 압하지야와 남오세티아의 주권과 자결권을 인정해야 한다.

14. 국영기업과 천연자원 소유주가 언론사의 사주가 되는 것을 법률로 금지할 필요가 있다.

15. '에너지 강대국(Энергетическая держава)'은 실제 이름이 '천연자원 부속물'의 신화에 불과할 뿐이다. 석유와 가스업계의 호황으로 벌어들인 초과 이익은 기술 현대화에 투자해야 한다.

16. 중소기업(Малый бизнес)은 수백만 명의 생존 수단이다. 따라서 이들 중소기업에 대한 지방정부의 세금, 수수료, 국가감사는 면제돼야 한다.

나로드의 매니페스토를 작성할 때의 일화가 있다. 우리에게는 다소 난해한 개념일 수 있으나 한 때 러시아정치권에서 회자됐던 '로시얀스트보(россиянство)' 대 '루스코스티(русскость)' 논쟁이다. 로시얀스트보는 일종의 이데올로기적 용어로, 다른 문화권과 차별화되는 러시아적 특성을 뜻한다. 반면 루스코스티는 인종적 개념에 기반한, 러시아 시민권을 말한다. 때문에 로시얀스트보가 루스코스티보다 넓은 개념으로 통한다. 바꾸어 말하면 로시얀스트보를 강조한다는 것은 이주

트란스니스트리아의 정식 국호는 '트란스니스트리아 몰도바 공화국'으로, 몰도바 내에 위치해 있다. 4,163㎢의 면적에 인구는 약 50만 명이다. 1990년 2월 몰도바로부터 독립을 선언했다. 유엔을 비롯한 국제사회는 트란스니스트리아를 독립국으로 인정하지 않는 반면, 러시아 등 극소수의 국가만이 독립국가로 승인했다. 러시아인과 몰도바인, 그리고 우크라이나인이 전체 인구의 30%씩을 차지한다. 언어는 러시아어, 루마니아어, 우크라이나어를 사용하며, 정식 국호도 세 언어로 돼 있다. 영어로는 트란스니스트리아(Transnistria)와 트란스드네스트르(Trans-Dniestr)를 함께 쓴다.

압하지야와 남오세티야는 2008년 8월 조지아에서 분리, 독립했다. 친서방 성향의 미헤일 사카슈빌리 대통령이 2004년 집권한 이후 자치공화국이자 분리·독립을 추진하던 남오세티야를 상대로 조지아정부가 2008년 8월 8일 전면전을 개시하고, 러시아가 압하지야와 남오세티야를 지원하면서 두 지역은 조지아로부터 독립을 선언했다. 조지아는 러시아를 상대로 한 전쟁 발발 5일 만에 패배를 인정했고, 러시아는 친러시아 성향이 강한 압하지야와 남오세티야 두 나라를 8월 26일 독립국으로 승인했다. 하지만 국제사회는 두 지역의 독립을 인정하지 않고 있다.

나 시민권 부여 등에 그치지 않고 동화를 최종 목표를 하는 것으로 해석된다. 나로드 매니페스토의 1~3번 항목이 이 논쟁과 연관돼 있다.

나로드의 공동 설립자인 세르게이 굴랴예프는 "나와 자하르 프릴레핀은 2007년 4월 나발니에게 '민주적 민족주의(демократический национализм)'의 이데올로기로 나로드의 설립을 제안했다. 이미

2007년 6월에 우리는 하나의 문서를 만들었고, 이게 나중에 가서 나로드의 매니페스토가 됐다. 문제는 용어의 차이로 고민했다는 점이다. 바로 로시얀스트보와 루스코스티였다. 난 일부에서 언급하는 것처럼 나로드의 매니페스토가 민족주의적이지 않다고 생각하며, 글로벌 스탠더드에 부합하는 국제적 프로젝트라고 판단했다. 매니페스토의 맥락을 보면 소수 민족을 포함한 모든 러시아 국민은 발전과 다른 사람들 사이에 동화될 기회가 모두 부여된다고 적혀 있다. 그런 차원에서 (인종적 관점에 기초한) 루스코스티 대신 로시얀스트보를 채택한 것이다. 그 후(2007년 12월을 의미) 나발니는 소속 정당이었던 야블로코와 과격 민족주의 관련 갈등을 겪었고 결국 출당 조치됐다"고 밝혔다.

젊은 야권 정치인들과 야심차게 출발했던 나로드는 2008년 6월 8일 새로운 정치적 민주주의 포럼을 열고, 극단적 민족주의 성향의 정당 '위대한 러시아(Великая Россия)', 민족주의 단체들인 '불법이민 반대운동(Движение против нелегальной иммиграции)' 및 '러시아사회운동(Русское общественное движение)' 등과 협력 협정을 맺음으로써 외연 확장 시도에 나섰다.

하지만 과격한 민족주의 성향에 대한 각계의 우려로 별다른 주목을 끌지 못하고 2010년 경 소리소문없이 자취를 감췄다. 나발니는 2011년 주간지 『노보예 브레먀(Новое время)』와의 인터뷰에서 "여러 가지 이유로 나로드가 조직화되지는 못했으나 이념적으로 나로드는 옳은 방향이었고 많은 이들에게 수용됐다고 생각한다"[16]고 밝혔다.

나로드의 동력이 약화한 2010년대 들어 나발니는 오히려 본격적인 정치개혁 프로젝트를 실행에 옮기기 시작했다.

로스비보리(РосВыборы, 러시아선거)

러시아의 다양한 선거 과정이 공정하게 진행되는지 모니터링하고 감시하기 위해 나발니가 2012년 1월에 설립한 인터넷 사이트다. 2010~2011년 로스필과 로스야마 프로젝트에 관여한 이들의 도움으로 개설한 이 사이트는 선거 기간에만 운영된다. 총지원자 4만 7,000명 중에서 선발된 1만 7,000여명의 자원봉사자로 채워졌다. 자원봉사자들은 특히 2012년 3월 4일 치러진 대통령 선거 감시인단으로 등록하기 위해 교육을 받기도 했다.

로스비보리의 로고는 상층부에 부정선거 감시용 카메라, 그 아래로 왼쪽에 투표수를 정확하게 파악하기 위한 계산기, 오른쪽에는 올바른 투표를 위한 기표용 표지판 등으로 구성했다.

개설 초기 나발니는 모스크바와 상트페테르부르크, 예카테린부르크, 카잔, 우파 등 인구 100만 명이 넘는 러시아 대도시에서의 선거 밀착 감시를 목표로 했다. 하지만 '대도시 국한'이라는 경계는 곧 허물어졌다. 2012년 4월 1일 실시된, 모스크바 동쪽의 중소도시 야로슬라블 시장 선거에서도 로스비보리가 활약한 것이다. 야로슬라블의 인구는 약 60만 명 수준이다.

그러나 러시아연방공산당을 제외하고 야블로코를 비롯한 야당들의 저조한 참여 등으로 활력을 상실하면서 2017년 1월 사이트는 닫혔고, 로스비보리의 페이지는 부패와의 전쟁재단으로 통합됐다.

나발니는 인터넷매체 렌타루와의 인터뷰에서 "기대한 것보다 추진 동력이 떨어지고 결과도 좋지는 않았지만, 로스비보리가 러시아에서 처음 시도한 프로젝트였다는 점을 감안해야 한다. 러시아투표소에서

여태껏 이런 장면을 본 적이 없지 않은가"라고 자평했다.[17]

자바스톱카 이즈비라텔레이(Забастовка избирателей, 유권자 파업)

2018년 3월로 예정됐던 러시아 대선을 겨냥해 4개월 전인 2017년 12월부터 조직한 일종의 투표 거부 행동이다. '선거 보이콧(бойкот выборов)'이라고도 불린다.

이 운동은 4개 행동강령을 갖고 있다. ▲우리는 푸틴 대통령의 재임(再任)을 위한 선거를 거부한다 ▲우리는 투표소에 가지 않는다 ▲자신뿐만 아니라, 모든 국민이 투표소에 가지 않도록 촉구한다. 이를 위해 모든 힘을 다해 캠페인을 벌일 것이다 ▲우리는 권력층이 가짜로 투표소에 등장하는 것을 감시하겠다[18] 등이 그것이다.

실제로 2018년 1월 28일 러시아 전역에서 자바스톱카 이즈비라텔레이의 시위가 벌어졌다. 나발니 측은 수도 모스크바에서만 5,000여명 이상, 제2의 도시 상트페테르부르크에서 약 3,000명 등 러시아 118개 도시에서 수만 명이 참가했다고 밝혔다. 하지만 러시아 내무부는 불과 46개 도시에서 3,500명 가량 참가했다고 발표했다.

자바스톱카 이즈비라텔레이 프로젝트는 그러나, 중앙선거위의 대선후보 등록 거부에 대한 나발니의 '한풀이' 성격이 있어 순수성을 의심받았고 유권자의 정당한 투표 권리를 방해한다는 지적까지 잇달았다. 자연 국민의 참여가 저조해 주목할만한 성과를 이뤄내지는 못했다.

푸틴 정적, 나발니의 생애: 러시아정치의 앞날은

움노예 골로소바니예(Умное голосование, 현명한 투표)

2018년 11월 28일에 시작한 프로젝트다. 연방(중앙)차원이든 지방차원이든 각종 선거에서 집권당인 통합러시아 후보를 떨어뜨리고 야권 후보의 당선을 노린 것이다. 약칭 '움그(УмГ)'라고 쓰는 것이 러시아에선 더 일반적이다. 스마트폰 등에서 사용할 수 있는 일종의 어플리케이션(application)인데, 유권자가 자신의 거주지를 입력하면 해당 선거구 내에서 여당을 이길 가능성이 가장 높은 야권 후보를 알려주도록 설계돼 있다.

나발니는 움노예 골로소바니예를 거론하면서 '적의 적은 나의 친구(Враг моего врага - мой друг)'라는 논리를 자주 거론했다.

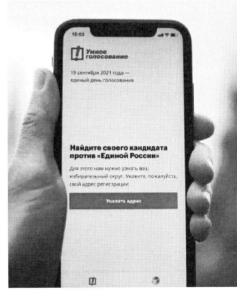

이 때문에 민주주의 원칙 위배 논란도 거셌다. 우선 유권자들은 야권 후보의 정치적 성향이나 공약은 무시한 채 당선 가능성만 염두에 두고 한 후보만을 선택하기 때문에 해당 후보자가 당선되더라도 민의를 제대로 반영하지 못할 위험이 있다. 또한, 여권 후보와 야권 후보의 맞대결만 상정하기 때문에 야권의 군소후보는 무시될 확률이 높다는 것이다.

그럼에도 이 앱을 이용한 선거 전략은 2019년 여름 모스크바시 두마 선

▶ 움노예 골로소바니예 어플리케이션의 실제 작동 모습.
출처: www.euronews.com

거를 비롯, 여러 선거에서 유효하게 작용해 다수의 여권 후보가 낙선했다. 가장 명확한 사례는 기초의원 1,560명을 뽑는 2019년 9월 8일의 상트페테르부르크 지방선거였다. 움그를 통해 기초의원에 당선된 후보가 전체 1,560명 중 무려 366명이었다는 분석이다. 여당인 통합러시아는 직전 선거였던 2014년의 1,187명에서 238명이 줄어 949명의 당선자를 내는 데 그친 반면, 전체 야권의 당선자는 611명으로 늘었다. 야권 당선자 가운데 60%인 366명이 움그의 효과를 톡톡히 봤다는 것이다.[19]

이 때문에 움그는 나발니의 국내정치 개혁 프로그램 중 '최대 성공작'이었다고 평가받는다.

하지만 역설적으로 이런 성과 때문에 정부의 미디어 등록·관리·감독기관인 러시아 통신정보기술매스컴감독청(Роскомнадзор)[20]이 2021년 9월 금지 웹사이트로 규정해버렸다. 추가로 러시아 최대 포털사 얀덱스(Яндекс)는 검색엔진에서 움그 사이트를 삭제했으며 가장 대표적인 구글플레이와 앱스토어에서도 움그앱은 자취를 감췄다.

한편 나발니는 2018 대통령 선거 출마를 선언하면서 정치 분야 정책프로그램을 6개 공약으로 정리했다. 주로 대통령의 기능을 축소하는 대신, 의회의 역할을 강화하는 데 초점을 맞췄다. 나발니의 정치적 비전이 압축된 6개 공약은 다음과 같다.

① 초대통령제의 러시아를, 대통령제와 의원내각제를 혼합한 정치형태로 바꿔야 한다. 그러기 위해서는 지금 시점의 대통령이 연임이든 아니든, 대통령 임기를 현행 6년에서 4년으로 환원하고 중임만 가능하게 하며, 국가두마 해산권 등 대통령 권한의 일부를 제한해야 한다.

② 공정한 선거를 통해 국가두마를 다시 구성하고 그 권한을 확대하되, 임기는 현재의 5년에서 1년을 줄여 4년으로 조정해야 한다.

③ 정당 등록을 비롯해 선거 관련 여러 가지 위헌적 '필터(фильтр)'를 제거해야 한다. 위헌적 필터란 이를테면 무소속으로 선거에 출마하기 위해서는 유권자 1%의 서명이 필요하다는 것이다. 아울러 국가두마의 진입장벽을 (지금의 5% 득표 이상에서) '3% 득표 이상'으로 낮춰야 한다.

④ 국민투표와 지방 자체의 주민투표가 가능하도록 국가두마와 지방두마의 권한을 확대한다.

⑤ 연방회의(상원) 의원을 국민의 선거로 선출해 의원들이 실질적으로 일하는 기관으로 만든다. 이는 연방회의 직선제가 아닌 지명식 선출이라는 점을 염두에 둔 것이다. 러시아 법률에 따르면 연방회의 의원은 80여 개 연방주체별로 2명씩 선출한다. 연방주체 의회가 입법권 대표 1명을 선출하고, 나머지 한 명인 행정권대표는 연방주체의 수장이 지명하는 방식이다.

⑥ 행정부 견제가 가능하도록 국가두마(하원)와 연방회의(상원)의 권한을 확대한다.

이와 유사한 맥락에서 나발니는 러시아의 근간인 연방제도의 개혁을 주장했다. 그는 연방제를 주권, 법치, 권력 분립과 더불어 러시아 국가성(國家性)을 구성하는 중요한 요소 중 하나로 인식했다. 특히 연방제의 핵심인 중앙과 지방의 권력 분담을 강조했다. 나발니는 "푸틴 대통령에게 과도하게 집중된 권력을 견제하고 러시아 전체의 균형발전을 보장하며, 투자확대를 보장하는 장치로서 연방제가 새롭게 기능해야 한다"고 말했다.

이는 푸틴 대통령이 2000년 집권 이후 중앙 권력 강화를 위해 지속적으로 개편해온 연방제를 거스르는 것이다. 푸틴 대통령은 2000년 5월 러시아 전역을 서쪽에서 동쪽으로 북서, 중앙, 볼가, 남부, 우랄, 시베리아, 극동 등 7개의 연방관구로 재편하고 각 연방관구에 연방대통령전권(全權)대표를 임명하면서 관구 검찰·경찰까지 설치했다. 전권대표 규정에 따라 각 전권대표는 대통령을 대신해 연방관구에서 모든 권한을 행사하고 관리·감독하며 그 결과를 대통령에게 직접 보고할 의무를 갖는다. 또한, 2001년부터 모든 부가가치세를 연방 세입으로 하는 조치를 시행했다. 급기야 2004년 9월에는 80여개 연방주체 행정수장에 대한 지역주민의 직선제를 폐지하고 대통령이 임명하기에까지 이른다. 비록 푸틴 대통령이 2012년 세 번째 대통령 임기를 시작하면서 '민주화 확대'의 일환으로 지방수장 직선제를 부활했지만 지금도 지방정부 수장은 사실상 대통령이 임명하는 것과 다를 바 없다. 이렇듯 푸틴은 탈집권화돼 있던 러시아 연방구조를 전면적으로 수술, 권력의 수직적 통합을 꾀함으로써 중앙집권적 연방제로 탈바꿈시켰다. 나발니의 연방제도 개혁안은 바로 이 같은 푸틴식 연방제를 뒤엎겠다는 의미다.

또한, 나발니의 연방제는 고르바초프 전 소련 대통령이 1991년 12월 소련 해체 직전까지 주장했던 신연방 조약과 다른 듯, 닮았다는 평가가 나온다. 고르바초프의 신연방 조약안은 소련과 소련 내 다소 이질적인 15개 공화국 간의 관계를 설정한 것인 반면, 나발니의 연방제 개혁안은 러시아연방과 그 연방 내 80여개 연방주체와의 관계를 다루고 있기 때문이다. 그러나 성격상 이질적인 공화국이든, 현재 러시아 연방주체들이든, 이것들에 자치권을 대폭 부여함으로써 견제와 균형 발전의 효과를 노린 것은 사실상 다름이 없다 하겠다.

나발니는 예산 권한에 대해 지금까지 연방 차원에 집중됐던 것에서 벗어나, 앞으로는 지방으로 더 많이 분배돼야 한다고 주장했다. 오늘날 지출예산 가운데 연방과 지역의 비율은 60:40이지만, 4년 후에는 50:50이 돼야 하고, 8년 후에는 45:55가 돼야 한다는 게 나발니 측의 생각이다.

이와 관련, 나발니의 경제 프로그램에 대한 밑그림은 정치 분야에 비해 상대적으로 빈약하다는 평가를 많이 받는다. 그의 경제관을 함축적으로 나타내는 단적인 표현. 바로 '나의 경제 프로그램은 오직 부패와의 전쟁이다'라는 것 때문이다.

이는 나발니가 2012년 3월 1일자 경제지 『베도모스티』에 기고한 글에서 나왔다. 나발니는 이 기고에서 "당신의 경제 프로그램이 무엇이냐고 묻는다면 내 답은 간단하다. 바로 부패와의 전쟁이 나의 경제 프로그램이다. 이는 당장 내일이라도 시작할 수 있는 유일한 구조적 개혁이고, 다른 개혁프로그램 출발의 선결 조건이다. 이 같은 개혁을 실천하는 데 있어 오로지 정치적 의지만 있으면 충분하다. 많은 돈도 필요 없다. 러시아의 근본적인 사회·경제·안보문제를 해결하는 데 있어 가장 중요한 밑거름은 정직한 국가일 것이다. 안타깝게도 국제투명성기구(TI)가 발표하는 부패인식지수(CPI) 순위에서 우리 러시아는 나이지리아나 우간다와 비슷하다. 정직한 국가는 '자원의 저주(석유와 가스, 광물 등 천연자원이 풍부한 국가가 그렇지 않은 국가들보다 경제 성장이 낮은 역설적 현상)' 문제를 해결하는 데도 도움이 된다. 호주, 캐나다, 노르웨이, 칠레같은 나라들은 부패 없는 깨끗한 정부가 결국 천연자원을 기반으로 발전을 이끈, 모범적 사례다. 결국 중요한 포인트는 자원이 아니라, 부패의 문제라는 것이다"[21]고 주장했다.

나발니 스스로가 인정한 것처럼, 2018 대선 이전까지 경제정책의 중심축은 부패 해결이었고 여기에 100%의 힘을 쏟았다. 다른 경제 사안은 거론조차 하지 않았다. 왜 그랬던 것일까. 그 이유는 두 가지 차원에서 해석이 가능하다.

먼저 러시아 경제정책에 대한 심각한 고민보다는, 부정부패 이슈를 둘러싼 선명성 경쟁에서 푸틴 측을 눌러보려는 의지의 산물이란 평가다.

러시아의 부패 문제는 심각함의 정도를 넘어 국가적 재앙 수준이라는 데 나발니든, 푸틴이든 그 어떠한 정치세력도 이견이 없다. 모스크바 싱크탱크 인뎀(INDEM)에 따르면, 부패로 인해 발생하는 러시아의 연간 손실 비용은 최소 3,000억 달러에서 최대 5,000억 달러에 이른다.[22] 러시아의 연간 GDP(국내총생산)가 1조 5,000억 달러임을 고려할 때 GDP의 1/5~1/3을 차지하는 셈이다. 부패가 만연한 이유도 다양하고 복잡하다. 제정러시아 시절부터 이어져 온 차르의 절대 권력과 소련 공산주의 통치에 따른 법치(法治)의 결여, 소련 해체 후 체제 전환 및 사유화 과정에서 나타난 정경유착과 경제의 붕괴, 부패에 대한 국민 다수의 인식 부족, 정실(情實)과 연고주의에 관대한 러시아의 문화적 특징 등이다.

이런 부패 문제를 당연히 나발니만 거론하는 게 아니다. 나발니가 표적으로 삼는 푸틴 정권도 2000년 출범 이후 부정부패를 사회 전반을 좀먹는 원인으로 규정하고, 근절을 위한 법제화 등 부패 척결을 지속적으로 추진해왔다. ▲2002년 8월 공무원의 청렴한 복무규정에 관한 대통령령 발표 ▲2008년 5월 부패 방지 대책에 관한 대통령령 발표 ▲2008년 12월 부패방지에 관한 연방법 채택과 발효 ▲2009년 5월 국가 고위직 임명자의 재산 공개에 관한 대통령령 발표 ▲2013년

4월 부패 방지에 관한 연방법 개별조항 시행을 위한 대통령령 발표 ▲ 2013년 12월 대통령 직속 부패방지국(局) 설치에 관한 대통령령 발표 등의 조치가 그것이다. 이밖에 2014년부터는 2년 혹은 3년 단위로 국가부패방지계획 시행을 점검하도록 하고 있다.

부정부패와 연관된 것으로 의심되는 공직자 200여 명의 해임 등 푸틴 정권이 일부 가시적인 성과를 낸 것도 사실이다. 2013년 부패방지법 개별조항 시행을 위한 대통령령이 발효된 이후 대통령 행정실이 주관해 공직자 신고재산을 점검한 결과, 대상 공직자 13만여 명 가운데 허위 신고나 재산을 누락한 차관급 이상 고위 공직자 8명을 포함해 모두 200명을 해임했다.[23] 푸틴 정권은 이를 바탕으로 반부패 정책에 드라이브를 가하려 그해 12월 대통령 직속 부패방지국을 설치했다는 견해가 있다.

따라서 푸틴 정권의 노력 차원을 뛰어넘고, 복잡한 경제정책에서 선택과 집중을 기하려 나발니가 '나의 경제프로그램 = 부패와의 전쟁' 등식을 강조한 것이라고 볼 수 있는 것이다.

둘째 나발니 주변에는 푸틴처럼 경제정책 수립을 뒷받침할만한 실물경제 전문가나 이론가, 기업인들이 크게 부족했고 이들의 지원을 받을 수 없어 부패와의 전쟁 전략 하나로 승부수를 띄웠다는 측면이다.

1999년 8월 옐친 정권에서 총리 권한대행이 되며 정치권에 몸담은 푸틴은 그해 12월, 싱크탱크인 '전략연구센터(Центр стратегических разработок)'를 설립했다. 당대 최고의 전문가들인 역대 센터장과 임원의 면면만 봐도 입이 딱 벌어질 정도다. 게르만 그레프(Герман Греф) 스베르방크(국영은행) 이사회 의장(전 경제개발통상부 장관), 알렉세이 쿠드린(Алексей Кудрин) 감사원장(전 부총리 겸 재무부 장관), 엘비라 나비울리나(Эльвира Набиуллина) 중앙은행 총재(전 경제개발부 장관) 등이 그들이다. 이들 전문가 집단은 사회경제정책, 지역경제, 독점과 규제정책, 인프라와 에너지산업, 디지털 경제, 투자 등을 연구하고 실행계획을 담아 푸틴 정권의 정책을 수립하고 조언했다. 반면 나발니 진영에는 경제학자들이 일부 지원사격만 했을 뿐 경제로드맵을 기획할만한 실물경제 전문가가 태부족해 부패와의 전쟁에만 매달릴 수밖에 없었다는 분석이다.

부패와의 전쟁으로 단순화했던 나발니의 경제관은 시간이 흐르면서 좀 더 구체화하기는 했다. 2018년 대선을 앞두고 펴낸 경제공약집에서 그는 분야별 프로그램을 나름 조목조목 설명했다. 세부 내용은 다음과 같다.

◆ 적정한 임금 지급: 러시아의 최저임금은 세계에서도 하위권에 속하는데, 이를 2만 5,000루블로 상향해야 한다. 지금은 러시아 국민의 절반 이상이 월 2만 5,000루블 미만을 받고 있다. 러시아인들은 이 돈으로 기본적인 의식(衣食)만 해결하는 등 생존을 위한 사투를 벌이고 있다고 본다. 최저임금을 인상해야만 다시 경제를 일으키고 적절한 일자리를 만들 수 있다.

◆ 노령연금의 상향: 고령자에게 양질의 노령연금을 제공하겠다. 평균 1만 3,000루블 정도인 수급액을 2만 5,000루블로 높이기 위해 러시아 연방연금기금을 폐지하고, '노르웨이식의 정부연기금(석유생산과 수출 흑자로 발생한 이익으로 적립한 연기금)'을 만들어 대체한다. 국부펀드의 자금, 가즈프롬(국영가스회사)과 로스네프트(국영석유회사) 등 상장 국영기업의 주식과 이들로부터 지급되는 배당금, 국유재산의 민영화에 따른 소득을 이 자금으로 이전한다.

◆ 부패와 독점 및 관료적 규제가 없는 경제의 실현: 푸틴의 경제시

2023년 6월 현재 월급 기준 1만 5,279루블은 러시아연방의 평균 최저임금이며, 모스크바 등 일부 지역은 2만 3,500루블을 넘는 곳도 있어 지역 간 격차가 큰 편이다. 러시아의 최저임금은 IMF 기준으로 세계 80위권 정도에 속한다.

스템 작동 원리는 단순하다. 정직한 기업가와 일반 국민이 지불하는 수수료를 지속 인상해 소수의 관리, 친척, 친구 그리고 그들과 연결된 독점 기업의 이익을 도모한다. 우리가 추구하는 경제시스템은 완전히 다르다. 국가가 중요한 사회 기반 시설(의료·교육·교통·연금시스템)을 제공하되 경제생활에 개입하지 않는 시스템을 지향하며 대규모 국가 독점은 존재하지 않는다.

우리나라의 가장 큰 문제는 부패다. 사회프로그램 개발이나 자금 조달에 사용할 수 있었던 수십억 루블은 도난당하고 정부와 가까운 사람들을 더욱 풍요롭게 하기 위해 쓰인다. 규제를 철폐하고 정부 관리의 숫자를 줄이면 비즈니스에 개입할 여지가 줄어든다.

전략경제 분야만 독점을 유지하는 대신, 경쟁체제를 도입하겠다. 전체 은행의 3분의 2를 통제하며 몸집을 키우고 이자 놀이를 하는 국영은행을 개편하고, 경쟁체제를 도입하는 민영은행들이 합리적 이자와 매력적인 서비스를 제공토록 하겠다.

◆ 중소기업 세금 폐지와 고용주 부담 완화를 통한 고용 증가: 일자리를 늘리고 사회 안정을 꾀하는 데 있어 중요한 위치를 차지하는 중소기업 세금을 폐지한다. 또한, 고용주가 인건비 외에 추가로 납부해야 하는 30%의 세금(연기금 22%, 의료보험 5.1%, 산재를 뜻하는 사회보험 2.9%)을 15%로 인하해 민간경제 분야의 임금 인상 장벽을 제거하겠다.

기업인들은 위축되지 말고, 전진하라(Предприниматели, вперёд)!

◆ 주택가격 인하: 오늘날 정부 관리들은 대부분 엘리트 주택을 짓는 동료 개발자들을 위해 엄청난 규모의 토지를 보유하고 있다. 토지는 공무원이 독점하고 건설 시장은 정부와 관련된 기업이 독점하고 있기 때문에 저렴한 주택을 많이 짓던 옛날은 요원해졌다. 이런 시장 구조를 개선해 공무원의 폭리를 없애고, 토지분배와 건설계약의 투명성을 보장함으로써 주택가격을 낮추겠다.

◆ 교육과 의료비 지출 확대: 인적 자원에 대한 투자는 탈산업화시대 경제의 핵심이며, 이를 위해 교육과 의료지출을 확대하겠다. 경제협력개발기구(OECD) 국가들의 평균 의료와 교육비 지출은 각각 GDP의 9%, 5.2% 수준이다. 러시아가 이 수준에 도달하려면 의료지출은 GDP의 3.5%에서 7%로, 교육지출은 3.7%에서 5.5%로 늘려 민간투자를 자극해야 한다.

▲ 모병제(Контрактная армия)로의 전환: 현재 18~27세 사이의 러시아 남성은 1년간 의무적으로 병역이 부과되는 징병제를 채택하고 있다. 그러나 징병제는 전투의 효율성을 저해하기 때문에 폐지돼야 한다. 월평균 급여가 20만 루블가량 되는 고임금 직업군인을 50만 명 정도 충원하겠다. 러시아의 연간 국방예산이 3조 3,000억 루블인데, 50만 명의 모병을 활용하면 1조 2,000억 루블의 예산으로도 충분하다. 3조 3,000억 루블 가운데 방위산업의 독점적 위치를 꺾고 경쟁을 도입하면 군비지출을 줄이고 고품질의 군사장비 공급이 가능하며 모병제 인건비도 충분히 감당할 수 있다.

◆ 세수(稅收) 재분배를 통한 중앙과 지방의 균형발전: 한해 러시아가 거둬들이는 세수 가운데 상당부분은 연방차원이 아닌, 지방에 남겨둬야 한다. 특히 주류·담배·자동차·유류 등에 부과되는 특별소비세의 경우는 군이 연방으로 분배할 필요가 없다. 징수된 세수는

보통 연방에 70, 지방에 30(연방과 지방 비율은 68:32 정도가 더 적절)이 분배됐으나 이 비율은 50대 50으로 조정돼야 한다. 푸틴 정권에서 세수가 연방에 집중됨에 따라 연방주체 등 많은 지방자치단체가 실질적 권한과 소득 기반을 상실했으니 이를 바꿔 강력하고 재정적으로 독립된 지방자치 정부를 만들어야 한다.

나발니의 경제정책이 갖는 심각한 문제점은 좌파 포퓰리스트, 특히 소련 시대로의 회귀를 목표로 하는 러시아연방공산당의 구호들과 궤를 같이 한다는 점이다. 또한, 경제 공약에 포함된 재원조달 방법의 불투명성과 비현실성 등도 커다란 문제로 지적된다.

근로자의 월 최저임금을 2만 5,000루블로 인상하겠다는 나발니의 구상이 바로 그런 케이스다. 2023년 초 현재의 최저임금보다 67% 인상하겠다는 계획인데, 어떤 근거로 인상안을 마련한 것인지에 관한 설명이 없을뿐더러, 재원 조달은 어떻게 할 것인지, 인상할 경우 기대효과는 어느 정도인지 등이 불분명하다는 것이다. 나발니의 이런 계획에 대해 심지어 저임금에 시달리는 대부분의 중소기업조차 회의적인 입장을 보여 왔다.

이민 등 사회문제 해결방안

나발니는 2005년 3월 청년사회운동조직 '다!'의 설립 이후 다채로운 사회운동을 벌여왔다. 때문에 정치·외교·경제 분야 등에 비해 사회분야 정책프로그램은 다양하고 스펙트럼 또한 넓어 국민 호응도 높은 편이었다. 시기적으로 정리해보면 다음과 같다.

표 5.2   나발니가 시작한 여러 사회운동들

시작시기	프로젝트명	프로젝트 내용	비고 (주관 조직)
2005년 3월	다!(ДА!)	청년의 사회운동 적극 참여를 독려	
2005년 5월	밀리치야 스 나로돔(Милиция с народом)	경찰서에서 인권 유린 행위가 있었는지 등을 감시	야블로코
2005년 5월	다, 자 스보보두 스미(ДА! за свободу СМИ!)	언론의 자유가 보장되는지 검증	야블로코
2006년 2월	정치토론(Политические дебаты)	각종 사회 이슈에 대한 토론 활성화	야블로코
2007년 6월	나로드(Народ)		
2010년 12월	로스필(РосПил)	공공조달부문의 부패를 막기 위해 관련 내용을 온라인에 게시 및 공고	부패와의 전쟁재단
2011년 5월	로스야마(РосЯма)	도로에 발생한 구덩이나 싱크홀 등에 대한 신고	부패와의 전쟁재단
2012년 1월	로스비보리(РосВыборы)	선거 과정이 공정하게 진행되는지 모니터하고 감시	부패와의 전쟁재단
2012년 5월	도브라야 마시나 프라브디(Добрая машина правды)	정부의 부패와 권력남용에 관한 정보(선전용자료)의 대중적 확산	부패와의 전쟁재단
2012년 11월	로스제카하(РосЖКХ)	정부가 주도한 주택, 도로 정비 분야에서의 불만사항 신고	부패와의 전쟁재단
2013년 4월	로이(РОИ, Российская общественная инициатива)	러시아의 공공 이니셔티브	
2017년 12월	자바스톱카 이즈비라텔레이(Забастовка избирателей)	선거 보이콧의 일종으로, 푸틴을 지지하는 투표 거부	

계속 ▶▶

푸틴 정적, 나발니의 생애: 러시아정치의 앞날은

시작시기	프로젝트명	프로젝트 내용	비고 (주관 조직)
2018년 6월	펜시야(Pensiya.org)	노령연금 등 각종 연금의 수급 연령 상향에 반대	
2018년 11월	트렌딩투데이 (trrrending.today)	정부의 검열을 막기 위해 트위터 텔레그램 인스타그램 등 자신의 SNS에 접속할 수 있는 원격접근허브	
2019년 1월	프롭소유즈 나발노보 (Профсоюз Наваль ного)	노동자들이 공정한 임금을 수령하도록 온라인에서 투쟁	

그가 계획하고 실행에 옮긴 사회문제 해결방안들은 부패가 만연한 러시아 정부기관을 상대로 한 행정개혁의 일환이라고 보는 것이 타당하다는 의견도 적지 않다.

밀리치야 스 나로돔(Милиция с народом, 국민과 함께 하는 경찰)

2005년에 시작했다. 경찰을 비롯한 법 집행기관이 인권 보호에 배치되는 행동이나 불법행위를 했는지 등을 감시하는 게 목적이다. 모니터링 결과 법 집행기관의 인권 유린 행위가 발견되면 인권활동가들과 함께 불법 구금된 민간인 피해자들을 위해 법률적 서비스를 제공한다.

훗날 우크라이나 벨라루스 아르메니아 타지키스탄 몰도바 등 러시아 인근의 옛 소련 국가들로 확산했다. 이들 국가에서는 "폴리치야 스 나로돔(Полиция с народом, 뜻은 '국민과 함께 하는 경찰'로 동일)"이라는 형태로 운용하면서 경찰 당국의 인권 유린 행태를 고발했다. 다만 시간이 흐르면서 경찰의 불법행위 감시보다는, 시위 현장에

서 폭력적인 진압을 하지 말아달라고 경찰 측에 촉구하는 의미의 구호
로 더 많이 사용됐다. 밀리치야 스 나로돔을 형상화할 때 경찰의 친근
한 이미지를 부각한 이유이기도 하다.

가장 최근인 2020년 8월 벨라루스. 독재자 알렉산드르 루카셴코 대
통령에 맞서 야권 대선 후보로 출마한 스베틀라나 티하놉스카야(Све
тлана Тихановская)가 평화적 시위를 벌이는 과정에서 경찰의 진
압으로 시위 참가자들이 분노하자 경찰과 군중 모두를 향해 '국민과
함께 하는 경찰, 그리고 국민은 그런 경찰과 함께 한다(Милиция с
народом, а народ с милицией)'라고 호소했다. 경찰에는 적법행
위를 넘는 진압 자제를, 국민에게는 독재 정권의 명령으로 진압에 나
선 경찰에 대한 포용을 각각 강조한 것이다.

▶ 러시아 경찰의 친근한 이미지를 강조한 밀리치야 스 나로돔.
출처: www.navalny.com

푸틴 정적, 나발니의 생애: 러시아정치의 앞날은

러시아의 행진(Русский марш)

2005년 11월 4일 러시아 '민족단합의 날'을 맞아 민족주의를 표방하는 이들이 벌인 행진 행사다. 2005년 이후 연례행사로 치러졌고, 러시아 주요 도시 외에 CIS의 여러 나라들에서도 개최됐다. 나발니는 2006년 집회부터 주도적으로 참여했다.

심벌(symbol)로는 1858~1896년 러시아제국 시절에 쓰였던, 이른바 '제국기'와 동일한 검정-노랑-흰색의 3색기를 사용한다. 흰색-파랑-빨강의 현재 러시아 3색기와 다른 제국기다. 제국기를 국기(國旗)로 승인한 제정러시아 황제는 알렉산드르 2세(1855~1881년 재위)였다. 검정색과 노랑색은 당시 황금색 배경에 검은 쌍두 독수리로 표현된 러시아 전통 국가문장(紋章)에서 가져왔고, 흰색은 러시아의 수호성인(聖人) 게오르기우스의 색이었다. '러시아의 행진' 심벌 제국기가 1991년 소련 붕괴와 러시아 탄생 이후 국기로 자리잡은 흰색-파랑-빨강의 3색기와 다른 이유는 뭘까. 현 3색기는 러시아정부의 공식 설명은 없지만 슬라브계 3개국인 벨라루스(흰색)·우크라이나(파랑)·러시아(빨강)의 통합을 뜻한다는 해석이 많다. 반면 제국기는 슬라브민족을 우선시하고 다른 민족은 상대적으로 소외되는 차원이 강하기 때문에 러시아의 행진 상징으로 썼다는 분석이 있다.

러시아의 행진 주요 슬로건은 행사연도나 성격에 따라 약간씩 다르지만 공통적인 내용들도 있다. △러시아에 영광을(Слава России)! △점령 종식-러시아 민족에 자유를(Конец оккупации-свободу русской нации)! △러시아인들이여 전진하라(Русские вперёд)! △러시아인을 위한 러시아를(Россия для русских)! △러시아인이

▶ 2011년 11월 4일 모스크바에서 열린 '러시아의 행진' 행사에 참석한 나발니.

출처: 나발니 인스타그램.

없다면 당신도 없고 러시아도 없다(Не будет русских-не будет в ас-не будет России)! △정의와 연대, 저항(Справедливость, Солидарность, Сопротивление) 등이다.

슬로건만 봐도 민족주의 성향이 물씬 풍긴다는 지적이다. 심지어 일각에서는 독일 나치가 연상될 만큼, 과격한 민족주의 성격이 슬로건에서 드러난다고 비판했다.

로스필(РосПил)

2010년 12월 나발니가 정치행동가 류보비 소볼(Любовь Соболь) 등 5명과 함께 시작한 프로젝트다. 공공조달 부문의 부패를 뿌리 뽑겠다는 게 목표다. 서방권에서는 지극히 당연한 절차지만, 행정에 필요한 물자 조달 등을 러시아 각급 단위 행정기관이 온라인에 게시 및 공고해 공개 입찰을 하도록 하는 것이다. 낙찰 정보 또한 온라인에 반드시 게시하도록 했다. 국민의 호응이 뜨거워 2012년 말 기준으로 1,600만 루블의 기부금이 로스필 프로젝트를 응원하기 위해 모였다.

온라인을 활용, 기부금을 모으는 한편 전문가그룹을 프로젝트에 활용했다는 점에서 로스필은 나발니 반부패 운동의 새로운 단계라는 평가를 받는다.

러시아 국가문장에 존재하는 두 마리의 독수리가 발톱(러시아어로 필라[пила]) 대신 톱(러시아어로 라스필[распил])을 장착, 부패를 잘라내겠다는 의미라고 한다. 로스필은 바로 이런 라스필의 변형 표기라는 설이 있고, 또 러시아를 뜻하는 접두어 로스(Рос)에다 부패척결을 뜻하는 라스필의 필(Пил)을 합성했다는 이야기도 있다. 후자에 더 무게가 실린다.

로고 때문에 마찰이 발생한 적이 있다. 2011년 3월, 집권당 통합러시아 출신 파벨 지랴노프(Павел Зырянов) 국가두마 부의장(국회 부의장)은 로스필 로고가 본연의 러시아 국가 문장을 희화화하고 모욕했다며 검찰에 문제를 제기했다. 그러나 범죄혐의가 없어 재판으로까지는 이어지지 않았다.

로스필 프로젝트 참여자는 두 부류로 구성됐다. 하나는 전문가그룹이다. 이들은 조달 과정에 문제가 있는 부분을 찾아내는 역할을 담당하며 대부분 자원봉사자다. 다른 하나는 유리스트(법률가)들이다. 전문가그룹이 찾아낸 조달 과정의 문제점들을 반독점청과 같은 관계당국에 신고하고 구매취소 등을 유도하는 역할을 맡았다. 유리스트는 로스필이 모금한 기금에서 급여를 받았다.

로스필 프로젝트는 590억 루블 어치의 조달 부정을 차단했다고 자평했다. 대표적인 사례한 대목. 2011년 4월 친 푸틴 인사인 람잔 카디로프(Рамзан Кадыров)가 수장으로 있던 체첸공화국 내무부는 관용 승용차 조달공고를 내면서 15대의 메르세데스 벤츠 E350 차량과 포르쉐 카이엔(Cayenne) 터보 S차량을 구매하는데 1억 1,300만 루블을 지급한다고 공시했다. 그러나 로스필이 수의계약을 통해 뒷돈을 받은 사실을 폭로하자 공고 게시 하루만에 조달공고는 자취를 감췄다.

하지만 뭐니뭐니 해도 로스필의 최대 화제작은 '푸틴의 경호대장'으로 불리는 빅토르 졸로토프(Виктор Золотов) 국가근위대장의 횡령 의혹 폭로다. 로스필은 2018년 8월 말 웹사이트를 통해 졸로토프가 국가근위대에 납품되는 피복(被服)과 식품의 단가를 부풀려 과다계상하고 이 중 상당 금액을 횡령했으며, 질이 낮은 의약품을 납품하는 업체와 밀거래 의혹도 있다고 폭로했다. 졸로토프는 2주가량의 시간이 흐른 9월 10일 국가근위대 홈페이지에 게재한 동영상에서 횡령 의혹을 부인하고, "(로스필의 수장인) 나발니, 당신은 나를 모욕하고 비방했다. 상황이 이런데도 아무 일 없던 것처럼 용서하는 것은 우리 같은 무인(武人)들의 도리가 아니며, 결투를 통해 갚아주는 것이 전통이고 관례다. 이런 멋진 전통에 따라 당신에게 결투를 신청한다. 결투가 시작되면 몇 분 내에 당신을 잘게 토막내주겠다"고 위협했다.[24] 졸로토프는 소련 시절 국가보안위원회(KGB) 국경수비대 출신으로 장성 반열에까지 오른 인물이다. 그런데 졸로토프 국가근위대장의 날 선 반응 때문에 오히려 로스필의 인지도는 엄청 뛰었다고 한다.

로스야마(РосЯма)

나발니와 러시아 시민 표도르 예제예프(Фёдор Езеев) 등이 주도해 2011년 5월 30일에 시작한 인터넷서비스다. 러시아어 '야마(Яма)'는 도로 위에 난 구멍, 구덩이, 함정 등을 뜻한다. 일반 국민이 도로 한 가운데에 발생한 구덩이나 싱크홀을 발견하면 인터넷 사이트로 신고하고 행정기관을 압박해 도로 상태를 개선하자는 취지였다. 도로공사 때 쓰는 표지판과 보수공사에 필요한 삽 두 자루가 로스야마 로고에 포함된 배경이다.

프로젝트의 시작이 흥미롭다. 예제예프는 모스크바 인근 크라스노고르스크시에 거주하던 평범한 주민으로, 자신의 경험을 2010년 8월 쯤 나발니에게 편지로 써보냈다. 골자는 자신의 집 주변 도로에 구멍이 두 개 있었는데 깊이가 도로에서 10cm 이상 들어가 있을 정도로 심각했다는 것. 예제예프는 시정부와 지역 경찰에 신고했다. 얼마의 시간이 흐른 뒤 시 당국으로부터 답장이 도착했는데, 신고 덕분에 도로를 정비했다는 것이었다.

예제예프의 경험에서 자극받은 나발니는 2011년 로스야마 프로젝트를 고안, 전국 단위로 넓힐 결심을 하기에 이른다.[25] 로스야마는 궁극적으로 러시아정치에서 '부패의 구덩이'를 발견하면 이를 자동으로 로스야마 사이트에 신고하고 다함께 바꿔보려는 의도였지만, 정치 분야와 연결하는 것은 처음부터 무리였다는 시각도 있다.

이 인터넷 서비스의 메일 주소는 'rosyama.ru'다. 헌데 이보다 과거에 사용했던 주소명을 사람들이 더 잘 기억한다고 한다. 처음 로스야마가 선을 보였던 2011년 5월에는 'st1234.ru'였다. 그럴만한 이유가 있다. 이 인터넷 사이트 주소는 러시아 '행정 위반에 관한 법률'의 12조34항에서 이름을 빌려왔기 때문이다. 이 조항은 '도로의 재건, 수리와 유지 보수 기간에 도로의 안전에 관한 필요사항을 구비하지 못할 경우' 행정 관료에게 과태료와 벌금 처분을 내리도록 규정하고 있다. 즉 st1234.ru의 st는 항목을 의미하는 러시아어 단어 '스타티야(Статия)'의 영어식 표기 statiya의 앞부분 알파벳이고, 1234는 12조34항을 줄인 것이다.

로스야마는 모스크바에 그치지 않고, 인근의 지방 도시와 CIS 국가들로 들불처럼 번져나갔다. 트베리와 울리야놉스크 등 러시아 지방 도시에서는 로스야마 뒤에 지역이나 도시 명을 붙여 캠페인화했다. '로스야먀 트베리(РосЯма Тверь)'처럼 말이다. 또 과거 소련의 일원이었던 CIS 국가들에서는 야마라는 단어 앞에 국가명의 초성을 붙여 같은 내용의 캠페인들이 활성화됐다. 2011년 하반기에만 카자흐스탄, 벨라루스, 우크라이나에서 각각 카즈야마(КазЯма) 벨야마(БелЯма) 우크르야마(УкрЯма)라는 유사 프로젝트가 시작됐다.

로스야마의 성공은 2013년 9월 모스크바 시장 선거 기간 집권 여당 후보였던 세르게이 소뱌닌 조차 칭찬할 정도였다. 소뱌닌은 "로스야마는 모스크바 시 도로의 여건을 개선하는 데 큰 역할을 했고 이를 이끈 나발니는 모스크바시의 영웅"이라고 치켜세웠다.[26]

도브라야 마시나 프라브디(Добрая машина правды, 좋은 진실 차량)

정부의 부패와 권력남용에 관한 정보(선전용 자료)를 확산시키기 위해 2012년 5월 29일 시작했으나 2014년 중반에 중단된 프로젝트다. 부패와 권력남용 자료의 유포는 관계당국이 검열 등을 통해 사전에 차단할 가능성이 높기 때문에 나발니는 온오프라인에서의 확산 방법을 구체화했다. 예를 들면, Wi-Fi 네트워크와 블루투스의 이름 바꾸기, 소셜네트워크서비스와 블로그에 재(再)게시, 엘리베이터에 전단지를 붙이거나 우편함에 전단지 형태로 투입, 인구 밀집 지역의 담벼락 낙서나 아스팔트에 글쓰기 등이다. 도브라야 마시나 프라브디의 로고에 전단지와 쓰기용 스프레이가 들려져 있는 것은 이 때문이다.

인터넷 사이트 mashina.org로, 처음 론칭했을 때의 명칭은 '도브라야 마시나 프로파간디(Добрая Машина Пропаганды, 친절한 선전차량)'였다. 선전차가 소련시절의 향수를 불러일으키는 명칭이고 러시아 국민 대부분이 반감을 갖고 있지 않다는 점을 고려했다는 게 나발니 측의 설명이다. 물론 실제 선전차량은 아니다. 다만 선전차량에 '좋다', '친절하다'는 의미의 여성 형용사 도브라야(добрая)를 붙여, 당국을 감시함으로써 좋고 선량한 사회를 만들고자 했다는 것이다.

그러나 미숙한 운영으로 거센 역풍에 시달려야 했다. 영국 비영리 민주주의 단체 오픈데모크라시(openDemocracy)마저 '러시아 야당은 길을 잃고 있는가'라는 게시글에서 "앱으로 완성한 최첨단 선전차량이라고 나발니가 자랑했던 도브라야 마시나 프라브디는 실제 앱을 보거나 다운로드할 수 있는 곳이 없었고 웹사이트라는 곳에는 다운로드할 포스터만 존재할 뿐이다. 오히려 대량 스팸메일만 퍼 날랐다. 때문에 도브라야 마시나 프라브디는 '나쁜 스팸기계(Bad Machine of Spam)'라는 조롱거리에 불과했다"고 비판했다.[27] 또한, 나발니가 활동의 조율이라는 명분으로 인터넷 사용자들의 데이터와 돈을 마구잡이로 끌어모았다는 비판도 제기됐다.[28] 이와 같은 비판과 부작용 때문에 2013년 이후에는 활동을 멈췄고 이듬해 최종 중단됐다.

로스제카하(РосЖКХ)

2012년 11월 8일에 론칭한 주택과 도시 공공서비스 인터넷 사이트다. 이 분야에서 정부의 부패를 막고 담당 관리들로 하여금 일하게 하려는 시도였다. 슬로건 '공무원들이 일을 하게 하자(Заставьте коммунальщиков работать)!'가 이 프로젝트의 성격을 그대로 말해준다.

심벌에는 정비용 빗자루와 공구(工具)가 표기돼 있다. 러시아에서는 주택과 도로 등 공공서비스에 엄청난 기금이 투입되는 데도, 블랙홀이 있어 기금이 어디론가 새나가고 있다는 문제의식에서 출발했다. 제카하는 '주택공공부서(Жилищно-коммунальное хозяйство)'의 준말이다.

운영 절차는 로스야마와 흡사했다. 주택이나 도로 정비 등의 분야에서 불만사항들을 주민들이 사이트에 올리면 자동으로 관계당국에 신고해서 즉각 처리될 수 있도록 하는 시스템이다. 사이트 개설 1시간 30분 만에 83개 연방주체에서 모두 1,000건의 불만사항이 접수될 정도로 초기에는 폭발적인 관심을 모았다.[29] 로스제카하가 국가공무원을 겨냥해서였기 때문인지 언론과 인터넷의 등록·관리·감독기관인 러시아 통신정보기술매스컴감독청(Роскомнадзор)이 2021년 9월 금지 웹사이트로 규정하면서 활동이 전면 중단됐다.

프롭소유즈 나발노보(Профсоюз Навального, 나발니 노동조합)

union.navalny.com이라는 도메인으로 유명한 온라인 프로젝트다. 목적은 사주(社主)의 임금 체불 행위를 막고, 노동자들이 정당한 임금을 받아야 한다는 것이며 2019년 1월 24일 시작했다.

나발니의 측근 인사이자 교사 출신 다닐 켄(Даниил Кен)이 주도한 '교사 연맹(Альянс учителей),' 안과의사들이 주축이 된 '의사 연맹(Альянс врачей),' 문화예술분야의 조직인 '문화인들(Люди культуры)' 등이 프롭소유즈 나발노보에 합류하면서 규모를 키웠다. 노조들은 주로 러시아 중서부지역에 집중돼 있고 러시아 42개 도시에 사무소를 뒀다.

나발니는 그러나 2022년 8월, 프롭소유즈 나발노보에서 한발 더 나아가 이번에는 교정기관 근무자와 수감자를 위한 노동조합 '프롬조나(Промзона)'를 결성하겠다고 발표한다. 본인이 2021년 1월부터 계속 구속상태에 있었기 때문에 일종의 옥중 노조결성 메시지였다. 취지는 교도소 내에서 자행되는 인권유린 행위와 제소자들이 정당한 대우를 받지 못하는 관행을 바로잡겠다는 것이었다.

그렇지만 프롬조나 결성은 나발니의 의도와는 완전 딴판으로 흘러갔고 역풍을 맞았다. 야권 진영에서조차 "나발니가 노동조합을 인지도 상승이나 개인적인 문제 해결에 이용하려 한다", "정치범이 아닌 수감자까지 아우르는 노

▶ 교정기관 근로자와 수감자를 위해 나발니가 일종의 노조처럼 결성을 추진했던 '프롬조나 프로젝트'에 대한 만평. '료하, 우리는 당신과 함께 할 거야(Лёха, Мы с тобой)'라는 내용의 종이를 손에 든 제소자들이 수감자이자 유일 노조원인 나발니(오른쪽)를 바라보고 있다. 러시아의 이름에서 료하는 료샤(Лёша)와 함께 나발니 이름 알렉세이의 애칭(愛稱)으로 사용된다.

출처: *Прожектор Москвы*, 2022. 8. 16.

조 결성은 선을 넘는 것이다", "순수한 사회운동을 변질시키고 있다"
는 등의 비판적 목소리가 대두됐다. 이 때문인지 나발니의 기대와 달
리, 발표 후 노조에 가입한 조합원은 수감 중이던 나발니 한 사람 뿐이
었다. 그 뒤로 프롬조나 프로젝트는 더 이상 거론되지 않고 있다.

민족주의와 외국인혐오 논란

나발니는 사회문제에 있어서는 실천적 해결방안을 풍부하게 제시했
다는 평가를 받지만, '러시아의 행진' 프로젝트에서 볼 수 있듯 국수
적 민족주의와 외국인 혐오 논란의 중심에 서기도 했다. 논란은 민족
주의, 그리고 민족주의가 파생하는 스펙트럼 중 하나인 외국인 혐오가
나발니의 말과 행동으로 직접 나타나기 때문이라는 게 러시아정치권
의 평가다.

　나발니의 이 같은 성향은 '러시아의 행진'과 함께 한 2006~2007년
께부터 발현된 것으로 알려져 있으나, 실은 2000년 야블로코 입당 직
후부터 잉태됐다고 보는 게 정확하다. 논란이 수면 위로 처음 부상한
시점은 2003년. 나발니의 첫 민족주의 관련 스캔들이 있던 때다.

　러시아의 유명 블로거 중 한 명인 사닷 카디로바(Саадат Кадыр
ова)는 2003년 야블로코 소속으로 일할 때 나발니가 잘못된 민족주의
관으로 자신을 차별대우했다고 훗날 폭로했다. 당시 카디로바는 야블
로코 소속 국가두마 의원의 민족문제 담당 보좌관 겸 청년위원회 위원
으로 근무하고 있었다. 그런데 나발니가 어느 날 자신을 '초르노조파
(Чёрножопа)'로 호칭하며, "시장에 가서 장사나 해"라고 모욕했다고

밝혔다. 초르노조파란 우리말로 '깜둥이'쯤으로 해석되는 인종차별적 용어다. 검정색을 뜻하는 형용사 초르니(чёрный)에서 파생했다. 러시아에서 흑인은 아프리카 출신들을 뜻하기도 하나, 일반적으로는 캅카스와 중앙아시아 출신 인물들을 비하할 때 더 많이 사용한다. 실제로 카디로바는 1991년 붕괴 이전까지 소련의 일원이었던 중앙아시아 투르크메니스탄 출신이다.

카디로바는 사건이 발생한 지 10년이 흐른 2013년 아제르바이잔 언론 인터뷰에서 야블로코 당에서 나온 이유가 나발니와 무관치 않았음을 숨기지 않았다. 그는 "내가 야블로코 청년위원회에서 일할 때 나발니와 처음으로 함께 일하게 됐는데, 나발니가 어느 날 나를 '초르노조파'로 부르더라. 그래서 야블린스키 당대표에게 문제 제기를 했더니 야블린스키는 '지금 그런 문제를 우리 당의 토론석상에 올려 당의 위신을 깎아먹을 때가 아니다'고 일축했다. 그 말에 나는 아연실색했다. 깊은 실망감에 내가 당을 먼저 떠났고, 몇 년 뒤 결국 나발니도 그릇된 민족주의관 때문에 야블로코에서 쫓겨났다"[30]고 밝혔다.

야블로코의 부대표였던 세르게이 미트로힌(Сергей Митрохин)의 증언도 맥락이 유사하다. 그는 2007년 7월의 한 인터뷰에서 "나발니가 (2000년) 야블로코에 입당하기 전까지는 그의 정치적 견해를 아는 이가 거의 없었다. 입당 후 3~4년 가량 함께 일한 뒤 나발니가 갑자기 내게 다가와 '민족주의 모임에 가고 싶다'고 말했다. 이 말을 꺼내기에 앞서 나발니는 그 어떤 징후도 보이지 않았기에, 무척 당황스러웠다. 나발니를 만류했으나 시간이 흐를수록 그가 민족주의자라는 사실은 더욱 분명해졌다. 당시 나발니는 야블로코 당내에서 모스크바시 위원회 부대표와 홍보를 담당했지만, 이들 업무와 관련해선 거의 일을 하지 않았다(민족주의 관련 업무에만 몰두했다)"고 말했다.

애초 민족주의에 관한 나발니의 시각을 매우 위험하다고 본 정치인들도 여럿 있었다고 한다. 나발니가 2007년 말 야블로코에서 퇴출당하기 전까지 그와 야블로코에서 함께 일했던 동료 엥겔리나 타레예바(Энгелина Тареева)가 대표적 인사다.

그는 2011년 12월 25일자 자신의 라이브저널에서 나발니가 인종 차별과 비하를 일상적으로 하고, 민족성을 근거 삼아 사람들과의 관계를 판단했다고 비난했다. 이어 "나는 나발니를 러시아에서 가장 위험한 사람이라고 생각한다"고 말했다.[31] 나아가 나발니를 향해 "너야말로 깜둥이인데, 그 입 닥치라(А ты, черножопая, вообще молчи)!"라며 "러시아에서 일어날 수 있는 가장 끔찍한 일 중 하나는 (당신과 같은) 민족주의자들이 권력을 잡는 것"이라고도 했다.[32] 나발니 조차 순수 러시아계가 아닌, 우크라이나계라는 점을 염두에 둔 발언이었다.

시기적으로 나발니를 둘러싼 민족주의 논란은 2003년에 처음으로 밖으로 표출됐다가 잠시 주춤했으나, 2006년 말 나발니가 '러시아의 행진' 행사에 적극 참여하면서 자신의 민족주의 색깔을 공공연하게 드러낸 것으로 볼 수 있다.

'러시아의 행진' 행사의 최초 기획자 중 한 명인 사회운동가 겸 정당인 블라디미르 토르(Владимир Тор)는 "나발니는 2006년 11월부터 러시아의 행진 행사에 동참했다. 그가 적극 간여한 뒤부터 그에게는 늘상 '민족주의자(Националист)'라는 족쇄가 따라다녔다"고 증언했다.

나발니는 2007년 10월 17일 자신의 유튜브 채널에 올린 광고영상에서 '민족주의자가 되어라'고 외쳤다. 또한, 영상 속에서 스스로를 치과의사로 분장한 다음, 외국인 노동자들을 뽑아야 할 충치에 비유하면

서 그들의 추방을 요구했다.[33] 1
분짜리 이 영상의 제목은 '미래
를 생각하라-민족주의자가 되어
라(Подумай о будущем-ст
ань националистом)!'였다.

나발니는 여기에서 스스로를
'공인된 민족주의자(Диплом
ированный националист)'
라고 지칭했다. 공인된 민족주

▶ 나발니의 민족주의적 성향이 강하게 드러났
다고 평가받는 2007년 10월의 유튜브 광고영
상. 치과의사로 분한 나발니가 말을 하고 있다.

출처: youtube.com

의자란 용어는 사전에 없는 표현이다. 대체 무엇이길래 나발니는 자신
의 정체성으로 공인된 민족주의자란 말을 썼을까. 나발니의 표현을 빌
리면, 공인된 민족주의자는 '러시아에서 추방돼야 하는 다른 국적의
사람들을 모욕하는 것이 허용되고 만약 모욕으로도 충분하지 않으면
총과 같은 무기를 사용할 수 있는 인사'다.[34]

나치 독일과 아시아계 이민자들의 추방 장면 등이 포함된 화면에서
나발니는 러시아인들의 뿌리가 러시아에서 사라지지 않도록 민족주
의자가 될 것을 주문했다. 특히 외국인들을 '뿌리가 없는 치아(Зуб б
ез корня)'에 빗대면서 뿌리 없는 치아는 이미 죽은 것이나 마찬가지
이고, 따라서 이들은 러시아에서 제거돼야 한다고 말해 커다란 논란을
빚었다. 또 러시아 민족주의자들은 러시아 뿌리가 없는 외국인들을 몰
아내야 할 권리가 있고, 그 권리를 계속 수호해 나가겠다고도 했다.

이들 발언은 한참이 지나 커다란 역풍을 몰고 왔다. 국제인권단체
인 앰네스티 인터내셔널(Amnesty International)이 이 당시의 발언
들을 문제 삼아 나발니의 양심수 지위를 박탈해버렸기 때문이다. 앰네

스티 인터내셔널은 나발니가 2021년 1월 17일 독극물 중독 의심 후유증으로 독일에서 치료를 받고 러시아로 귀국하다 체포, 구속된 뒤 나발니를 양심수로 지정했다. 나탈리야 즈뱌기나(Наталия Звягина) 앰네스티 인터내셔널 러시아 지부 대표는 2021년 2월 "인권 수호에 앞장섰던 남아프리카공화국의 만델라(Nelson Mandela, 1918~2013년)처럼 앰네스티 인터내셔널이 나발니에게 (한달 전) 부여했던 양심수의 지위를, 늦었지만 박탈하기로 결정했다"면서 "세계 각국과 러시아 내 인사들이 나발니의 양심수 지위에 대한 문제를 제기했고 앰네스티 인터내셔널이 검증해본 결과 나발니가 2007년에 외국인에 대한 증오를 부추기고 왜곡된 인식을 표출한 발언들이 사실로 확인됐기 때문에 박탈하는 것"이라고 했다.[35]

그러나 앰네스티 인터내셔널은 그로부터 3개월 여 뒤인, 2021년 5월 7일 나발니에 대한 양심수 지위 박탈 결정을 번복하고 나발니에게 사과했다. 앰네스티는 이날 발표한 성명에서 "고심 끝에 우리는 지난 2월의 양심수 지위 박탈 결정에 실수가 있었다는 결론을 내렸다. 우리는 나발니에 대한 러시아정부의 부당한 체포와 구금을 둘러싼 정황에만 초점을 맞추기로 했다"고 밝혔다. 하지만 앰네스티 인터내셔널의 번복 결정에 대해 나발니의 인종 혐오문제를 제기했던 이들 가운데 한 명인 아이샤 융(Aisha Jung) 앰네스티 벨라루스 지부 조사원은 "나발니의 인종차별적 발언과 이민자 혐오가 분명한데도 근거 없이 번복 결정을 내렸다"며 이의를 제기하는 등 잡음이 이어졌다.

아무튼 나발니는 2007년 10월의 파문에서 한 걸음 더 나아가 2010년부터는 자신을 '민족민주주의자(Национал-демократ)'라고 지칭했다.[36] 그러면서 민족주의 이면에 나타나는 인종 혐오까지 본격 자행하기 시작한다.

그는 "외국의 언론인들이 러시아 민족주의자들의 존재를 이방인에 대한 혐오 현상을 뜻하는 '제노포비아(Ксенофобия)'의 일종이라고 부르지만, 민족주의자야말로 진정한 애국자다. 이들은 자신의 이익보다 국가와 민족의 이해관계를 더 중시한다. 러시아 민족주의는 유럽의 이데올로기에 가까우며, 단지 자유주의의 한 형태일 뿐이다"[37]고 강변했다.

특히 '무슬림은 바퀴벌레와 파리들'이라며 이슬람권에 대한 혐오감을 공개리에 밝혔다. 나발니는 2011년 4월 12일 유튜브에 올린 '무기의 합법화를 위해(За легализацию оружия)'라는 42초짜리 짧은 영상에서 무슬림 이민자를 '바퀴벌레와 파리(Таракан и муха)'에 비유했다. 그러면서 바퀴벌레는 슬리퍼, 파리는 파리채로 각각 잡아야 한다며 만약 슬리퍼와 파리채로 때려잡는 데 실패할 경우에는 권총 사용을 추천한다고 주장했다.[38]

논란이 커지자 나발니 측은 부패와의 전쟁에서 승리하기 위해서는 권총 같은 무기를 들 수 있어야 한다는 점을 강조한 것일 뿐, 인종 차별은 아니라고 한걸음 물러섰다. 하지만 영상에서 호모사피엔스(homosapiens)라며 북캅카스 계열 무슬림 군인들이 등장하고, 곧바로 나발니가 직접 총을 쏴서 이들을 굴복시키는 장면이 이어지기 때문에 인종주의가 아니라는 변명은 설득력이 떨어진다는 분석이 주류다.

한편 나발니는 그의 이민자 혹은 외국인의 추방 논란이 확산되자, 자신이 주장한 바는 추방이 아닌 '동화(同化)'였다는 주장을 펼친다.

"나는 외국인이 우리 러시아에 오는 걸 반대하지 않는다. 다만 그들은 우리 사회에 폭넓게 받아들여진 규칙에 따라 행동해야 한다고 생각한다. 가령 우리가 아랍에미리트연합(UAE)에 간다고 치자. 공공장소에서 술을 마시면 안 되고, 여성들이라면 자유로운 의상 착용이 제한된다. 우리 러시아인들은 (UAE에서) 그렇게 행동한다. 만일 그렇게 행동하지 않는 사람이 러시아에 온다면 나는 그들에게 '당신들 집으로 돌아가라(Уматывайте к себе домой)!'고 할 것이다. 그들이 소유한 여권이 어떤 여권인지가 중요한 게 아니다. 즉 민족이나 국민의 문제가 아니라는 것이다. 아시아인들도 마찬가지다."[39]

나발니는 또 "(민족문제와 관련해) 나는 추방에 동조하는 것이 아니라, 동화를 찬성하는 것이다. 다른 민족이 이곳 러시아에서 살고 싶다면 러시아인이 되라. 가령 타지키스탄 출신인 당신의 아이가 러시아에서 자랐다면 왜 타지키스탄인이어야 하나? 문자 그대로 러시아인이 되게 하라"고 주장했다. 그러면서 "이주(Эмиграция)라는 것은 책임의 문제다. 이는 아이들이 더 나은 삶을 살기를 바라며 고국을 떠나는, 즉 어린이에 대한 책임이다. 그러나 내게 있어 그 책임이란 바로 내 아이들이 바로 이곳에서 거주하기를 원하게 만드는 것이다"고 했다.

나발니의 민족주의와 타민족 혐오가 논란을 불러일으키는 사실을 두고, 일부 언론인은 나발니를 '국가주의자(Государственник, 영어로는 statist)'라고 부르기도 한다. 2007년 3월 테베첸트르(TBЦ) 방송사의 프로그램 파이터 클럽에서 나발니를 프로듀서로 고용했던 언론인 스타니슬라프 쿠체르(Станислав Кучер)는 "프로그램에 간여했던 언론인 모두 나발니를 국가주의자라고 칭하는데 이견이 없었다"[40]고 회고했다. 이들이 말하는 국가주의자란 국익(國益)을 개인의 이익보다 절대적으로 우선하는 사람을 뜻한다. 그러니까 나발니 주변 인사들은 그를 국익을 먼저 생각하는 인사라고 감싸는 것이다.

2018년 대선 공약에서 나발니는 중앙아시아와 캅카스 주민들에 대해 취업비자를 내주는 대신, 입국을 제한해야 한다고 주장했다. 나발니 캠프에서 이러한 공약을 내건 취지는 러시아 국민의 일자리를 보호하고, 중앙아시아나 캅카스 출신 이민자들이 자행하는 범죄와 테러행위로부터 러시아인을 보호해야 한다는 것으로 알려져 있다. 하지만 이민자들로부터 일자리를 빼앗긴 러시아인이 많지 않고, 통계상 이민자들의 범죄율이 러시아 국민의 그것보다 높지 않은 게 엄연한 현실이다. 즉 나발니의 공약은 고용시장의 불안정성을 이유로 차별을 야기하는 문제가 분명히 존재한다.

정치입문 초기보다 2018년 대선 공약에서는 수위를 떨어뜨리기는 했지만, 기본적으로 나발니의 민족주의적, 편견적 사고에는 크게 변함이 없다는 평가가 많다. 이 때문에 나발니의 자기성찰 능력에 대해 회의적인 반응으로 보이는 이들도 늘었다.

집권 여당 통합러시아에서 나발니를 내심 지지한다고 밝힌 핵심 관계자는 필자와의 인터뷰에서 "나발니가 언젠가 구속에서 풀려나 자유의 몸이 됐을 때 가장 먼저 해야 할 일은 반정부 투쟁이 아니라 자신이 했던 과격 민족주의 발언과 행태들에 대한 진정한 사과여야 한다. 사과는 러시아의 인종차별 문제를 악의적으로 이용하려는 일부 집권 세력으로부터 자신을 방어할 힘을 갖게 해줄 것이며 고정 지지층의 단결을 더욱 끈끈하게 할 것이기 때문이다"고 말했다.

❖ 주

1) 니만 펠로는 미국 하버드대학교가 전 세계 미디어에 몸담고 있는 언론인을 대상으로, 1년간 하버드대에서 희망하는 분야를 연구하고 배울 수 있는 기회를 부여하는 장학제도다.
2) https://daily.afisha.ru/archive/gorod/archive/new-politics-navalny/
3) ТАСС, 2017. 10. 26.
4) Радио Свобода, 2016. 12. 20.
5) Slon, 2013. 9. 17, https://republic.ru/posts/l/992683 참조.
6) *Esquire*, 2012.11.23.
7) Константин Воронков (2011), С. 84.
8) Радио Свобода, 2015. 5. 28.
9) *Washington Post*, 2022. 9. 30.
10) Ibid.
11) Телеканал Дождь, 2015.1.15.
12) 나발니 지지자들 사이에서도 논란이 됐던 이 문장의 러시아어 원문은 "Когда человек мне говорит, что не интересуется политикой, я считаю его просто глупым"이다.
13) *Esquire*, 2012. 11. 23.
14) Радио Свобода, 2018. 1. 12, 우스마노프에 대한 추가적인 내용은 권경복, 『현대 러시아 언론의 심층적 이해』 (2020), pp. 45-46 참조.
15) 수르코프에 대한 보다 상세한 내용은 권경복, 『21세기를 움직이는 푸틴의 파워엘리트50』 (파주: 서해문집, 2011), pp. 83-89 참조.
16) *Новое время*, 2011.7.19.
17) https://lenta.ru/articles/2012/04/09/rosvybory/
18) Медуза, 2017.12.25.
19) https://ridl.io/ru/jeffektivno-li-umnoe-golosovanie/
20) 로스콤나드조르에 관한 세부 내용은 권경복, 『현대 러시아 언론의 심층적 이해』 (2020), pp. 212-219 참조.
21) "Алексей Навальный: Борьба с коррупцией и есть моя экономическая программа," *Ведомости*, 2012.3.1.
22) www.indem.ru
23) ТАСС, 2013.10.30.
24) *РБК*, 2018. 9 .11.
25) https://navalny.livejournal.com/498772.html.
26) РИА Новости, 2013. 8. 24.

27) https://www.opendemocracy.net/en/odr/has-russian-opposition-lost-its-way/

28) https://vvv-ig.livejournal.com/193431.html

29) *Ведомости*, 2012. 11. 9.

30) http://boutique.az/view/4514, https://antimaidan.ru/news/10822

31) http://shuum.ru/opinion/31

32) https://jacobinmag.com/2021/01/alexei-navalny-russia-protests-putin

33) https://www.youtube.com/watch?v=ICoc2VmGdfw

34) https://fishki.net/anti/3790239

35) РИА Новости, 2021. 2. 23.

36) Радио Свобода, 2011. 11. 30.

37) Константин Воронков (2011), С. 33.

38) https://www.youtube.com/watch?v=Q8ILxqIEEMg

39) Константин Воронков (2011), С. 33.

40) https://daily.afisha.ru/archive/gorod/archive/new-politics-navalny/

6장

나발니의 세계관

'로시야 프레쥬데 프세보(Россия прежде всего)!'

나발니의 세계관으로 요약할 수 있는 문구로, 러시아 우선주의 쯤
으로 해석된다. 러시아가 자국(自國)의 이해를 최우선으로 하는, 즉 러
시아를 우선하는 독자적 대외정책을 수립·이행해야 한다는 것이다.
마치 2017~2021년 트럼프(Donald Trump) 미 행정부가 추진했던
'아메리카 퍼스트(America First)'와 흡사한 개념이다.

본래 러시아 우선주의라는 표현은 국가두마(하원) 국제문제위원회
위원이었던 알렉산드르 샤바노프(Александр Шабанов) 의원이 지
난 2000년 러시아의 향후 외교정책 방향을 설명하면서 사용했다. 흥
미로운 점은 이 개념이 우리나라와도 관련이 있다는 사실이다. 당시
샤바노프 의원은 "1990년대 초반 대한민국이 '불곰사업'의 일환으로
러시아로부터 C-300(영어로는 S-300) 방공미사일시스템을 도입하려

했으나 (한국의 동맹국인) 미국의 반대로 좌절됐다"는 사례를 들면서 러시아도 동맹이나 일부 친러시아 성향의 서방국가에 의존할 것이 아니라, 러시아의 이익을 최우선으로 하는 외교정책을 펴나가야 한다고 역설했다.[1]

나발니의 세계관이 러시아 우선주의라고 보는 이유는 간단하다. 그가 정치에 입문한 이후 표출한 세계관에, 국제정치이론에서 말하는 자유주의·민족주의 등의 요소가 혼재돼 있음에도 불구하고 러시아 우선주의만큼은 일관되게 관통하고 있기 때문이다.

나발니 세계관의 스펙트럼은 시기적으로 볼 때 2000년부터 2000

해설 6.1 불곰사업

불곰사업은 1990년대 초 한국이 소련에 빌려준 경협차관의 일부를 러시아산 방산물자 등으로 돌려받는 사업이다. 소련 해체 이전인 1990년 9월 한국과 소련의 수교가 이뤄졌다. 당시 외화부족에 시달리던 소련은 한국정부에 30억 달러의 차관을 요청했고 노태우정부는 1991년 소련에 14억 7,000만 달러(현금 10억 달러, 소비재 차관 4억 7,000만 달러)를 빌려줬다. 그러나 1991년 말 소련이 붕괴했다. 소련의 채무를 승계한 러시아는 한국의 차관을 상환할 능력이 없었다. 러시아는 현금 대신, 러시아가 보유한 군사장비 등 현물상환 방식을 제안했고 한국정부는 수용했다. 한국 측은 S-300 미사일, MIG-29 전투기, 3,000톤 급 킬로급 디젤잠수함 등에 관심을 표명했으나 동맹인 미국의 입장을 고려, 이들 무기는 제외했다. 불곰사업은 2023년 말 현재까지 종료되지 않고 있다. 다만 S-300 미사일은 우리가 2016년 실전배치한 천궁미사일의 모체라는 설이 있다.

년대 중반까지는 자유주의, 2006년부터는 민족주의로 변형된다. 달리 말하면 러시아의 역사적, 정치적 상황과 상관성이 매우 높은 것이다.

많은 현대 러시아 정치인들과 마찬가지로 나발니 역시 1980년대 말~1990년대 소련의 붕괴와 체제 전환을 겪으면서, 정치적으로는 민주주의와 인권 중시, 사상·언론·표현의 자유, 경제적으로는 민영화와 시장경제, 정부의 통제가 거의 없는 기업가정신 등에 방점을 두는 자유주의에 심취했다. 그가 1998년 러시아민족우호대학교 법대를 졸업하고 이듬해 러시아연방재정아카데미에서 금융학을 전공하면서 여러 분야의 창업을 한 것도 자유주의 시각과 무관치 않다.

하지만 초창기 자유주의를 추구했던 옐친정부는 시간이 흐르면서 대통령의 권력을 키우고 점차 권위주의 경향으로 기울었다. 1993년 헌법 제정 이후의 옐친 체제를 '초(超)대통령제'라고 규정하는 이유다. 또 체제전환에 따른 민영화 과정에서 일부 극소수의 친정권 인사들이 국가의 부(富)를 독점함으로써 분배 정의를 막고, 탈세 등 각종 부패와 비리의 온상으로 전락하는 현상도 벌어졌다. 옐친 정권의 급진적 개혁·개방은 IMF 등 서방 금융기구의 구조조정 강요와 러시아의 심각한 사회경제적 후퇴를 초래했다. 자연스럽게 러시아 국민에게 자유주의는 곧 부패와 빈곤, 불평등, 후퇴 등의 의미로 각인됐다. 2000년에 집권한 푸틴 정권 역시 초기만하더라도 서방과의 관계 개선 노력을 기울였기 때문에 옐친 정권 때의 정책 기조에서 크게 달라지지 않았다.

이러한 현상이 누적되자 대중은 자유주의 성향의 정치인들을 외면했다. 1990년대 중반 이후 야블로코로 상징되는 자유주의 정당들이 원내 진출에 잇달아 실패하고 제도권 정치세력으로 자리 잡지 못한 것은 우연이 아니다. 나발니 역시 2000년 야블로코 입당을 통해 자유주의 이념의 현실화를 꾀했으나 그 시도는 대세를 넘지 못하고 실패로 귀결됐다. 자유주의 정당에 대한 대중의 외면 외에도 나발니는 유력 야당인 러시아연방공산당의 퇴조를 목격했다.

푸틴 권력이 공고해지던 2000년대 중반 이후 정치적으로는 자유주의적 요소가 약화된 반면 권위주의적 성격이 더욱 두드러졌고, 경제적으로는 옐친 집권기보다 국가가 더 적극적으로 경제를 주도하는 소위 '국가자본주의'적 특징이 나타났다. 대외적으로는 미국 주도 북대서양조약기구(NATO)의 동진(東進)과 EU의 확장, 폴란드·체코 등 동유럽에 대한 미국의 미사일방어(MD) 시스템 배치 시도, 우크라이나·조지아 등에서의 이른바 '색깔혁명' 확산 등으로 서방과의 관계가 악화했다. 자연 러시아 내부의 민족주의 정서가 살아났고, 푸틴 정권은 이를 적극적으로 활용하기 시작했다.

이와 같은 대내외적 변수들이 결합하면서 자유주의 성향이었던 나발니도 '생존'의 길을 모색할 수밖에 없었다. 현실을 고려해 결국 그는 민족주의로 방향을 틀게 됐다는 것이, 러시아정치권의 주된 해석이다.

나발니의 세계관이 무엇이냐는 점에 대해서는 러시아 내부에서도 논란이 있다.

정치평론가 바실리 자르코프(Василий Жарков)는 주간지 『모스콥스키예 노보스티』에 기고한 글에서 "많은 이들이 나발니는 자유주의자인가, 아니면 민족주의자인가라고 묻는데, 엄밀히 말해 정치학적 관점에서 나발니가 특정 이데올로기를 주장한다고 규정하기는 어렵다"고 평가했다.[2]

자르코프는 그 근거로 나발니가 선거 때마다 푸틴의 권위주의 정권에 맞서 부패와의 전쟁을 외치고 많은 자유주의자들의 지지를 얻고 있

2000년대 이후 옛 소련권 국가들에서 발생한 민주주의 혁명을 의미한다. 색깔혁명이라는 용어는 혁명을 주도하거나 참여한 세력들이 특정 색깔이나 식물 등을 상징으로 삼은 데서 비롯됐다. 권위주의적 정권을 무너뜨린 2003~2004년 조지아의 장미혁명, 2004~2005년 우크라이나의 오렌지혁명, 2005년 키르기스스탄의 튤립혁명을 일컫는다. 혁명의 결과 조지아에서는 셰바르드나제(Eduard Shevardnadze, 1928~2014년) 대통령이 물러난 뒤 친서방 사카슈빌리(Mikheil Saakashvili) 정권이 들어섰다. 우크라이나에선 친러시아 야누코비치(Viktor Yanukovych) 대통령이 퇴진한 대신 친유럽성향 유셴코(Viktor Yushchenko)가 정권을 잡았다. 키르기스스탄에서는 15년간 장기 집권했던 친러 성향의 아카예프(Askar Akayev) 대통령이 물러나고 바키예프(Kurmanbek Bakiyev) 정권이 자리를 대신했다. 이들 국가 모두 친러시아 정권이 무너지고 친서방 경향의 정치인들이 대권을 거머쥐었다는 특징을 보인다. 러시아정부가 색깔혁명에 우려하는 이유다.

으나 현 정권을 혁파하는 데만 관심이 있지, 자유주의 성향을 기반으로 한 국가 수립 구상에까지는 이르지 못했다는 점을 들었다. 또 나발니가 극렬한 민족주의자로 묘사되곤 하는데, 실제 유세 과정에서 민족주의 성향의 강성 발언들이 잇따라 등장할 뿐, 민족주의를 그의 정치적 이데올로기라고 못박을 수도 없다고 자르코프는 분석했다.

'러시아의 영광' 재현

나발니는 자유주의의 일부 성향, 그리고 민족주의에 기반한 러시아 우선주의를 지향하기 때문에 외교를 이해관계, 즉 국익의 관점에서 인식한다. 나발니가 '러시아의 이해관계(Интересы России)'라는 표현을 자주 사용하는 것은 이 때문으로 보인다.

나발니의 외교관은 미국의 정치학자 그리에코(Joseph Grieco)의 이론으로 설명이 가능할 듯하다. 그리에코는 국가가 국제관계에서 추구하는 '절대적 이익(absolute gains)'과 '상대적 이익(relative gains)'을 구분했다. 모든 국가가 기본적으로 절대적 이익을 얻는 데 관심이 있지만, 다른 국가와 협력할 때는 해당 국가와 비교해 상대적으로 얼마나 많은 힘과 영향력을 가져올 수 있는가에 관심이 있듯, 나발니도 마찬가지라는 것.

나발니는 가뜩이나 민족주의 관점을 강하게 내세우기 때문에 특히 옛 소련 국가들과의 관계에서는 외교가 아닌, 일종의 국내문제나 민족문제로 보고 더 많은 상대적 이익을 가져가려 한다는 분석을 해볼 수 있다.

아울러 나발니가 외교정책에 관해 언급을 적지 않게 했다고 하더라도, 그의 정책 우선순위는 언제나 대외정책보다는 국내정책에 초점이 맞춰져 있다.

여기에는 현실적인 이유도 있다. 첫째, 지금까지 제도권 정치에 진입해보지 못한 정치인 나발니의 최우선 목표는 정권 획득이다. 이 때문에 국내정치보다 중요성이 떨어지는 것은 아니지만 외교까지 신경 쓸 여력이 충분치 않은 것이다. 둘째, 지금까지 나발니가 거론해온 수

많은 국내 정책들은 포퓰리즘과 차별 등 논란을 부르는 것이 상당수였다. 세계관을 밝힌다고 하더라도 국내 정책이 초래한 논란들에 가려 빛을 볼 수 없다. 셋째, 나발니의 측근 가운데는 외교에 해박한 인사들이 거의 없어 외교정책의 근간이라 할 만한 내용을 찾기가 쉽지 않다.

오죽하면 독일 유력지 『슈피겔』이 나발니를 인터뷰하면서 미리 결론을 낸 듯한 질문을 할 정도였을까. 『슈피겔』의 질문은 이랬다. "우리가 보기에 나발니 당신은 '내 외교정책은 궁극적으로 질 좋은 도로와 고임금을 보장하는 데 있다'고 하는 정도인 것 같은데, 어떻게 생각하느냐."[3]

그래서일까. 나발니는 푸틴 정권을 향해 러시아가 해외 분쟁에 개입하지 말고, 정책의 우선순위를 국내로 돌릴 것을 강력히 주문해왔다. 2010년대 중반 러시아의 시리아 내전 개입에 대한 입장이 그런 경우다.

시리아 내전이 한창이던 2015년 5월, 극단 이슬람 무장조직 '이슬람국가(IS)'는 고대 도시유적이 많은 시리아 중부 팔미라에서 정부군을 몰아낸 후 1800년 전에 만들어진 바알샤민 신전과 벨 신전, 2000년 된 로마 양식의 아치형 입구(개선문) 등 세계적인 유적을 파괴했다. 기반 시설 파괴도 이어졌다. 러시아의 시리아 정부군 지원으로 전황이 바뀌어 약 1년 만에 팔미라를 탈환한 시리아정부는 유엔과 각국에 팔미라 재건 지원을 요청했다. 국제사회가 시리아 측 요청에 오랜 기간 미적거리는 사이, 푸틴 대통령은 러시아 공병 등을 파견해 팔미라의 재건을 돕겠다고 2017년 약속한 상황이었다.

2017년 나발니는 팔미라에서 IS 세력을 격퇴하고 재건을 지원하겠다는 푸틴 대통령의 방침을 비판하면서 러시아 국내의 도로망 건설 등에 더 신경을 쓰라고 일침을 가했다. 영국 일간지 『가디언(*Guardian*)』
과의 인터뷰에서 나발니는 "푸틴이 팔미라의 재건을 약속했다는데 현
정권 인사들은 러시아 도시들의 상황은 안중에 없는가. 도대체 지금 우
선순위가 무엇이라 보는가. 우리에게 (러시아 남부) 보로네즈나 스타브
로폴의 도로 상태를 개선하는 게 중요한가, 아니면 시리아 팔미라 재건
이 중요한가. 팔미라 재건은 (시리아 문제에 개입하고 있는) 미국인들
더러 하라 하고, 러시아 당국은 자국 문제에 집중하라"[4]고 밝혔다.

그렇다고 나발니가 대외정책을 의도적으로 회피하거나 외면하는
것은 아니다. 특히 그는 러시아가 '초강대국(Сверхдержава)'이 되
고자 하지만 현실은 그렇지 못하다고 시인했다. 때문에 향후 많은 인
구와 축적된 경제력을 기반으로 초강대국으로 거듭나야 한다고 강조
한다.

그는 도쥐드TV와의 인터뷰에서 "러시아는 지금 역내의 초강대국이
되고자 한다. 가까운 장래에 러시아는 우선 유럽의 지도급 국가가 돼
야 한다. 그러나 전 세계적 차원에서 러시아가 초강대국이 되기 위한
유일한 길은 경제발전을 통해서다. 미국은 인구가 많고 1인당 국내총
생산(GDP)도 월등하다. 반면 러시아의 인구는 감소하고 있으며 1인
당 GDP도 낮은 수준이다. (러시아의 인구가 줄지 않았다는 의견에 대
해) 비록 크림반도 합병으로 200만 명 정도의 인구가 늘었다고는 하
지만 실질적으로 러시아의 인구는 계속 줄고 있다. 초강대국의 조건
은 인구가 바탕이 돼야 한다. 그것도 부유하고 번영하는 인구 말이다.
만약 4인 가족을 기준으로 한다면 주택, 자동차, 교육, 보건의료 등에
서 문제가 없을 때만 초강대국의 조건이 갖춰지는 것이다. (사람들이
말하는) 덴마크, 노르웨이, 오스트리아, 룩셈부르크는 부유하지만 작

은 나라들이다. 물론 이들 국가도 한때 초강대국들이었으나 이미 그들의 시간은 지났다. 나라의 크기도 작고 인구도 적다. 그렇다면 (유럽의 맹주 격인) 독일은 초강대국인가. 지역적으로만 국한해서 보면 그렇다 (세계적인 차원에서는 아니다)"[5]고 말했다.

나발니는 자신의 외교 구상과 관련, '러시아의 영광(Величие России)'이라는 표현도 자주 사용한다. 러시아의 영광이 뜻하는 구체적인 모습은 확인할 길이 없으나, 초강대국과 같은 맥락으로 읽힌다.

이 러시아의 영광을 실현하기 위한 기초를 나발니는 영토나 천연자원, 군사력의 규모라기보다는 '사람들(люди)', 즉 국민이라고 인식한다. 나발니는 2018년 대선 출마를 선언하며 발표한 정책프로그램에서, 다음과 같이 언급했다.

> "러시아 영광의 기초는 사람이다. 따라서 국내외 정책의 주요 목표
> 는 사람들에게 양질의 삶과 번영의 기회 제공으로 맞춰야 한다. 러
> 시아는 평화로운 나라의 이미지를 되찾고 이 평화를 경제성장에 활
> 용해야 한다. 러시아 외교정책 전략은 기본적으로 국민의 복지와 성
> 장을 목표로 해 경제를 경쟁력 있게 만드는 것이다. 러시아가 석유
> 와 가스 판매가 아닌, 경쟁력과 글로벌 부가가치 네트워크 참여 등
> 에 기반한 경제 건전성을 입증하지 못하면 강대국의 지위를 회복하
> 기 어렵다."[6]

유사한 맥락에서 나발니는 러시아의 국제적 위상 회복과 외교 발전을 위해 선진국들의 경험과 전문지식을 배워야 하고, 특히 러시아 뿌리를 가진 글로벌 역량 자원들을 활용할 필요가 있다는 점을 2013년 진보당 시절부터 누누이 강조해왔다.[7]

이처럼 나발니의 초강대국, 러시아의 영광 등은 모두 자신의 러시

아 우선주의 기조와 맞아떨어진다.

그러면서도 나발니는 '러시아는 서방세계의 일부'라며 푸틴 정권이 추진해온 '제3의 길(Третий путь)'과 '유라시아주의(Евразийство)' 이데올로기를 쓰레기라고 규정했다.[8] 제3의 길이란 가령 권위주의 대 자유주의, 보편주의 대 민족주의 등의 전통적 이분법을 극복하고 '러시아만의 길'을 가겠다는 원칙이다. 또 유라시아주의는 러시아의 문명이 유럽이나 아시아 어느 한 범주에만 머무르는 것이 아니고 유라시아를 아우르며, 따라서 유라시아 지역의 맹주가 돼 독자노선을 걸어야 한다는 주장이다. 푸틴의 세계관 형성에 일조한 알렉산드르 두긴(Александр Дугин)같은 학자가 내세우는 관점이다.

제3의 길이나 유라시아주의는 어찌 보면 나발니의 러시아 우선주의와 크게 다를 바 없는 푸틴의 외교정책이다. 그런데도 나발니 스스로는 철저하게 푸틴의 정책과는 대척점에 있다고 주장한다. 백번 양보해 나발니의 입장을 일부 수용한다고 하더라도, 무척 혼란스러운 부분이 아닐 수 없다.

해설 6.3　알렉산드르 두긴

철학자이자 정치분석가로, 2008~2014년 모스크바국립대 교수를 역임했다. 1997년에 출간한 저서『지정학의 기초(Основы геополитики)』에서 러시아가 냉전 종식 이후 국제무대에서 패권을 되찾아야 한다며 러시아의 향후 정책 방향을 제시했다. 옛 소련권인 조지아 침공, 우크라이나 합병 등이 대표적이다. 이는 2000년에 출범한 푸틴 정권이 지금까지 추진해온 외교정책과 거의 일치한다.

게다가 나발니는 국내정책과 마찬가지로 외교정책에서도 일관성이 부족하고, 불필요한 논란을 불러일으킨다는 평가가 적지 않다.

2008년에 있었던 러시아와 조지아 간의 갈등이 대표적이다. 나발니는 2008년 전쟁 당시 조지아로부터 독립해 러시아로 편입하려는 압하지야와 남오세티야를 러시아 군대가 지원하고, 조지아에 대해서는 무력 침공도 불사해야 하며, 러시아 영토에서 조지아인들을 추방해야 한다고 목소리를 높였다. 더불어 조지아를 비롯한 옛 소련 국가들에 대한 러시아의 군사적 개입이 정당하고 러시아를 중심으로 옛 소련 국가들이 뭉쳐야 한다는 푸틴의 구상을 옹호하기도 했다. 또 몰도바로부터 독립해 러시아로 편입하려는 트란스니스트리아를 (국제사회는 반대하지만) 러시아가 국가로 승인해야 한다고 주장했다.

이 뿐만이 아니다. 경제적으로는 (개방경제보다 푸틴 대통령이 주창해온) 유라시아경제연합(Евразийский экономический союз, 러시아어 축약형은 ЕАЭС, 영어로는 Eurasian Economic Union)의 설립과 확장이 러시아로서는 긴요한 문제라고 주장했다. 유라시아경제연합 구상은 서유럽 국가 중심의 EU 시장에 대응하기 위해 러시아가 중심이 돼 2015년 1월 1일에 출범시킨 옛 소련 국가들의 경제연합체다. 단일대오를 형성하려는 푸틴 대통령의 숙원사업이었으며 러시아, 카자흐스탄, 벨라루스, 아르메니아, 키르기스스탄 등 5국의 연합체적 성격을 갖는다. 2015년 1월 1일 러시아, 카자흐스탄, 벨라루스 3국만으로 출발했으나 이튿날 아르메니아가, 8월에는 키르기스스탄이 동참했고 2017년 몰도바가 옵서버 국가로 합류했다. 나발니의 유라시아경제연합 확장 발언은 일견 자신이 거론해온 개방경제와는 배치되는 측면이 있다는 평가다.

나발니의 세계관에 대한 혼란스러운 부분은 일단 접어두기로 한다. 완결형은 아니지만 크게 볼 때 나발니의 외교정책은 네 카테고리로 구분할 수 있다. ▲미국·EU와의 긴장완화 및 평화공존 ▲옛 소련 국가들과의 경제적 통합과 협력 강화 ▲한국·중국·일본 등 극동 3개국과의 통합프로세스 구축 ▲독재정권 및 테러지원 세력과의 단절 등이다. 이를 좀 더 세밀하게 살펴보자.

미국과 유럽

나발니의 최우선적인 외교정책 방향은 미국과 유럽연합(EU)으로 대표되는 서방과의 긴장 완화 및 평화공존이다. 이게 가능해져야만 '러시아의 영광'의 문을 활짝 열 수 있다는 판단 때문이다.

푸틴의 대서방 강경책을 염두에 둔 것으로 보인다. 하지만 알고 보면 푸틴 대통령이 처음부터 서방에 대해 대결적 자세로 임한 것은 아니다. 오히려 그 반대다.

집권 초기엔 러시아의 NATO 가입, EU와의 통합 얘기가 나올 정도로 서방과의 협력을 모색한 바 있다. 지금은 누구도 기억하는 이가 없지만 푸틴은 2000년 3월 26일 대통령 선거에서 승리한 직후 당선인 신분으로 영국을 첫 순방국으로 선택했다. 4월 중순 런던을 방문해 블레어(Tony Blair) 영국 총리와 회담하고 러영정상회담 연례화에 합의했다. 5월 7일 대통령 취임식을 끝내자마자 이번에는 독일 베를린으로 날아가 슈뢰더(Gerhard Schroder) 독일 총리와 만난 뒤 유럽 공동의 안보를 위해 노력하기로 의견의 일치를 이뤘다. 푸틴의 서방 접근 노력은 단순히 첫 순방지로 서방국가를 택한 '상징'으로만 그치지 않았다.

　이듬해인 2001년, 9·11 테러에 맞서 미국이 아프가니스탄에서 알카에다 및 탈레반 제거 작전을 수행하도록 지원했다. 러시아의 전략적 요충지인 중앙아시아에 미군이 주둔하는 것을 용인한 것. 또 그해 이란·북한과 같은 소위 불량국가와 테러리스트에 대한 미사일 방어를 개발하는 능력을 제한한다며 미국이 일방적으로 결정한 탄도탄요격미사일(ABM: Anti-Ballistic Missile) 협정 탈퇴도 받아들였다. 그러나 미국이 옛 소련의 일원이던 발트3국을 NATO와 EU 회원국으로 적극 받아들이고, '러시아의 앞마당'이라는 폴란드와 체코에 미사일방어(MD)망 구축을 시도하면서 러미관계는 틀어졌다. 이러한 시도들이 누적되면서 러시아의 대서방관계가 정상화되지 못함은 물론, 이후 내내 대립 관계를 유지해왔다.

　나발니는 푸틴 집권 기간 삐걱거린 러시아-서방관계를 겨냥한 듯, 양측의 관계 정상화를 위해 이미 체결했던 협정이나 약속 의무를 러시아가 선제적으로 이행하고, 추가적인 문제에 대해서는 즉각 협의를 시작해야 한다고 주장한다. 이 때문에 일부 평론가들 사이에서는 나발니의 대서방정책이 'ABP(Anything But Putin)'로 향하는 것 아니냐고 우려한다. 즉 푸틴의 정책을 무조건 뒤집으려 한다는 것이다.

　한편 나발니는 특히 EU와 민주주의와 시장경제라는 가치를 공유하는 만큼, 궁극적으로 EU-러시아 자유무역지대(FTA)를 조성하되 그에 앞서 비자면제협정을 체결해야 한다고 주장한다.

　요약하면 나발니는 러시아와 서방 국가들이 ▲자유무역 ▲테러와의 전쟁 ▲국제적 긴장 완화 등 세 분야에서 이해를 공유하고 있다고 생각한다. 이에 비해 정치적 측면에서의 민주주의 가치 공유는 다소 모호한 입장을 취한다.

흥미로운 점은 나발니의 대서방 정책에서 많이 등장하는 표현이 '유럽연합(Европейский союз)'과 '러시아의 이익(Интересы России)'이라는 사실이다. 세계적 추세와 달리, 협력 파트너로 초강대국인 미국보다 앞서 EU를 거론하고, 가치 공유보다는 러시아의 이익을 더 앞세우는 것이다.

나발니가 혁파해야 할 대상으로 삼는 푸틴은 동서양 사이에서 러시아의 차별성을 부각해왔다. 푸틴 집권 시기 내내 회자되는 '주권민주주의' 개념이 이러한 맥락이라 할 수 있다. 그에 비해 나발니는 유럽과 아시아 사이에 존재하는 러시아의 고유성을 강조하면서도 러시아는 분명히 서방세계의 일부라는 점을 빠뜨리지 않는다. 따라서 러시아가 우선적으로 힘을 쏟아야 할 외교 상대는 명백히 서방, 특히 유럽이라고 보는 것이다.

유럽 중시와 관련해 나발니는 푸틴을 비판하며 자신의 생각을 밝힌다. 그는 넴초프 재단 주최 한 포럼에서 "푸틴은 여전히 (냉전시기처럼) 세계를 러시아와 미국이라는 둘로 나누고, 유럽 국가들을 깡그리 무시하지만 이런 시각은 시대착오적이다. 요즘 러시아의 젊은이들은 러시아가 더 이상 가난한 국가가 아닌, 정상적이고 발전된 국가가 되기를 희망한다. 그 모델은 바로 유럽의 선진국들이다"고 말했다. 비록 푸틴의 외교정책을 '유럽 무시'라며 지나치게 단순화하고 매우 편협하게 묘사한 측면이 있으나 서방 가운데 미국보다 유럽을 우선하려는 나발니의 비전은 분명하다.

다만 유럽 등 서방과의 협력은 이데올로기나 정체성 관련 문제보다는 실질적으로 합리적인 차원, 즉 러시아가 취할 수 있는 이익에 기초해 성사돼야 함을 주장한다.

나발니는 2017년의 라이브 방송에서 "유럽과의 교류는 러시아정부가 그것(유럽)으로부터 이익을 얻든지, 아니면 러시아 국민이 그것으로부터 돈을 벌 수 있는지가 중요한 기준"이라고 말했다.

미국과의 관계에서도 나발니는 푸틴을 과하다 싶을 정도로 격하게 비판한다. 나발니의 표현을 빌려보자. "우리 러시아에서 이런 농담을 들어본 적이 있을 것이다. 바로 '푸틴은 재임 기간 두 가지 업적을 이뤘다. 하나는 (미국보다 앞서) 인류를 우주로 보낸 것이고, 다른 하나는 2차 세계대전에서 승리를 이뤄낸 것이다'는 농담 말이다. 하지만 이 농담은 더 이상 유효하지 않다. 푸틴처럼 러시아는 미국을 경쟁상대로 보면 안 된다."

나발니가 거론한 농담은 푸틴을 열렬히 지지하고 소련 시절의 향수를 그리워하는 일부 극렬층이, 마치 과거 소련의 업적을 지금의 푸틴이라는 지도자가 이룩한 것처럼 생각하며 종종 사용하는 표현이다. 그러나 러시아 국민 대부분이 이에 동의하지 않는 게 사실이다. 때문에 나발니가 자신의 미국관을 설명하기 위해 극단적인 표현을 쓰는 것이란 지적이다. 즉 미국은 오늘날 러시아보다 한참 앞서 있고 경쟁국가가 아닌, 러시아가 배워야 할 대상이라고 나발니는 인식하는 것이다.

아무튼 나발니의 미국관은 소모적인 경쟁이 아니라, 철저하게 실익(實益)에 기반을 둔다고 할 수 있다. 그는 "만일 내가 대통령이 되면 러시아-미국관계는 보통의, 정상적인 관계가 되도록 노력할 것"이라는 말을 자주 해왔다. 이데올로기적 갈등보다는 실질적인 협력관계 구축에 애쓰겠다는 뜻으로 읽힌다.

나발니의 서방정책에 대해서는, 국내정책에서 그런 것처럼 논란이

끊이지 않는다. 가장 대표적인 것은 국내정치 문제를 해결하는데 서방을 끌어들이는 전략을 사용한다는 점이다. 나발니가 볼 때 견고한 푸틴 체제를 러시아 내부의 힘으로 무너뜨리는 것이 요원하고, 따라서 서방의 압력을 통한 해결이 효율적이라고 판단했을 가능성이 매우 높다는 분석이다.

'나발니 리스트(Список Навального)'는 그 전형적 사례로 꼽힌다. 이는 2021년 2월 8일 나발니와 부패와의 전쟁재단이 주도해 '러시아의 부패, 인권침해를 주도한다'며 작성한 러시아 유력 인사 35명의 명단이다. 작성 시점은 나발니가 노비촉 중독 의심 증상으로 독일에서 치료받고 2021년 1월 귀국해 곧바로 체포된 직후다. 나발니 측은 미국과 EU가 나서서 이들 리스트에 등장하는 35명을 제재해주도록 요청했다. 당장의 목표는 '선거를 조작하고, 공금을 횡령하며 반대파를 독살했다'는 명분으로 푸틴과 크레믈에 대한 보복 조치를 이끌어내 친정권 정치인과 기업인이 유럽과 미국에 보유한 자산을 동결하는 것이었다. 이 명단에는 대통령 대변인, 모스크바 시장 등의 인사 외에, 친푸틴 기업인들과 공금횡령에 명의를 대여한 것으로 의심되는 고위 책임자의 자녀, 나발니 본인을 핍박한 정부 고위 관리들도 포함됐다.

나발니의 요청에 서방도 즉각 부응했다. EU는 2021년 3월 초 이들 명단에 이름이 오른 35명에 대한 제재를 발표했고, 미국·영국·캐나다 등 개별 서방국가들도 9월까지 제재에 동참했다.

이런 사태 전개를 둘러싸고 나발니 반대 진영에서는 나발니가 국내 문제 해결에 대한 진지한 고민은 제쳐둔 채, '나발니 리스트' 등으로 서방국가를 끌어들여 오히려 '러시아 내부로부터의 혁명'을 좌초시키고 자생력 있는 혁명 기반 구축을 어렵게 한다고 비판한다.

표 6.1 2021년 나발니 측이 서방에 제재를 요청한 친정부 인사 35명 명단

순번	이름	정부와의 관련성, 제재 요청 사유
1	로만 아브라모비치 (Абрамович)	기업인, 푸틴 정권 최대 수혜 기업인
2	데니스 보르트니코프 (Бортников)	대외무역은행(ВТБ) 이사회 부의장, 알렉산드르 보르트니코프 연방보안국(ФСБ) 국장의 아들로 푸틴 정권의 '지갑'역할 수행
3	안드레이 코스틴(Костин)	베테베 이사회 의장, 자금 세탁
4	미하일 무라슈코(Мурашко)	보건부 장관, 나발니 독살 시도에 책임
5	드미트리 파트루셰프 (Патрушев)	농업부 장관, 니콜라이 파트루셰프 러시아 안보회의 사무총장(서기)의 아들로 푸틴 정권의 '지갑'역할
6	이고리 슈발로프(Шувалов)	대외경제은행(ВЭБ) 의장(전 부총리), 부패 혐의
7	블라디미르 솔로비요프 (Соловьёв)	언론인, 나발니에 관한 가짜뉴스 배포
8	알리셰르 우스마노프 (Усманов)	기업인(언론사 사주), 부패와 자금 세탁
9	알렉산드르 바스트리킨 (Бастрыкин)	연방수사위원회 위원장, 언론인과 야권 인사에 대한 탄압
10	알렉산드르 보르트니코프 (Бортников)	연방보안국 국장, 나발니 독살 시도에 책임
11	콘스탄틴 에른스트(Эрнст)	국영TV 제1채널 보도국장, 야권 인사들에 대한 비판적 선전선동
12	빅토르 가브릴로프 (Гаврилов)	연방보안국 경제안보부장, 나발니 체포 책임
13	드미트리 이바노프 (Иванов)	연방보안국 톰스크주 지부장, 나발니 독살 시도에 연루

계속 ▶▶

푸틴 정적, 나발니의 생애: 러시아정치의 앞날은

순번	이름	정부와의 관련성, 제재 요청 사유
14	알렉산드르 칼라슈니코프 (Калашников)	연방교정국(ФСИН) 국장, 나발니 체포 책임
15	세르게이 키리옌코 (Кириенко)	대통령 행정실 제1부실장(전 총리), 나발니 탄압과 그가 추진한 '움노예 골로소바니예' 방해
16	옐레나 모로조바(Морозова)	힘키주 판사, 나발니 체포 책임
17	데니스 포포프(Попов)	모스크바시 검사, 나발니팀에 대한 탄압
18	마르가리타 시모니얀 (Симоньян)	언론인, 국영 RT 보도국장, 서방세계에 대한 정보전쟁의 주역
19	이고리 얀축(Янчук)	힘키주 경찰국장, 나발니 체포와 불법구금
20	빅토르 졸로토프(Золотов)	국가근위대 대장, 나발니와 동료들의 거리 시위 폭력 진압
21	올레크 데리파스카 (Дерипаска)	기업인, 푸틴 기업인의 최대 수혜자
22	알렉세이 밀레르(Миллер)	국영 가즈프롬 사장, 푸틴 정권 최대 수혜 기업인
23	이고리 세친(Сечин)	국영 석유기업 로스네프트 이사회 의장, 푸틴의 최측근 인사
24	겐나디 팀첸코(Тимченко)	기업인, 푸틴의 최측근 인사로 부패 혐의
25	니콜라이 토카레프 (Токарев)	트란스네프트 이사회 의장, 부정수단으로 막대한 부 형성
26	알렉산드르 베글로프 (Беглов)	상트페테르부르크시 시장, 부패 혐의
27	유리 차이카(Чайка)	전 검찰총장, 시민저항 탄압 및 부패 혐의
28	안드레이 카르타폴로프 (Картаполов)	국가두마 의원(전 국방부 차관), 야권 행동가들에 대한 음모

계속 ▶▶

순번	이름	정부와의 관련성, 제재 요청 사유
29	파벨 크라셰닌코프 (Крашенинников)	국가두마 의원(전 법무부 장관), 야권 인사 탄압하는 여러 법제 정비
30	미하일 미슈스틴 (Мишустин)	내각 총리, 푸틴 정책 이행의 총괄 책임
31	엘라 팜필로바 (Памфилова)	중앙선거위원장, 부정선거 조력 및 나발니에 대한 불법행위 묵인
32	드미트리 페스코프(Песков)	대통령 대변인, 나발니에 대한 악성 가짜뉴스 유포
33	세르게이 소뱌닌(Собянин)	모스크바시 시장, 부정선거와 부패
34	안톤 바이노(Вайно)	대통령 행정실장, 푸틴 정권 정책의 조율과 이행
35	안드레이 보로비요프 (Воробьев)	모스크바주 지사, 부패 혐의

CIS권(중앙아시아와 캅카스)

나발니의 외교정책 가운데 가장 혼란스러운 부분이 바로 옛 소련 국가들로 구성된 CIS 권에 대한 내용이다. 하나의 사안에 대해 초기 의견과 나중에 말한 바가 달라 일관성에 문제가 있기 때문이다.

CIS권에 대한 나발니의 인식을 요약하면 ▲캅카스 지역 경시(輕視)와 완전한 러시아 영토화 ▲우크라이나 정책에 대한 혼선 ▲러시아와 벨라루스의 통합 반대 ▲중앙아시아 국가들에 대한 정경(政經)분리 접근 등이다.

우선 나발니의 언급들에는 캅카스 지역 전체를 비하하는 듯한 내용이 적지 않다.

칸카스는 흑해와 카스피해 사이에 있는 지역으로서, 국가로는 러시아(남부)와 조지아, 아제르바이잔, 아르메니아 등 4개국이 걸쳐 있다. 특히 동서를 가로지르는 칸카스 산맥을 기준으로 러시아의 남부 지역은 북(北)칸카스, 이를 제외한 3개국은 남(南)칸카스라고 세분해서 부른다. 러시아 영토인 북칸카스에는 행정구역상 체첸, 다게스탄, 아디게야, 잉구세티야, 북오세티야, 카라차예보-체르케시야, 카바르디노-발카리야 등 7개의 공화국, 스타브로폴과 크라스노다르 등 2개의 주(край)가 포함돼 있다. 이 중 러시아로부터의 분리·독립 요구로 러시아정부가 늘 고민스러워하는 곳들은 바로 1만 5,647㎢의 면적에 144만 명의 인구를 가진 체첸공화국과 5만㎢의 면적에 인구 300만 명의 다게스탄공화국 등 두 곳이지만, 나발니가 비하하는 곳은 칸카스 전체를 뜻한다.

지도 6.1 칸카스 지역

나발니는 2011년 4월 12일 유튜브에 올린 무기 소유 합법화 주장 영상에서 북캅카스 계열 무슬림 군인들을 바퀴벌레와 파리로 묘사해 큰 파장이 인 바 있다. 게다가 같은 해 10월 22일 모스크바에서 열린 반정부 집회에서 함께 참석한 블라디미르 밀로프(Владимир Милов)와 함께 '캅카스인들에게 먹이를 주지 말자(Хватит кормить Кавказ)'라며 일종의 행동강령을 채택했다. 자칭 '민주투사들'의 머리와 입에서 나왔다고는 믿을 수 없는 내용들이었고, 즉각적인 해명을 내놓지도 않았다.

이에 대한 비판이 지속되자 당시 반정부 집회를 주도했던 야당 국민자유당은 한 달가량이 지나서야 "우리가 말하고자 한 것은 러시아정부가 권위적이고 억압적인 캅카스의 무력(武力)정권들에게 과도한 비

▶ 알렉세이 나발니가 2011년 10월 22일 모스크바 볼로트나야 광장에서 열린 '캅카스인들에게 먹이를 주지 말자(Хватит кормить Кавказ)' 집회에서 연설을 하고 있다.
출처: ТАСС, 2011. 10. 22.

용을 지불하고 있다고 보기 때문이다. 이러한 괴뢰 캅카스 정권들에게 우리의 세금을 낼 수 없다는 의미였다"고 해명했다.

나발니도 1년 뒤 에스콰이어지 인터뷰에서 "캅카스인들에게 먹이를 주지 말자는 슬로건은 매우 자극적으로 들릴 수 있다. 만약 맥락을 좀 더 상세히 들여다보면 이 슬로건이 캅카스의 부패한 엘리트만을 겨냥하고 있다는 사실을 알게 될 것이다. 비슷한 비유가 있다. '토지는 농민에게(Землю – крестьянам)'라는 슬로건은 분명 좋은 내용이지만, 만약 토지를 받는 사람이 (경작 농민이 아닌) 소유주라면 어떻게 될까"라고 강변했다.[9]

그럼에도 나발니가 계속 궁지에 몰리자 이번에는 지인들이 나발니를 두둔하고 나섰다. 나발니와 불법이민 반대운동을 함께 해온 알렉산드르 벨로프(Александр Белов)는 "사람들이 나발니를 다소 오해하는 측면들이 있다. 이를테면 '캅카스인들에게 먹이를 주지 말자'라는 캠페인은 공격적 구호가 아니었다. 캅카스 민족에 대한 반대가 아니라, 가난한 소수민족 자치 구역에 지급하는 러시아정부 보조금에 반대하는 것이었다. 안타깝게도 많은 이들이 그 속뜻을 제대로 보지 않고, 나발니를 급진적인 국수주의자로 몰아가는 것 같다"고 말했다.

한편 러시아로부터 독립운동을 벌이고 있는 체첸에 대해 나발니는 '당연히 러시아의 영토'라는 입장을 고수한다. 러시아의 주권이 미치는 지역이기 때문에 독립운동은 절대 불가하다는 것이다.

더 큰 문제는 캅카스의 이웃국가 조지아(옛 그루지야)에 대한 태도였다. 러시아 중견 언론인 블라디미르 마몬토프(Владимир Мамонтов)는 2013년 7월 21일자 일간 『브즈글랴드(Взгляд)』를 통해 과거 나발니가 5년 전(2008년)에 인터넷상에서 했다는 문제의 발언을 찾아

내 보도했다. 2008년 러시아와 조지아의 전쟁 때다. 당시의 문제 발언은 다음과 같다(2008년 당시의 표현이기 때문에 국명은 조지아 대신, 그루지야 표기를 그대로 두고 번역했다).

"최근의 상황들을 보면, '권위'는 필요한 곳에 합리적으로 군사적 수단을 사용할 수 있는 능력에서 나온다. 나는 바로 지금이 이러한 권위가 필요할 때라고 확신한다.

현재 남오세티야에 대한 러시아 지상군의 증파(增派) 논의가 없는 상황에서 러시아정부는 다음과 같은 조치들을 취해야 한다.

1. 러시아정부는 그루지야(정부)와 싸우려는 남오세티야와 압하지야에 군사적, 재정적 지원을 해야 한다.
2. (그루지야군이 들어오지 못하도록) 남오세티야를 비행금지구역으로 설정하고, 즉각 이 지역에 모든 러시아 공군기를 투입해야 한다.
3. 그루지야를 철저하게 봉쇄해야 한다. 그루지야와의 그 어떤 통신도 차단해야 한다.
4. 우리 러시아연방 영토에 거주하는 모든 그루지야인을 추방해야 한다. 더 나아가 그루지야의 '설치류(Грызуны)' 같은 장성들이 모여 있는 본부에 순항미사일을 발사해서 (그루지야로부터 독립을 희망하는) 남오세티야의 우리 러시아인들이 안전하고 조기에 집에 돌아올 수 있도록 해야 한다."

모든 조지아인을 추방해야 한다는 것은 말할 것도 없고, 일부 군장성이라고 해도 설치류에 비유한 것은 매우 부적절했다는 평가가 대부분이다. 당시 나발니의 발언을 주목한 이는 거의 없었기 때문에, 외부로 문제가 심각해지지는 않았다.

그러나 발언한 지 5년 만인 2013년, 나발니가 모스크바 시장선거에 도전하면서 과거 설치류 발언이 논란이 됐다. 그러자 나발니는 2013년 7월 22일 우크라이나 언론인 아이데르 무즈다바예프(Айдер Муждабаев)와의 대담에서 "전쟁 이전에 조지아인들에게 '설치류'라고 한 부분에 대해 유감스럽다. 사실도 아니고 추악한 포스팅(posting)이었다"고 해명했다.[10]

칸카스를 넘어 우크라이나와 크림반도에 대한 나발니의 인식도 대중들을 혼란스럽게 만들기는 매한가지다. 푸틴 대통령의 집권이 지속되고 우크라이나와의 대결이 불가피해보이던 2013년 9월 17일, 인터넷매체 슬론(Slon)과 한 나발니 인터뷰에는 이런 내용이 등장한다.

> "나는 푸틴 대통령이 우크라이나에 더 많이 개입하면 할수록 우리에 대한 (서방의) 제재가 10배 더 강력해지고 따라서 푸틴 정권 붕괴에 확실히 도움이 될 것이라고 본다. 다만 (우크라이나에 대한) 군사적 모험으로 인한 푸틴의 붕괴는 우리에게 좋은 징조가 아니다. 궁극적으로 우리 모두는 러시아가 정상적인 유럽 국가가 되기를 바란다. 전쟁의 결과로 유럽 국가가 될 수는 있겠지만, 크기가 크게 축소된 국가만 남을 것이다. 제국주의적 계획의 민족주의는 지금 나라를 위해 선택할 수 있는 최악의 것이다. 우리 거대한 러시아에는 비어 있는 땅과 보호받지 못하는 사람들이 너무 많다. 인구는 줄고 있다. 러시아 민족주의자의 임무는 이들을 돌보는 것이다. 도대체 우크라이나가 무엇인가."[11]

어찌 보면 우크라이나, 크림반도의 위상이나 사람들 안위보다는 자신에게 유리하게 작용할 국내외적 파장에 주목하는 듯한 분위기가 묻어났다.

그러다가 2014년 3월 러시아가 우크라이나의 크림반도를 실제 강제 병합한 것을 두고는 다른 얘기를 한다. 러시아 연구자들 사이에서 지금까지도 유명한, '크림반도는 소시지가 들어간 샌드위치가 아니다'는 바로 그 인터뷰다. 나발니는 2014년 10월 15일 자택구금 중 알렉세이 베네딕토프(Алексей Венедиктов) 에호 모스크비 보도국장과의 인터뷰에서 이렇게 말했다.

"비록 크림반도가 국제규범에 반해(강제합병으로) 우크라이나에서 떨어져 나왔으나, 이제 크림반도는 사실상 러시아 영토라는 것이 현실이다(Крым, конечно, сейчас де-факто принадлежит Pоссии). 누구든 현실을 자각하고 스스로를 속이지 말아야 한다. 우크라이나 정치인들도 마찬가지다. 크림반도를 갖고 혹세무민하지 말 것을 권고한다. 크림은 앞으로도 러시아 영토의 일부로 남을 것이며, 예견할 수 있는 장래에 우크라이나의 일부가 될 일은 결코 없을 것이다. (당신이 대통령이 되면 크림반도를 우크라이나에 반환할 것이냐는 질문에) 크림은 여기저기 넣었다 뺐다 할 수 있는, 소시지가 들어간 샌드위치가 아니다. 크림 영토는 현재 크림반도에 살고 있는 사람들이 주인이다."[12]

그러다가 또 1년 뒤에는 결이 다른 언급을 한다. 2015년 나발니가 도쥐드TV와 가진 인터뷰 내용은 이렇다.

"많은 러시아인이 크림반도를 우리 러시아의 것이라고 말한다. 하지만 분명한 것은 크림반도의 합병이 불법적이었다는 점이다. 전략적 관점에서 볼 때 불법 병합은 어느 누구에게든 건설적인 결과를 가져다주지는 못할 것이다. 크림은 (키프로스에서 독립을 선언했지만 국제적 승인을 받지 못하는) 북(北)키프로스처럼 되지 않을까 싶다. 크림은 앞으로도 러시아, 우크라이나와 유럽의 많은 나라들을 옥죔으로써 세계의 최대 분쟁지역으로 남을 것이다."

그렇지만 2022년 2월 푸틴이 '특별군사작전'이라고 명명하며 시작한 우크라이나와의 전쟁 이후 나발니는 기존 입장을 다 뒤집고 크림은 우크라이나 영토이며, 우크라이나의 독립국가 위상이 침해되어서는 안 된다는 쪽으로 완전히 선회했다.

한편 이웃국가이자 2022년 러시아-우크라이나전쟁 때 러시아의 동맹국 역할을 한 벨라루스와의 통합문제에 대해 나발니는 원칙적으로 반대한다. 물론 푸틴 대통령은 적극적이다.

푸틴 대통령은 2000년 취임 초부터 '러시아-벨라루스 연합국가(Союзное государство)' 구상을 추진해왔다. 물론 연합국가 구상이 푸틴 집권기에 시작된 것은 아니다. 1996년 4월 당시 보리스 옐친 러시아 대통령과 알렉산드르 루카셴코 벨라루스 대통령이 '국가공동체 설립 조약'에 합의한 데서 비롯됐다. 두 대통령은 이를 발전시켜 1999년 12월 '연합국가 설립 조약'을 체결함으로써 본격적인 논의에 불을 붙였지만 좀처럼 진전을 보지는 못했다. 2000년 푸틴 대통령이 집권한 이후에도 실무협의가 부진하다가 조약 체결 20주년을 맞은 2019년, 연합국가 설립을 위한 분야별 로드맵 개발 실무 그룹을 꾸렸다. 그로부터 2년 뒤인 2021년 9월 연합국가 설립을 위한 28개 로드맵에 합의했다. 로드맵의 골자는 제반 경제 분야에서의 양국 법률 단일화와 양국 경제 주체의 활동 조건 균등화, 단일 금융·에너지 시장 조성, 공통의 산업 및 농업 정책 마련과 이행 등이다.

나발니는 벨라루스와 우호적인 관계의 유지, 호혜적인 교역 등을 이루면 되지, 굳이 연합국가에까지 이를 필요는 없다고 본다. 만약 푸틴정부가 연합국 구상을 추진한다고 하더라도 정작 가장 큰 장애물은 독재자 루카셴코 벨라루스 대통령이기 때문에 불가능할 것이라고 진단한다. 30년간 독재하면서 벨라루스를 좌지우지해왔던 루카셴코가 연합국가가 되면 통제력을 상실하게 될 텐데, 과연 이게 가능하겠느냐는 것이다.

벨라루스에 대한 러시아의 경제적 지원도 당연히 반대한다. 벨라루스의 경제가 어렵다면 국제적인 차관(借款) 형태로 도우면 되는데, 왜 러시아 국민이 낸 세금을 갖고 선심 쓰듯 지원하느냐는 것이다.[13]

카자흐스탄·우즈베키스탄·투르크메니스탄 등 국명에 '~스탄'이 포함된 중앙아시아 국가들에 대한 나발니의 접근법은 '이중 잣대'를 들이댄다는 견해가 지배적이다. 정치적으로는 반민주 독재정권에 대한 불용(不容)이고, 경제적 측면에서는 통합과 자유무역이라 할 수 있다.

우선 정치적 측면에서 나발니의 정책 기조는 2010년대 진보당 소

표 6.2 옛 소련의 중앙아시아 5개국 개요

구분	면적(㎢)	인구(명)	1인당 GDP (달러)	통치형태
우즈베키스탄	448,978	36,024,900	2,563	대통령제, 권위주의
카자흐스탄	2,724,900	19,196,465	12,306	대통령제, 권위주의
키르기스스탄	199,950	6,527,743	1,736	대통령제 (2010~2021년은 의원내각제와 이원집정부제), 권위주의
타지키스탄	142,550	9,750,064	1,277	대통령제, 권위주의
투르크메니스탄	488,100	6,341,855	13,065	대통령제, 권위주의

속일 때는 선명했다. 거짓과 폭력, 민주주의 억압 정권이 들어선 국가와는 결별하는 대신, 민주주의와 시민의 자유를 보장하는 국가와는 관계를 증진하는 것이었다.[14]

하지만 이 말은 애매한 측면이 있다. 많은 러시아 정치분석가들은 '나발니가 러시아가 옛 소련 공화국들의 내정(內政)에 간섭할 권리가 있다는 현재 러시아 당국의 견해를 공유한다'고 평가한다.[15] 다시 말해 나발니가 보기에 러시아는 역내 맹주국가이기 때문에 다른 중앙아 국가들의 내정에 개입할 수 있고, 따라서 일부 반민주 중앙아 국가들의 정권 교체(regime change) 등을 시도할 권한이 있다는 논리가 가능하기 때문이다.

이에 비해 경제정책은 상대적으로 단순하다. 소련 해체 이후의 공간에서 지역통합을 지원하고, 특히 '유라시아경제연합(ЕАЭС)'의 확장과 러시아 주변부의 교역활성화에 방점을 둔다. 유라시아경제연합은 회원국이 러시아 카자흐스탄 등 5개국에 불과하고 자원부국인 투르크메니스탄과 타지키스탄, 우즈베키스탄 등이 빠져 있어 회원국 확대 등이 과제로 남아 있다. 나발니는 소프트 파워 등을 활용해 교역활성화를 꾀하는 것이 바람직하다는 입장이다.

정치와 경제의 분리 접근은 위험성을 내포한다는 견해가 많다. 만약 나발니가 러시아호(號)를 이끌게 될 경우 중앙아시아 국가들과 정치적 측면에서 갈등이 발생할 우려가 높다는 관측까지 나온다. 이들 국가가 대부분 권위주의적 통치시스템인데도 나발니는 분명 민주주의 옹호를 주장하며 정권 교체의 압력까지 넣을 가능성이 높고, 그러다 보면 충돌이 불거질 수 있기 때문이라는 것이다.

남북한과 중국, 일본

대한민국을 비롯해 아시아 국가들과 관련한 나발니의 의미심장한 언급은 많지 않다. 아무래도 정책의 중요성을 외교보다는 국내정책에 두는 데다, 외교로만 국한해보면 우선순위를 아시아 국가들보다는 서방, 옛 소련권 국가들과의 관계에 부여하기 때문이다. 다만 정치 경험이 쌓이고 시간이 흐르면서 특히 동북아 3개국에 대한 언급들이 늘고 있는 점은 주목할 만하다.

우선 한국과 관련해선 국제사회에서의 위상을 부러워하는 흔적이 발견된다. 나발니는 2010년 미국 예일 월드 펠로의 일원으로 예일대에서 단기 연수를 하던 중 미국 사회에서 러시아가 얼마만큼 작게 다뤄지는 지를 한탄하면서 한국의 위치와 비교했다.

> "미국 예일대 연수 중 참으로 불편했던 사실 중 하나는 러시아가 더 이상 미국의 어젠다(agenda)가 아니라는 것이었다. 미국인 어느 누구도 러시아를 토론 주제로 삼지 않았다. 브라질, 인도, 중국, 한국 등이 주요 어젠다였다. 아무도 러시아어를 배우지 않고, 슬라브연구 파트에는 담당자가 아예 없었다. 정확한 날짜가 기억나진 않지만 언젠가 예일대의 외교정책 토론 시간에 참여했는데, 2시간 동안 러시아라는 단어는 단 세 차례 밖에 언급되지 않았다. 그마저도 지금의 러시아가 아닌, 과거 소련에 관한 얘기를 하고 있었다."[16]

나발니는 아울러 러시아가 한국과의 개별적인 협력보다는, 한·중·일 등 동북아 3국과의 협력이 중요하다고 강조한다. 2018 대선 출마를 선언하면서 발표한 정책프로그램, 즉 외교 분야 공약에서였다. 공약에서 그는 '한·중·일 등 극동에서의 통합프로세스 촉진(стимули рование интеграционных процессов на Дальнем Востоке [Япония, Южная Корея, Китай])'이라는 표현을 통해 3개국과의 협력을 러시아의 외교 과제로 거론했다. 다시 말해 러시아의 지리적 위치가 서쪽으로는 EU 회원국들, 중남부는 옛 소련 소속 국가들, 동쪽으로는 극동 3개국과 밀접하게 닿아있으므로 3개 방향에서의 협력 프로세스를 반드시 이뤄내야 하고, 그 한 축이 한·중·일과의 협력이라고 한다.[17]

반면 '세베르나야 카레이야(Северная Корея)' 혹은 '카엔데르(КНДР)'라고 칭하는 북한에 대해서는 부정적 인식을 보였다. 북한을 독재국가, 테러지원국의 범주에 포함하면서 자신이 집권했을 때 러시아가 북한과의 관계 단절을 암시하는 내용들이 보인다. 나발니는 "러시아가 독재정권은 물론 전 세계가 지지하지 않는 정권들에 대한 지원을 단호히 철회하고, 원조 제공도 중단해야 한다. 뿐만 아니라 특정인들의 정치적 야망을 충족시키려는 특정 국가, 반군들에 대한 지원 역시 중단해야 한다. 또 테러와의 전쟁을 효율적으로 전개하기 위해 시리아 바샤르 알아사드(Bashar al-Assad) 정권을 도왔던, 그간의(푸틴 정권의) 국제 반테러연합 참여방식을 재검토해야 한다"고 했다.

미시적인 문제일 수 있으나, 푸틴 정권이 북한에 대한 채무를 탕감해준 사실은 나발니가 직설적으로 비판했다. 그는 2017년 유튜브 라이브 방송을 통해 "러시아정부가 2005년부터 북한과 시리아, 리비아 등의 채무를 탕감해준 것은 잘못이다. 이 돈(탕감해준 채무)은 러시아 납세자들에게 돌아가야 할 돈"이라고 했다. 실제 푸틴 대통령은 북한과의 경제협력 활성화를 명분으로 2012년 9월 17일 정부 간 협정을 통해, 북한이 소련 시절을 포함해 러시아에 지고 있던 약 109억 달러의 채무

오후 4:07 · 2014년 7월 6일

▶ 나발니가 북한의 사이버 해커 수가 2배 늘었다는
내용을 올린 트위터 화면.

출처: twitter.com

가운데 90%를 탕감해주고 잔액 10억 9,000만 달러는 20년에 걸쳐 분할 상환하도록 하는 합의를 승인했다.

나발니는 북한 관련 부정적 뉴스에 대해서는 때로 직접적인 언급을 한다. 예컨대 2014년 7월 6일 언론 보도를 인용, "북한의 사이버 해커 수가 2배로 증가했다(КНДР удвоила количество кибершпионов)"고 했다.

한편 일본과 중국 두 나라는 강대국의 관점에서 인식한다. 나발니는 2015년 도줘드TV와의 인터뷰에서 이렇게 말했다.

"비록 일본은 비교적 작은 규모의 군대를 갖고 있으나 그들의 돈과 경제력, 적지 않은 인구와 면적으로 주변국들과 상호작용하고 있다. 이런 측면에서 볼 때 러시아에 있어 일본은 아시아의 매우 중요한 파트너다. 케이스는 다르지만 국가의 역할이 커질수록 부유해지는 나라가 있다. 바로 중국이다. 러시아와 관련해선 중국이 우리의 잠수함을 더 많이 구매한다는 측면보다는, 과거 수억 명이 기아에 시달렸으나 지금 누구도 굶어죽지 않는다는 점에 주목해야 한다. 중국은 인민들에게 연금을 주기 시작했고, 발전하고 있으며 부강해졌다. 중국은 국가의 역할이 커질수록 부유해지고, 국가의 역할이 줄어들수록 부는 감소하는 나라다. 그런데 우리 러시아는 많은 오일달러의 유입(流入)에도 불구하고 인구는 감소하고 나라는 여전히 가난하다. 우리는 이러한 트렌드를 바꾸고 발전해야 한다. 그렇게 되면 우리 러시아는 중국처럼 부강한 나라가 되고, 세계에서의 영향력은 자연스레 커지게 된다."[18]

다만 시진핑(習近平) 집권 이후 공산주의 독재로 흐르는 중국을 경계하는 인식은 여러 차례 드러냈다. 나발니는 2019년 10월 폴란드 바르샤바에서 열린 고(故) 보리스 넴초프 추모포럼에서 세계적 석학 후쿠야마(Francis Fukuyama), 넴초프의 부인 잔나 넴초바(Жанна Немцова)와의 대담을 통해 다음과 같이 말했다.

"나는 현재 중국이 러시아에 위협이 된다고 생각하지는 않는다. 다만 진짜 위협은 러시아(푸틴)와 중국(시진핑)의 정권들이 공유하는 전제주의적 연대라고 본다. 러시아와 중국의 정권은 국내외 무대에서 상호 긴밀하게 협력한다. 가령 2019년 6월 홍콩에서 대규모 반중(反中) 시위가 일어나자 기다렸다는 듯 러시아 외무부는 '외부세력이 시위를 부추기고 있다'고 비판했다. 반대로 모스크바에서 반정부 시위가 발생하면 중국 외교부는 대부분 외부세력이 개입한 것이라며 화살을 외부로 돌리고 러시아정부를 감싼다. 이 같은 양국 정권의 협력이 가장 큰 위협인 것이다. 더 큰 문제는 러시아 외교에 관한 푸틴의 인식 때문에 중국 정권과의 관계가 왜곡된다는 점이다. 여전히 소련시대에 머물러 있는 푸틴의 세계관에는 오직 러시아와 (그 경쟁상대) 미국만 있을 뿐이다. 유럽 국가들은 거들떠보지도 않고 중국은 러시아의 상대가 아니라고 푸틴은 생각한다. 그러다보니 러시아가 점점 중국에 외교적으로 많은 양보를 하게 됐다. 아무르강에 위치한 섬들의 할양이 그 증거다. 미래에 엄청난 파장을 몰고 올 외교적 양보인데도, (미국과의 외교에 가려) 중국 정권과의 관계는 은폐돼 있다."[19]

▶ 2019년 10월 9~10일 폴란드 바르샤바에서 열린 넴초프 추모포럼에서 나발니(왼쪽)가 넴초프의 부인 잔나 넴초바(가운데), 후쿠야마 교수와 토론하고 있다.

실제로 러시아는 2008년 동부 하바롭스크의 아무르강(중국명 黑龍江)에 있는 두 개의 섬을 중국에 반환했다. 타라바라이섬(중국명 銀龍島)과 볼쇼이 우수리스크섬(중국명 黑瞎子島)의 절반을 중국에 돌려주고 50여 년에 걸친 영토분쟁을 마무리했다. 알렉세이 나발니는 푸틴 정권에서 이뤄진 이들 섬의 반환이 중국에 지나친 양보를 한 것이라며 비판한 것이다.

중국과 관련해 주목할 만한 언급이 하나 있다. 중국공산당마저도 체제와 상관없이 세계적인 변화에 대처하고 있다며, 인재 육성 정책에 관한 한 중국으로부터 교훈을 얻어야 한다고 본다는 사실이다. 나발니는 "내가 잠시 연수했던 미국 예일대는 중국 학생들로 가득했다. 실제 중국공산당 정치국원의 13%가 미국에서 공부했고, 미국의 최고 대학들에서 매년 수만 명의 중국 학생들이 공부한다. 어떤 이는 중국으로 돌아오고, 또 어떤 이는 미국에 잔류하지만 귀국 여부에 관계없이 이들 모두는 선진국의 지식을 흡수한 중국인이다. 중국의 정책을 우리도 배워야 한다"[20]고 했다.

❖ 주

1) *РБК*, 2000. 11. 24.
2) Московские новости, 2013. 8. 5.
3) *Der Spiegel*, 2017. 4. 21.
4) *Guardian*, 2017. 5. 3.
5) Телеканал Дождь, 2015. 1. 15.
6) https://2018.navalny.com/platform
7) 'Программа политической партии (Партия прогресса)' (2014) 참조.
8) *Bloomberg*, 2017. 3. 28.
9) *Esquire*, 2012. 11. 23.
10) https://shimerli.livejournal.com/1133264.html
11) https://republic.ru/posts/l/992683
12) https://echo.msk.ru/programs/focus/1417522-echo/
13) https://nemtsovfund.org
14) 'Программа политической партии (Партия прогресса)' (2014) 참조.
15) "Что говорят взгляды Навального о внешней политике России после Путина," Фонд Карнеги за Международный Мир, 2018. 7. 6.
16) Константин Воронков (2011), С. 64.
17) https://2018.navalny.com
18) Телеканал Дождь, 2015. 1. 15.
19) https://nemtsovfund.org
20) Константин Воронков (2011), С. 63.

7장

나발니의 미래 동력

"푸틴 정권에 대해 진실을 말할 수 있는 사람이라면 그게 누구든 모두 나의 동지다." "러시아가 유럽형 국가로 발전하기를 원하는 이는 모두 동지다."

나발니는 한마디로 "동지들이 많다"고 자부한다. 하지만 냉정하게 볼 때 그렇게 자부하기에는, 나발니가 처한 정치적 환경과 현실은 녹록치 않다. 그의 동지라고 하는 사람들은 표면적으로 소수에 지나지 않는다. 더욱이 이들은 푸틴 정권의 압력을 우려해 겉으로 모습을 잘 드러내지 않는 경향이 강하다. 때문에 나발니 스스로도 동지라고 부르는 인물을 포괄적으로 얘기하지, 구체적으로 거론하는 것은 자제하는 편이다.

예컨대 나발니는 2014년 10월 15일 자택구금 중 라디오 에호 모스크비와의 인터뷰에서 "나는 동지들이 많다. 무엇보다 러시아를 유럽형 국가로 발전시키기를 추구하는 이들은 모두 동지들이다"라면서도 "미하일 호도르콥스키(Михаил Ходорковский), 미하일 프로호로 프(Михаил Прохоров), 야블로코(정당), 민족주의자들, 좌파, 우파, 그 외에도 많은 이들이 동지"라고 말했다. 나발니가 실명(實名)을 거론한 야권 인사 두 명 뿐이었다.

나발니가 첫 손에 동지로 꼽는 이는 호도르콥스키나 프로호로프 말고도 한 명 더 있다. 고(故) 세르게이 마그니츠키(Сергей Магнитск ий)다. 변호사 마그니츠키는 2008년부터 러시아 검찰과 경찰, 판사, 세관원 등 고위공무원들이 연루된 대규모 비리 사건을 파헤치다, 오히려 탈세 방조 혐의로 기소돼 조사받던 중 2009년 11월 모스크바 구치소에서 의문의 죽음을 맞았다. 러시아 검찰은 영국계 투자펀드 '허미티지 캐피털'의 빌 브로더 CEO를 마그니츠키 피살 사건의 배후로 지목했으나 진실은 여전히 밝혀지지 않았다.

나발니는 매거진 『에스콰이어』와의 인터뷰에서 호도르콥스키와 마그니츠키 등 두 사람과의 인연을 소개했다. "호도르콥스키가 정말 나의 지인이지만, 내게 있어 마그니츠키는 호도르콥스키보다 더 가까운 사람이었다. 마그니츠키가 올리가르히나 정치인이 아닌, 변호사 겸 회계사였기 때문이다. 그는 자신이 옳다고 생각한 일을 했을 뿐인데, (정부로부터) 죽임을 당했다"고 했다.

현역 정치인 가운데는 앞서 언급한 호도르콥스키와 매우 가까운 편이다. 한때 러시아 최대 석유회사였던 유코스(ЮКОС)의 회장 출신으로 올리가르히의 대표주자였던 호도르콥스키는 푸틴 대통령 집권 후인 2003년 10월, 탈세 등의 혐의로 긴급 체포됐다. 하지만 실은 2003년 12의 총선을 앞두고 호도르콥스키가 푸틴에 적대적인 야블로코와 우파연합 등 야당 지원 의사를 밝혔다가 체포된 것이었다. 체포 당시 개인 자산 80억 달러로 러시아 1위, 세계 26위의 억만장자였다. 호도르콥스키는 24세이던 1987년 메나텝은행을 설립하고 1995년 유코스를 단돈 3억 5,000만 달러의 '헐값으로' 매입하며 규모가 급성장했다. 석유 사업이 본궤도에 오르자 특유의 콧수염을 깎는 등 이미지를 일신하고 회사 운영의 투명성을 높여 외국 투자자들의 집중 조명을 받은 기업인이었다. 국내외 인권단체들이 "호도르콥스키가 혐의를 부인하는데도 형을 가하는 것은 러시아정부와 사법 체계의 명예를 훼손하는 잔인하고 불공정하며 무의미한 판결"이라고 반발하고, 국제 인권단체인 앰네스티 인터내셔널도 2011년 호도르콥스키를 양심수로 규정한 뒤 석방을 호소했으나 러시아정부는 꿈쩍하지 않았다. 10년의 형기를 마치고 2013년 12월 석방된 호도르콥스키는 2014년 사회단체 '열린 러시아(Открытая Россия)'를 설립해 야권 인사로 변신하며 나발니와 연대해왔다.

반면 나발니는 한번 적대적이라고 생각하는 인사에 대해선 과하다 싶을 정도로 냉랭한 태도를 견지한다. 나발니와 개인적인 인연은 없지만, 언뜻 보기에 동지처럼 보이는 자유주의자 아나톨리 추바이스(Анатолий Чубайс)가 그런 경우다. 추바이스는 소련 붕괴 후인 1990년대 러시아 경제 민영화 계획의 설계자이자 실행자로, 1990년대 중·후반 옐친정부에서 재무부 장관과 경제 부총리를 지냈다. 한때 나발니가 지지했던 인물이다. 푸틴 정권에 들어와서는 러시아 통합에너지시스템의 수장을 맡아왔다.

나발니는 2015년 5월 28일 라디오방송과의 인터뷰에서 "추바이스를 자유주의자라고 부르는 것은 큰 실수다. 그는 결코 자유주의 경제학자가 아니다. 그리고 정치체제의 '피아(彼我)식별' 시스템으로 볼 때 추바이스를 우리(아군) 쪽으로 편입하는 것 역시 크나큰 실책이다"[1]고 비판했다.

당초 나발니와 추바이스의 갈등은 나발니가 2015년 5월 22일 라이브저널에서 "추바이스는 로스나노(POCHAHO) 사장으로서 지난 8년 동안 매년 300억~500억 루블의 예산을 투입하고도 아무런 성과를 내지 못했다"고 비판하면서 시작됐다. 로스나노는 2007년 푸틴 대통령이 나노테크놀로지(nano technology) 분야에 대한 러시아의 경쟁력 강화를 지시한 후 2011년에 설립한 기업으로, 최근에는 하이테크산업에 대한 투자를 확대하고 있다. 나발니는 라이브저널에서 '멍청한 로스나노', '추바이스가 예산을 탕진했다' 등의 자극적이고 거친 표현을 사용했다. 이에 맞서 추바이스도 5월 25일 라이브저널을 통해 반박했다. 그는 "로스나노는 2012년 이후 정부예산을 단 한 푼도 받지 않았기 때문에 500억 루블을 썼다는 건 거짓말이며, 이미 57개의 나노공장과 12개의 대형 나노센터를 건립하는 등 많은 성과가 있었다. 심지어 2014년에는 80억 루블의 순이익도 냈다"[2]고 주장했다. 그러나 나발니가 재차 공격하면서 두 사람의 지리한 싸움은 계속됐다.

나발니를 지원하는 그룹은 비록 숫자가 몇 되지 않고 밖으로 잘 드러나지도 않지만 그 분포는 다양한 편이다. 이를 구분해보면 ▲나발니가 정치에 입문한 이후 꾸준하게 그를 보좌해오고 있는 '나발니팀(Команда Навального)' ▲나발니가 2018 대선 출마를 선언하면서 그의 공약을 입안했던 '전문가그룹(Экспертный совет)' ▲기업인 스폰서 그룹 등이다.

이들 가운데 '나발니팀'은 공식 명칭은 아니다. 일반적으로 언론이 나발니 캠프의 성향과 역할에 따라 구분하는 용어다. 부패와의 전쟁재단(ФБК) 구성원들이 주류를 형성한다. 실제로 나발니팀은 다시 네 개의 하위 그룹으로 나뉜다. ▲나발니본부(Штабы) ▲부패와의 전쟁재단 ▲나발니 라이브(Навальный LIVE) 채널 ▲전국 교사연맹과 의사연맹 등을 지원하는 조직이다.³⁾

이 가운데 핵심은 조직 구성이나 규모, 역할과 기능을 종합해볼 때 나발니본부와 부패와의 전쟁재단 두 곳이라 할 수 있다. 두 조직이 나발니의 든든한 후원군인 셈이다.

나발니본부는 전국 39개 지역사무소에 180명의 핵심 인력이 활동한다. 수장은 사실상 나발니의 비서실장이자 최고 전략가인 레오니트 볼코프(Леонид Волков)다. 역할은 각 지역의 반정부 활동 지원, 각종 탐사보도, 지역에서 영향력을 가진 인사들의 부패비디오 촬영과 나발니 선거 캠페인 진행 등이다. 부패와의 전쟁재단은 재단의 사무총장이자 변호사인 이반 쥬다노프(Иван Жданов)가 이끌고 있으며 핵심 인력은 30명 선이다. 주로 탐사보도, IT(정보기술) 지원, 디자인 제작 등에 매진한다. 나발니 라이브 채널의 책임자는 사회행동가로 명망이 높은 류보비 소볼(Любовь Соболь)이며, 정부의 규제를 피해 유튜브 채널을 지원하는 게 목적이다.

다음으로 전문가그룹은 2018 나발니 대선 캠프를 지휘했던 경제와 사회, 문화 분야의 최고 인사 7명으로 구성돼 있다. 법률가 파벨 치코프(Павел Чиков), 기업가이자 경제학자인 옐레나 마솔로바(Елена Масолова), 1990년대 중앙은행 제1부총재를 역임한 경제학자 세르게이 알렉사센코(Сергей Алексашенко), 사회운동가이자 작가인 보리스 아쿠닌(Борис Акунин), 경제학 교수 막심 미로노프(Макси

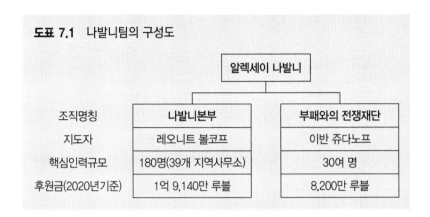

도표 7.1 나발니팀의 구성도

조직명칭	나발니본부	부패와의 전쟁재단
지도자	레오니트 볼코프	이반 쥬다노프
핵심인력규모	180명(39개 지역사무소)	30여 명
후원금(2020년기준)	1억 9,140만 루블	8,200만 루블

м Миронов), 법학 박사 옐레나 루키야노바(Елена Лукьянова) 등
이 그들이다. 이들은 분류만 따로 했을 뿐 나발니팀과 겹친다.

대부분의 나발니 측근들은 각종 거주제한에 묶이고 대중행사에 참
가하지 못하는 등 당국의 탄압이 강해짐에 따라 2010년대 중·후반 이
후 해외로 떠나 현지에서 나발니 지원활동을 지속하고 있다.

이들을 옥죄는 정부의 강력한 수단은 개인이나 단체·조직을 '극단
주의' 세력으로 지정하는 것이다. 러시아 형법과 개인정보보호법 등
에 따르면 테러를 포함한 극단주의 활동에 개입했다는 혐의를 받는 개
인은 각종 선거 참여가 금지되고, 일부는 거주지가 제한된다. 또 극단
주의와 연관됐다고 지정된 단체는 은행 계좌 개설 등의 금융서비스 일
체를 받을 수 없고 기존 예치 자금은 동결되는 등 손발이 묶이게 된다.
이미 부패와의 전쟁재단, 나발니본부 등이 모두 극단주의 단체로 지정
됐다. 게다가 극단주의 세력이라고 지정할 수 있는 기관은 법무부뿐만
아니라 '러시아금융감독청(Росфинмониторинг)' 등 다양하다. 의
지만 있다면 러시아정부가 얼마든지 추가로 통제할 수 있다는 뜻이다.

물론 해외로 나가는 대신, 러시아에 남아 나발니를 돕겠다고 한 이반 쥬다노프 같은 예외적인 인사들도 있다. 하지만 극소수에 불과한 실정이다.

정치적 운명공동체

– 레오니트 볼코프(Леонид Волков)

유대계로 러시아 중부에 있는 우랄국립대 수학과를 졸업하고 2009년 3월 국가두마가 아닌, 예카테린부르크시 두마 의원으로 정계에 입문했다. 나발니 주변 사람들 사이에서는 수학과 물리 분야의 '천재'라고 불린다. 대학 시절인 1997년 제10차 국제청년물리토너먼트(IYPT)에 러시아 대표로 나섰고 2001년 세계프로그래밍챔피언십(World Programming Championship)에도 참가했다.

2012년 정당의 형태를 갖춘 '국민연합(Народный альянс)'을 창당하고 여기에 나발니가 합류하면서 두 사람의 인연이 시작됐다. 2013년 모스크바 시장선거에 출마한 나발니의 선대본부장으로 활약하면서 나발니와 볼코프의 관계는 돈독해졌다. 2013 모스크바 시장선거운동의 꽃이라 불렸던 '나발니 큐브'도 그의 작품으로 알려진다.

2016년부터는 나발니의 2018 대선 캠프 지역네트워크 본부장을 역임했다. 나발니가 2010년 연수했던 미국 예일대 '연수 동문'이라는 공통분모도 있다. 볼코프는 2018년 '그린버그 월드 펠로(Maurice R. Greenberg World Fellow)'로 선발돼 예일대에서 6개월간 연수했다. 2019년 불법 시위 조직 혐의로 러시아 당국이 볼코프를 기소하고 전국에 수배령을 내림에 따라, 2020년부터는 활동무대를 해외로 옮겼다. 지금은 리투아니아 빌뉴스에 거주하는 것으로 알려져 있다. 비록 해외에 있지만 2021~2023년 부패와의 전쟁재단 대표 격인 사무총장을 맡았고 여전히 나발니 비서실장 역할을 하고 있다.

– 로만 루바노프(Роман Рубанов)

2002년 극동연방대 경제학부 졸업 후 주요 기업의 감사로 활동했다. 2013년 모스크바시장 선거 준비과정에서 나발니 후보가 모스크바 시내 146개 군·구 등 하위 행정단위 가운데 4분의 3인 110개 행정단위 대표의 지지 서명을 받아야 하는, 이른바 '군·구역필터(муниципальный фильтр)'에서 목표량의 절반밖에 채우지 못해 도전 기회가 무산될 위기에 처한 적이 있다. 이때 루바노프가 자신의 폭넓은 네트워크를 동원, 목표치를 넘기는 데 결정적 역할을 한 것으로 전해진다. 루바노프는 그 역할 덕분에 나발니 캠프의 부본부장으로 승진했다. 나발니에 이어 2014년부터 2018년까지 부패와의 전쟁재단 사무총장을 역임한 최측근이다.

특히 2017년 3월 2일 나발니가 유튜브에 게재한 49분 분량의 다큐멘터리 필름 '온 밤 니예 디몬(Он вам не димон)'의 실질적 기획자로 알려져 있다. 푸틴 대통령의 후계자 메드베데프 전 대통령의 부정축재 의혹을 폭로한 이 다큐멘터리는 400만 뷰 이상을 기록했다. 나발니의 고발 유튜브 프로그램 중 시청률이 두 번째로 높은 히트작이었다. 이 때문에 그해 6월 체포된 적이 있고, 지금도 러시아 내무부의 수배를 받고 있다.

– 일리야 야신(Илья Яшин)

2000~2008년 야블로코에서 나발니와 정당 생활을 같이한 동료 정치인으로, 엄밀히 말하면 동료이면서 선의의 경쟁자이기도 하다.

야신은 2007년 12월 나발니가 야블로코에서 퇴출될 때 유일하게 출당에 반대했다. 그런 그도 나발니가 출당 조치된 후 꼭 1년만인 2008년 12월 야블로코에서 쫓겨나는 신세가 됐다. 당시 야신 출당의 명분은 "야블로코 소속 정치인이 다른 야권세력인 '연대(Солидарн ость)' 창당에 발기인으로 나서는 등 정당인으로서의 도리를 벗어났다"는 것이었다. 하지만 야신 측은 자신의 퇴출이 "나발니와 함께 그리고리 야블린스키 야블로코 대표를 지속적으로 비판한 결과"라고 주장한다. 야신과 나발니는 새로운 야권세력 창당 간여, 과도한 민족주의 성향의 표출로 출당 명분이 다르긴 했으나 '당 대표 비판 때문'이라는 당사자들의 항변은 판박이처럼 닮았다.

야신과 나발니는 러시아정치권에서 한 묶음으로 다뤄지는 경우가 흔했고, 실제 두 사람도 같은 시간, 같은 장소에서 목격되는 경우가 잦았다.

2012년 12월 '연대'가 모스크바 한복판에서 주최한 반정부 시위에 함께 참가했다가 동시에 체포됐다. 2016년 한 때 몸담았던 국민자유당에서 두 사람 모두 차세대 정치인으로 부각되던 중 새 당대표가 된 미하일 카시야노프에게 밉보인 것도 똑같다. 2018년 4월 야신이 모스크바 시장 선거 도전 의사를 밝히자 일부 야권 인사가 "2013년 나발니의 (시장선거) 실패 전철을 야신이 밟으려 한다. 야신이나 나발니는 같은 부류여서 선거에 나가게 하면 안된다"고 권고하기도 했다.

그럼에도 야신은 정계를 떠나지 않고 줄곧 활동하고 있는데,

2008~2010년 '연대' 창당에 관여했고, 2010~2016년 국민자유당 부대표, 2017년 모스크바시 크라스노셀스키구역 두마 의장을 각각 역임했으나, 2021년 구역 두마 의원선거 출마금지령으로 현재 정계 진출은 막혀 있다.

─ 마리야 가이다르(Мария Гайдар)

옐친 정권에서 총리(1992년)와 제1부총리(1993~1994년)를 역임한 정치인 예고르 가이다르(Егор Гайдар, 1956~2009년)의 딸이다. 나발니와 함께 사회운동조직 '다(Да)!'를 설립했다.

러시아에서 출생한 러시아인이지만, 현재는 우크라이나 시민권자다. 2015년 반러시아 성향의 미헤일 사카슈빌리(Mikheil Saakashvili) 오데사주 지사(전 조지아 대통령)의 요청으로 우크라이나로 이주해 오데사주 부지사를 지내기도 했다. 2017~2019년에는 페트로 포로셴코(Petro Poroshenko) 우크라이나 대통령의 자문위원을 역임했다.

모스크바국립법률대 졸업 후 잠시 언론계에 몸담았다가 정치에 입문했다. 2009~2011년 러시아 키로프주 사회문제담당 자문 겸 부지사를 지냈다. 2010년 예일 월드 펠로(Yale World Fellow)로 미국에서 연수할 기회가 있었으나 키로프주에서의 역할이 바빠 나발니에게 펠로 연수 기회를 양보했다.

─ 키라 야르미슈(Кира Ярмыш)

러시아의 명문대학 모스크바국립국제관계대학교(МГИМО) 국제저널리즘학부를 졸업하고 우랄지역 항공사인 UT의 대변인으로 활동했다. 2013년 모스크바 시장선거에 나선 나발니 캠프에 합류하면서 인연을 맺었다. 2014년 나발니 대변인을 맡았고 그해 8월부터는 부패와의 전쟁재단 대변인도 겸했다.

2007년 므기모에 무시험으로 입학한 기록을 보유하고 있다. 1973년에 첫 방송돼 50여년의 역사를 가진 우리의 '장학퀴즈'를 연상케 하는 러시아 제1채널TV의 '현명남녀(Умницы и умники)' 프로그램에서 야르미슈가 장원을 했고, 부상으로 므기모 무시험입학의 특전을 누렸던 것. 똑똑한데다 글도 잘 쓰는데, 튀는 행동이 잦아 나발니는 야르미슈를 '괴짜(Ботаник)'라 부르며 주변 인사들에게 소개한다. "괴짜(야르미슈를 지칭)조차 부패를 싫어한다. 부패와 싸우기 위해 우리 캠프에 합류했다고 한다. 다들 한번 괴짜를 만나보시라"고 한다는 것.

러시아에서 흔치 않은 그녀의 독특한 성(姓)과 관련한 에피소드. 그녀의 고향인 남부 로스토프 지역 매체의 2014년 8월 2일자 보도에 따르면, 야르미슈는 블로그를 통해 자신의 이름과 관련된 농담 하나를 풀어놓은 적이 있다. "가끔 어떤 분들이 내 이름 키라 야르미슈(Кира Ярмыш)와 크림 나슈(Крым наш, 우리의 크림반도)를 혼동하는 것 같은데, 나는 괜찮다. 나는 결코 우리의 크림반도가 아니니까 말이다."[4] 러시아인들에게 키라 야르미슈와 크림 나슈를 빨리 발음하라고 해보면 동일하게 발음하는 경우가 있기는 하다. 그 보다는 이 같은 농담을 통해 2014년 3월에 러시아가 합병한 크림반도 문제의 부당성을 이슈화하려는 야르미슈의 전략가적 기질을 주목해야 한다는 얘기다.

나발니의 2018 대선 캠프에서 푸틴 대통령의 친구인 미하일 코발축(Михаил Ковальчук)을 비판하는 비디오 '모든 텔레비전을 소유한 이(Принадлежит всё телевидение)'를 제작해 배포했다. 또 그해 5월에는 푸틴을 겨냥, '푸틴은 우리의 차르가 아니다(Он нам не царь)'라는 필름을 만들어 배포하다 체포되기도 했고, 러시아 사법 당국의 압력을 피해 2021년 핀란드 헬싱키로 이주했다. 지금은 작가로 활동 중이다.

– 블라디미르 아슈르코프(Владимир Ашурков)

미국 펜실베니아대 와튼스쿨에서 수학한, 전 알파방크 재정분석가. 올리가르히 미하일 프리드만(Михаил Фридман)이 소유한 알파그룹에서 2006년부터 그룹의 재정을 총괄하는 최고위급 인사였으나 나발니와의 연계 때문에 2012년 4월 자진 사임했다. 평소 아슈르코프의 재능을 아까워했다는 프리드만 회장은 아슈르코프에게 "정치에 간여하든지, 비즈니스에만 몰두할 것인지 선택하라고 제안했다. 그랬더니 아슈르코프는 주저하지 않고 정치를 택했다. 난 그에게 러시아 상황에서 비즈니스에 정치적 마인드가 개입하는 것은 바람직하지 않다는 점만 말해줬다"고 회고했다.[5]

아슈르코프가 직접 밝힌 바에 따르면, 2009년 나발니의 블로그에 감명받아 그의 반부패 활동을 직접 돕겠다고 나섰다. 결과지향적이고 합리적인 나발니의 접근 방식이 마음에 들었다는 것이다. 재무에 관한 한 최고전문가라고 자부했던 아슈르코프는 2년 6개월 동안 러시아 기업들의 부패 자료를 모았고, 언젠가 나발니와 함께 할 것이라고 마음 먹었다.[6] 결국 2011년 말 부패와의 전쟁재단 공식 발기인 3인방(나발니, 볼코프, 아슈르코프)으로 합류했고, 재단에 30만 루블을 기부해 가장 먼저 스폰서가 됐다고 한다.

아슈르코프는 부패와의 전쟁재단 업무에도 적극적이었다. 로스필, 로스야마, 로스비보리 등을 통합연구해 나발니팀이 다양한 부패 사건을 다루고 기업 지배구조 문제를 분석하도록 도왔다고 한다. 나발니가 러시아 국영 파이프라인회사 트란스네프트의 비리를 파헤치는 데 결정적 공로를 한 것으로 알려져 있다.

러시아의 부패문제를 국내뿐만 아니라 국제적으로 공론화하는 데도 아슈르코프의 공이 가장 컸다. 그는 나발니와 함께 미국의 유력 매니지먼트지 '하버드 비즈니스 리뷰(Harvard Business Review)' 등에 관련 자료와 논문을 보냈다. 하버드 비즈니스 리뷰는 아슈르코프와 나발니의 이름으로 논문을 게재하지는 않았으나 2013년 1~2월 호에서 나발니와 아슈르코프의 노력에 관한 논문 한 편을 실어 큰 반향을 일으켰다.[7]

– 블라디미르 밀로프(Владимир Милов)

2018 나발니 대선캠프의 전문가위원회 위원으로, 경제학자이며 전 에너지부 차관(2002년 5월~10월)이다. 2000년 푸틴 집권 후 정부 싱크탱크인 전략연구센터의 전문가였다가 2001년 말 에너지부 장관 보좌관으로 공직에 들어왔고 비록 6개월의 단명(短命)이었으나 에너지부 차관으로 일했다. 러시아의 기간산업인 가스와 철도수송 분야의 '개혁'을 건의했다가 당시 푸틴 대통령과 미하일 카시야노프 총리의 눈밖에 났다고 한다. 2008년 야권세력인 '연대'를 공동으로 설립한 뒤 2009년 모스크바시 두마 의원 선거에 무소속으로 도전했지만 등록조차 하지 못하고 선거를 밖에서 지켜봐야만 했다. 2010년 야당인 '민주적 선택'의 지도자로 선출됐으나 내부의 의견 충돌로 5년 만인 2015년 12월 자리에서 물러났다.

2016년 나발니 대선 캠프에 합류, 나발니가 2017년 12월에 출간한

정책강령 '알렉세이 나발니의 프로그램(Программа Алексея Нав
ального)'의 공동저자로 활약했다.

– 파벨 치코프(Павел Чиков)

변호사이자 2018 나발니 대선 캠프 전문가위원회 위원으로 활동했다.
2013년 러시아 법원이 키로블레스 사건 심판에서 횡령 혐의로 나발
니에게 징역 5년에 집행유예 5년을 선고하자 "키로블레스는 나발니를
옥죄려는 정치적 동기로 출발한 사건으로서, 법원의 결정은 러시아 사
법체계에서 있어본 적이 없고 앞으로도 없을 기이한 판결"이라고 강하
게 비판하면서 나발니와의 개인적 인연이 시작됐다고 한다.

러시아 중부 카잔국립대 법학부를 졸업한 뒤 미국 노스다코타대 행
정대학원에서 석사학위를 받았다. 2003년 미하일 호도르콥스키가 대
주주였던 석유기업 유코스에서 인권보호조직 '열린 러시아(Открыта
я Россия)'를 설립하고 조직을 직접 이끌었다. 활발한 인권보호 활동
때문에 이듬해 괴한이 치코프가 살던 아파트에 폭탄을 던져 생명의 위
협을 받았으나 불발탄이 돼 목숨을 건졌다.

치코프는 2005년 인권보호 단체 '아고라(Агора)'를 설립해 대표를
맡고 있다. 아고라는 당초 러시아 전역을 아우르는 단체로 만들었지만
2015년부터는 국제사회로 활동범위를 넓히고 있다. 이즈음 푸틴정부
는 반정부인사 격인 치코프를 대통령 직속 인권위원회 위원으로 임명
해 활동하게 했으나, 2019년 10월 면직했다. 러시아정치권에서는 정
부가 인권을 탄압하지 않는다는 점을 대외적으로 보여주기 위해 치코
프를 선임했으나, 치코프가 나발니와 연계해 정부를 공격하자 해임한
게 아니냐는 관측이 나돌았다.

– 보리스 아쿠닌(Борис Акунин)

2018 나발니 대선캠프 전문가위원회 위원이다. 작가이며, 사회행동가이기도 하다. 1956년생이어서 나발니의 지원군 가운데 가장 연장자급에 속한다.

모스크바국립대 아시아아프리카학부를 졸업했다. 본명은 그리고리 츠하르티슈빌리(Григорий Чхартишвили)이고 아쿠닌은 필명이다. 필명은 악인(惡人)의 일본어 발음 아쿠닌(あくにん)에서 따온 것으로, 첫째 부인도 실제 일본인이었다. 본명의 성(姓) 츠하르티슈빌리에서 알 수 있듯, 조지아계이고 태어난 곳도 소련 시절의 그루지야다.

처음에는 푸틴 개인보다는 야권 인사를 탄압하는 정권에 대한 반감이 아쿠닌을 나발니 쪽으로 기울게 했다. 아쿠닌은 애초 푸틴과 대립했던 미하일 호도르콥스키의 후원자였는데, 호도르콥스키가 횡령 등의 죄목으로 법원으로부터 유죄판결을 받자 "소련 붕괴 이후 러시아 법원의 가장 부끄러운 판결"이라고 비난했다.

그러다가 푸틴 대통령을 직접 겨냥한 과도한 언사(言辭)로 아예 정권의 눈 밖에 났다는 평가가 지배적이다. 예컨대 2011년 12월 국가두마 선거가 끝나고 총리로 있던 푸틴이 다시 대통령으로 복귀한다는 의사를 내비치자 아쿠닌은 자신의 블로그에 "나는 앞으로 푸틴이 (리비아의 독재자로 시민혁명군에 의해 2011년 사망한) 무아마르 카다피(1942~2011년)와 같은 운명에 처하는 것을 솔직히 원치 않는다. (물러날) 시간이 있을 때 (권좌에서) 떠나는 것이 바람직하다. 건강문제 등 (하야할) 구실은 많다. 후계자에게 물려주고 평온한 노년을 맞는 게 좋지 아니한가"라고 썼다.[8]

2012년 1월 아쿠닌은 자신의 라이브저널 블로그에서 단서 조항을 달아 나발니 지지를 표명한다. 그는 "나발니는 오늘날의 러시아에서 유일하게 '살아 있는' 정치인이다. 존경·증오·비판·당혹 등 그에게 여러 가지 시선이 쏠리지만 나는 합법적인 방식으로 거대하고 부패한 시스템에 도전장을 내민 젊은 변호사 출신 정치인이 좋다. 다만 민족주의 성향의 '러시아의 행진'에 참가했다는 것은 실망스럽다. 민족주의자인 것인가, 아니면 원칙 없는 포퓰리스트인가"라고 했다. 나발니는 아쿠닌의 글에 "우리에게 19세기의 제국주의적 민족주의는 필요가 없다. 내가 지향하는 민족주의는 러시아가 유럽의 일원이 되기 위한 하나의 길일 뿐"이라고 응답했다. 질문에 대한 충분한 답이 됐는지는 정확하게 알 수 없으나, 아쿠닌은 2014년 이후 러시아를 떠나 영국과 스페인 등에서 거주하며 나발니를 지원하고 있다.

— 옐레나 루키야노바(Елена Лукьянова)

2018 나발니 대선캠프 전문가위원회 위원으로, 보리스 아쿠닌과 함께 최고령 자문단의 일원이다. 미하일 고르바초프 전 소련 대통령과 함께 페레스트로이카를 이끌었던 아나톨리 루키야노프(Анатолий Лукьянов, 1930~2019년) 전 소련 최고소비에트 의장의 딸이다. 자유주의자였던 아버지의 영향이 컸다고 한다.

　모스크바국립대 법학부를 졸업한 후 1993년 제1대 국가두마가 탄생할 때 루키야노바도 변호사 자격을 취득했다. 1대 국가두마 때부터 1999년 3대 국가두마까지 국가두마의 사법위원회에서 전문연구원으로 근무했다. 이 때문에 고(故) 보리스 넴초프, 미하일 호도르콥스키, 가리 카스파로프 등 야권 정치인들과 가까운 사이가 됐다. 특히 2006년부터 2014년까지는 푸틴정부에 맞서 호도르콥스키의 변호인으로 활동했다.

루키야노바는 제도권 진입을 한 번도 해보지 못한 나발니의 입지를 야권 내에서 다지는 데 역할을 한 것으로 알려져 있다. 2013년 모스크바 시장선거에 나선 나발니의 소속 정당 러시아공화당-국민자유당에 루키야노바도 2015년 합류했다. 비록 실제 대선에 나서지는 못했지만 나발니의 2018 대선 도전을 가능케 한 원동력 또한 루키야노바라는 얘기들이 러시아정치권에 나돈다. 루키야노바가 마당발 같은 인맥을 동원해 나발니 예비후보에 대한 야권의 지지를 이끌어냈기 때문이라고 한다.

― 이반 파블로프(Иван Павлов)

푸틴 대통령과 메드베데프 전 대통령이 졸업한 상트페테르부르크국립대 법학부를 1997년 졸업하고 변호사로 활동해왔다. "법치주의에 기댈 때만이 러시아가 아름다운 나라로 발전할 수 있다"는 믿음으로 2010년대 초반부터 나발니와 가깝게 지냈다고 한다.

나발니가 이끄는 부패와의 전쟁재단 고문변호사를 맡고 있어서 변호사임에도 불구하고 당국에 구금되는 횟수가 잦은 편이다. 수십 년의 변호사생활 동안 주로 인권과 언론자유 침해, 간첩과 극단주의 관련 사건들을 담당해왔다.

파블로프는 특히 '팀29(Команда 29)'의 대표로 러시아에서 유명하다. 이 조직은 러시아정부가 무분별하게 구금한 시민활동가들을 보호하기 위해 2015년 법률가와 언론인들을 중심으로 설립한 인권단체다. 팀29라는 명칭은 러시아 헌법 29조에서 유래했다. 29조는 ①모든 개인에게는 사상과 표현의 자유가 보장된다 ②사회적, 인종적, 종교적 갈등을 조장하는 선전·선동은 허용되지 않으며 사회적, 인종적, 종교적 또는 언어의 우월성에 대한 선전은 금지된다 ③누구도 개인의 사상과 신념을 표현하거나 포기하는 것을 강요당하지 않는다 ④모든 개인은 합법적인 방법으로 자유로이 정보를 검색, 획득, 공유, 전파할 수 있는 권리를 가진다. 국가의 기밀로 분류되는 정보의 목록은 연방법이 규정한다 ⑤보도의 자유는 보장되며 검열은 금지된다로 구성돼 있다.

정부의 탄압에 굴하지 않고 파블로프는 2021년 12월 언론자유 수호를 위한 사법 스터디 프로젝트 '제1부(Первый отдел)'를 설립해 운영한다.

– 막심 미로노프(Максим Миронов)

경제학자로, 2018 나발니 대선 캠프 전문가위원회 위원이었다. 노보시비리스크국립대를 졸업한 뒤 미국 시카고대에서 경제학 박사를 받았다.

나발니 캠프가 소개한 자료에 따르면, 미로노프는 모든 러시아 기업의 탈세 수준을 높은 정확도로 측정한 최초의 인물이다. 미로노프는 2006~2008년 투자회사인 프롬스뱌지카피탈의 투자담당관으로 근무하면서 언론사와 이동통신사들뿐 아니라 주요 기업간 거래를 지켜봤다고 한다. '국가경제정책의 최우선 과제는 국민의 적절한 삶을 보장하는 것'이 그의 지론. 실제로 경제학자답게 나발니의 2018 대선 경제공약 구상에 참여하면서, 특히 나발니에 대한 포퓰리즘 비판을 불식시키는 데 주력했다. 그는 "나발니의 공약들은 일반적인 포퓰리즘과 다르다. 집권 통합러시아가 내걸었던 수많은 공약들, 미국의 트럼프 대통령이 약속했던 것들, 베네수엘라의 차베스(Hugo Chavez)와 마두로(Nicolas Maduro) 정권 등의 포퓰리즘과는 차이가 있다. 무엇보다 나발니의 공약은 현실에 기초하고 있고, 유용한 전략들이기 때문이다. 근로자의 최저임금 인상, 교육과 의료 예산 2배 증액, 중소기업에 대한 세금 감면, 모기지(mortgage) 보조금 지원에 약 7조 8,000억 루블이 필요하다. 이는 지금까지의 부패에서 환수한 자금 등으로 충당이 가능하다"고 했다.[9]

2009년 이후에는 스페인 마드리드로 이주, 인스티투토 드 엠프레사(IE) 경영대학원에서 경제학을 가르치고 있다.

– 옐레나 마솔로바(Елена Масолова)

경제인 겸 기업인으로, 2018 나발니 대선 캠프의 전문가위원회 위원을 지냈다.

2006년 고등경제대학을 졸업하자마자 IT 기술을 기반으로 일종의 e-book 회사인 '현명한 책(Smart-книга)'을 차려 CEO에 올랐다. 또 2008년에는 투자기금 애드벤처(AddVenture)를 설립했고, 미국에서 시작된 전자상거래 기업 그루폰(Groupon)의 러시아판인 '그루폰 로시야(Групон Россия)'를 창업했다. 그루폰 로시야는 러시아 소셜 커머스의 효시로 불린다.

2013년 모스크바 시장선거에 나선 나발니 후보에 대해 공개지지를 선언하면서 나발니와의 인연이 시작됐다. 당시 마솔로바는 사업의 리스크를 우려해 나발니 지지를 머뭇거리던 IT기업 대표 30여 명을 설득해 지지 선언을 이끌어냈다. 그녀는 "러시아의 현실에 더 이상 침묵하는 것은 부끄러운 것이며 민주주의와 기업의 자유로운 활동 등을 보장할 수 있는 지도자를 지지하는 것이 바람직하다는 결론을 내렸다"고

밝혔다.[10]

지금도 나발니의 경제정책 수립을 뒷받침하는 브레인 중 한 명으로 전해지고 있다.

— 마리야 펩치흐(Мария Певчих)

모스크바국립대 사회학부와 영국 런던경제대를 졸업한 영국시민권자로, 2023년 3월부터 부패와의 전쟁재단 제5대 사무총장을 맡고 있다. 재단의 최초 여성 사무총장이다. 2010년 캐나다 밴쿠버에서 열린 G8 유스(Youth)정상회의에 러시아 대표단을 이끌고 참가했다가 돌아온 뒤 나발니의 블로그를 읽기 시작했고 2011년 부패와의 전쟁재단에 참여하면서 나발니와의 인연이 본격화됐다.

부패와의 전쟁재단 사무총장에 임명되기 이전에는 이 재단의 기금조사부장이었다. 러시아 고위층의 비리를 파헤치는 소위 탐사보도가 그녀의 주된 역할. 첫 작품은 국영 대외무역은행(ВТБ)이었다. 이밖에 유리 차이카 전 검찰총장의 비리(2015년), 푸틴을 위한 궁전(2021년) 등의 작업에 모두 펩치흐가 간여했다고 한다.

2020년 나발니 독극물 중독 사건 뒤부터는 경호원처럼 나발니를 지근거리에서 보좌했다. 나발니가 독극물에 노출된 중부 톰스크에서부터 동행하기 시작해 독일 병원 이송, 그리고 러시아 귀국에 이르기까지 나발니의 곁에는 늘 펩치흐가 있었다.

2023년 3월 제95회 미국 오스카 시상식에서 장편 다큐멘터리상을 받은 작품 '나발니'는 펩치흐가 캐나다 국적의 신예 감독 로허(Daniel Roher)와 함께 2020년부터 기획해 출품한 것이었다. 나발니의 정치 인생을 다뤘다. 작품의 기획 의도와 관련해 펩치흐는 "러시아의 전제정치와 싸우는 데 있어 '포기하지 말자', '두려워하지 말자'는 메시지를 담고 싶었다"고 말했다.

러시아정부의 탄압을 피해 2020년부터 리투아니아 빌뉴스에서 거주 중이다.

— 세르게이 보이코(Сергей Бойко)

극동 블라디보스토크 출신으로 노보시비르스크국립대를 졸업했다. 어린 시절부터 지역의 수학·물리 영재였고, 대학에서도 IT를 전공했으며 정치에는 아예 관심이 없었다고 한다. 하지만 2013년 모스크바로 휴가를 떠났다가 나발니의 모스크바 시장선거 도전을 보고 캠프에 합류하면서 정치 인생을 시작해보기로 결심했다.

보이코는 잘 다니던 직장에서 나와 2015년 중부 노보시비르스크시 두마 선거에 출마했다. 하지만 지방 선거위원회는 7월 보이코의 후보 자격을 박탈했고, 이때 보이코는 나발니와 레오니트 볼코프 등과 함께 12일 간의 단식투쟁을 했다. 보이코와 나발니의 관계가 매우 돈독해진 계기였다. 보이코는 이 일이 있고난 뒤 IT 사용자들의 권리 증진을 위해 볼코프와 함께 '인터넷보호협회(Общество защиты интернета)'를 설립했다.

2017년부터 나발니 대선 캠프 노보시비르스크지역본부장을 맡았고, 자신도 2019년 노보시비르스크 시장 선거에 도전했으나 실패했다. 비록 시장에 당선되지는 못했지만 당시 러시아 전역을 휩쓴 나발니의 '움노예 골로소바니예(Умное голосование)' 파워 덕분에 자유민주당 등 기성 야당후보를 제치고 2위에 오르는 기염을 토했다. 마침내 2020년 2월 노보시비르스크시 두마 의원에 당선됐다. 그러나 나발니 지지자에 대한 탄압의 일환으로 2021년 가을 강제출국 조치를 당했다. 2023년 러시아 법무부는 보이코를 '외국의 대리인'으로 지정, 러시아로의 재입국이 불가능하게 손발을 꽁꽁 묶어버렸다.

– 류보비 소볼(Любовь Соболь)

모스크바국립대 법학부를 졸업한 소볼은 정치인, 사회행동가, 법률가로 활동해왔다. 2011년부터 2018년까지 '로스필' 프로젝트를 주도하는 동시에 로스필의 변호사로 활동했다. 로스필은 성공적인 나발니 반부패운동의 효시 같은 존재이고, 소볼은 로스필의 초기 상징처럼 자리 잡았다. 로스필을 위해 러시아 전역에서 기부금이 답지하는 등 국민적 호응이 뜨겁자 덩달아 소볼의 위상이 높아졌다. 2012년 러시아 야권 연합회가 매긴 사회행동가 선호 순위에서 부총리를 역임한 중견 정치인 보리스 넴초프를 제치고 5위를 차지한 적이 있다.

높은 인지도 덕분에 2014년 모스크바시 두마 의원 후보로 지명됐으나, 집권 여당 측의 방해로 입후보에 필요한 서명 정족수를 채우지 못해 정계 진출에는 실패했다. 2016년 3월에는 국가두마 의원 선거 도전 의지를 내비쳤으나 이 역시 지지 서명 정족수가 모자랐다.

2018년 나발니의 '미래 러시아' 당원으로 활동했고, 이즈음 나발니 라이브 유튜브 채널의 모닝쇼를 진행하기도 했다. 2019년 모스크바시 두마, 2021년 국가두마 선거에도 도전 의지를 보였으나 이번에는 정부 당국과 친정권 언론의 공세에 밀려 입후보에 실패했다. 2021년까지 부패와의 전쟁재단 변호사였으나 이 재단이 정부로부터 '극단주의 조직'으로 낙인찍히는 바람에 재단 변호사직을 내려놓는다고 선언했다.

– 게오르기 알부로프(Георгий Албуров)

러시아 남부 바슈코르토스탄공화국 수도인 우파 출신으로, 나발니 주변부에서는 '아이디어 뱅크'란 별명을 갖고 있다. 러시아 고등경제대학 정치학부에 입학했으나 졸업하지는 못하고 반정부 성향의 라디오 '에호 모스크비'를 들으며 정치에 뛰어들기로 결심했다고 한다.

2011년 여름의 한 모임에서 나발니와 처음 만났다. 당시 나발니는 2011년 4월 세금공주 올가 스테파노바(Ольга Степанова)와 그녀의 남편 블라들렌 스테파노프의 공금 횡령 의혹을 블로그에 올린 일로 법정에 설 위기에 몰렸는데, 알부로프가 재판이 공정하게 진행되는지 트위터를 통해 중계하겠다고 해서 나발니의 관심을 끌었다. 또한, 이때 향후 공정선거 관리를 위한 캠페인 전개를 나발니에게 제안, 이듬해부터 부패와의 전쟁재단에 합류하게 된다.[11]

2011년 마리야 펩치흐와 함께 부패와의 전쟁재단 조사담당 부서를 이끌며 콘텐츠를 발굴하는 데 주력했다. 알부로프는 선거 과정을 감시하는 '로스비보리', 정부의 권력남용을 모니터링하는 '도브라야 마시나 프라브디' 등 주로 정치 분야에서 활동하며 이들 프로젝트가 기반을 확고히 하는 데도 기여했다고 한다. 알부로프의 재능은 '푸틴을 위한 궁전' 비디오콘텐츠에서 최절정에 이르렀으나, 2022년 러시아정부로부터 테러리스트 겸 극단주의자로 낙인찍혔다.

– 이반 쥬다노프(Иван Жданов)

모스크바국립대 법학부를 졸업하고 변호사로 일해 왔다. 2018년부터 2021년까지 부패와의 전쟁재단 사무총장을 역임했고, 야당 '미래의 러시아' 중앙위원이기도 했다. 레오니트 볼코프와 함께 '나발니팀'

을 이끄는 최고의 전략가로 꼽힌다. 부패와의 전쟁재단이 유튜브에 게재한 푸틴과 메드베데프 등 최고 권력자의 부패 관련 비디오물은 모두 최종적으로 쥬다노프가 최종 감수했다.

2014년 부패와의 전쟁재단 변호사로 나발니와 인연을 맺은 후 2018년 나발니가 대선에 도전할 때는 선거캠프를 이끌었다. 2019년 모스크바시 두마 의원선거와 2021년 국가두마 선거에도 출마 의향을 내비쳤으나 당국의 압박 등으로 정계 진출의 꿈을 이루지는 못했다.

2021년 모스크바시 법원이 부패와의 전쟁재단을 극단주의 조직으로 규정하자마자 러시아 내무부가 쥬다노프에 대해 공개수배령을 내렸으나 체포되지는 않았다. 러시아정부가 나발니와 그 측근들을 압박할 때 대부분은 해외로 이주하고 있으나, 쥬다노프 만큼은 러시아에 남아 있다. 2019년 모스크바시 두마 의원선거 때 유권자들을 향해 "나는 결단코 러시아를 떠나지 않을 것이다(Я никогда не покину Россию)!"라고 했던 약속을 지키고 있는 것. 때문에 쥬다노프는 나발니 주변 인물 가운데는 언행일치(言行一致)의 표본처럼 받아들여지고 있다.

- 세르게이 알렉사센코(Сергей Алексашенко)

1959년 모스크바주에서 태어나 1986년 모스크바국립대를 졸업한 후 소련과학아카데미에서 정부 구조 개혁을 선도했던 경제학 박사다. 옐친정부 시절이던 1995~1998년 재무부 차관 겸 중앙은행 제1부총재를 역임했다. 2012년 6월 고등경제대학 거시경제연구소장으로 일할 때 나발니와 처음으로 만난 것으로 알려져 있다. 당시 그는 국영항공사 아에로플로트의 이사를 겸하고 있었는데, 이 때 나발니도 모두의 예상을 깨고 항공사 이사로 선임됐다.

2013년 미국으로 이주해 워싱턴DC 조지타운대학에서 강의하고 있으며, 미국의 싱크탱크인 브루킹스연구소와도 협력하는 인물이다. 2018 나발니 대선 캠프 전문가위원회 위원으로 활동했다.

나발니가 과연 좌파냐 우파냐는 언론의 질문에 대해 알렉사센코는 2019년 1월의 기자회견에서 "어느 쪽이라고 반드시 규정할 필요는 없다(Не надо вешать ярлыки)"고 대변했다.[12] 정치인들의 속성상 공약은 바뀔 수도 있을뿐더러, 국익을 위해서라면 좌우는 중요하지 않다는 이유에서라는 게 알렉사센코의 추가 설명이었다.

'간 큰' 경제적 후원세력

러시아정치권과 재계에서 나발니 측근들을 묘사할 때 빠지지 않고 등장하는 용어가 하나 있다. '용감한 16명(16 смелых)'이다. 나발니가 이끄는 부패와의 전쟁재단을 후원하는 16명의 인사들을 가리킨다. 여기에는 정재계와 학계는 물론, 언론과 문화계 인사들이 망라돼 있다. 나발니 스스로도 2012년 5월 30일 라이브 저널에서 '용감한 16명'이라는 표현을 직접 사용했다.

이들 가운데 11명의 경제인만 따로 묶어 '나발니의 친구 11명(Од иннадцать друзей Навального)'이라고 칭하기도 한다. 기업인 보리스 지민(Борис Зимин), 호텔체인 로스인베스트오텔의 키릴 이르튜가(Кирилл Иртюга) 파트너, 기업인 알렉산드르 레베데프(Ал ександр Лебедев), 회계법인 볼쇼이 고로드의 아르툠 류비모프(А ртём Любимов), 알파그룹의 알렉세이 삽첸코(Алексей Савчен ко), 기업인 데니스 소콜로프(Денис Соколов)와 빅토르 야루토프(Виктор Ярутов) 등이 그들이다. '나발니의 친구 11명' 그룹이 항상 동일한 11명으로 채워지지는 않고, 평가하는 이에 따라 포함되는 경제인이 달라지기는 한다.

이들 재계 인사가 특히 주목받는 것은 나발니가 처한 현실 때문이다. 러시아정치권 전반은 물론이고, 야권 내에서도 나발니는 주류가 아니다. 경제적 후원을 받기가 결코 만만치 않은 데도 이들은 나발니를 지원하고 있다. 따라서 나발니의 스폰서를 자처하는 재계 인사들은 러시아정부로부터의 압력을 받을 가능성이 높아 '간이 부은 인사들'로 통한다. 주목할 만한 인물들은 꼽아보면 다음과 같다.[13]

– 보리스 지민(Борис Зимин)

1968년 모스크바에서 태어나 고등경제대학을 졸업했다. 러시아 최대 이동통신사 중 하나인 빔펠콤(ВымпелКом) 설립자 드미트리 지민(1933~2021년)의 아들이다. 교육과 인권 보호, 언론자유, 과학연구의 비영리 프로젝트를 수행하는 지민재단의 실질적 후원자다. 그는 "푸틴 대통령은 원칙주의자이지만 그 원칙이란 게 역겹고 이에 대항하는 나발니가 러시아에 없다는 것을 상상하면 끔찍하다"면서 2011년부터 나발니와 부패와의 전쟁재단 메인 스폰서를 자처했다. 다른 기업인에게도 나발니의 재단에 후원할 것을 호소해왔다.

그는 2011년 이후 한 번도 거르지 않고 매월 30만 루블을 부패와의 전쟁재단에 후원하고 있다고 밝히면서 대신, '투자'라고 했다. 지민은 2020년 9월 포브스 러시아판과의 인터뷰에서 "매월 후원하는 30만 루블은 자선이 아니라 일정한 결과를 기대하고 보내는 일종의 투자다. 내가 바라는 결과는 돈이 아니라 우리의 삶을 더 낫게 만들고 무언가 변화를 이끌어내는 것이다"고 말했다.[14]

2020년 8월 나발니가 비행기에서 독극물 중독 의심으로 혼수상태에 빠지자 시베리아 옴스크에서 독일 베를린까지 개인 전용기를 댔고 독일 의료진의 도움을 받게 했다. 그 비용만 7만 9,000유로로 달한다는 평가가 나왔다. 지민은 나발니의 정치적 동료이기도 한 야권 지도자 일리야 야신도 재정적으로 후원하고 있다.

— 로만 보리소비치(Роман Борисович)

러시아 최대 규모 보험회사인 로스고스트라흐(Росгосстрах)의 부회장이다. 도이체방크와 JP모건 등에서 근무했다. 보리소비치는 나발니가 로스필 프로젝트를 시작할 때부터 후원을 자처해 왔다. '만연한 부패와의 싸움은 러시아의 가장 큰 과제이며 모든 시민의 권리 회복을 위해서도 정말 중요한 문제'라는 게 보리소비치의 소신이라고 한다.

그는 다만 자신의 기부가 정치적으로 해석되는 것에는 선을 긋는다. 2012년 도쉬드TV와의 인터뷰에서 "나발니와 부패와의 전쟁재단에 대한 나의 기부는 정치적 펀드레이징(fundraising)이 아니다. 내 개인적인 차원에서 하는 것이고, 나의 직업상 행위(보험업)와는 관계가 없다는 점을 밝혀둔다"고 말했다.[15]

모스크바국립대 아시아아프리카학부를 졸업한 뒤 미국 컬럼비아대학교에서 석사학위를 받은 보리소비치는, 러시아 시장에서는 최고의 M&A 전문가로 통한다. 2007년 8월 1일 로스고스트라흐가 보리소비치를 스카우트할 때 도이체방크의 런던 법인장으로 일하고 있었고 그 전까지는 러시아와 국제금융기관 간의 조율사 역할을 담당해왔다.

– 세르게이 그레치슈킨(Сергей Гречишкин)

러시아 상트페테르부르크국립대를 졸업하고 1996~1997년 프랑스 인시아드(INSEAD)에서 경영학 석사학위(MBA)를 받았다. 1998년부터 2007년까지 JP모건과 메릴린치 등의 투자은행에서 근무하는 동안, 러시아철도공사(РЖД)·가즈프롬·스베르방크·대외무역은행(ВТБ) 등 내로라하는 러시아 국영기업들에 대한 서방의 대형 직접투자를 이끌어 낸 실력파로 알려져 있다. 2008년 말 CIS권을 주요 무대로 하는 알칸타라자산운용을 설립했다.

나발니가 2012년 2월, 신용카드 사용자가 소비금액의 1%를 부패와의 전쟁재단에 자동으로 기부(+1% к самоуважению, 본래는 '자존을 위해'라는 의미다)할 수 있도록 소위 '반부패 은행신용카드(Антикоррупционная банковская карта)'를 시중에 선보이고 이를 위한 기금 30만 달러를 모금하겠다고 밝히자, 제일 먼저 기부한 이가 바로 그레치슈킨이었다. 하지만 나발니의 반부패 신용카드 제작 계획은 세계 결제네트워크 카드사인 비자(VISA)와 마스터(MASTER)카드가 "정치적 목적이 있는 거래 행위에는 간여하지 않는다"며 사실상 거부 의사를 밝힘으로써 좌절됐다. 그럼에도 그레치슈킨의 높은 관심 덕분에 나발니가 실물경제 분야에서도 대중의 관심을 끌 수 있게 됐다는 지적이 많았다.

▶ 나발니가 시제작한 반부패 신용카드의 실물 모습.

- 알렉산드르 레베데프(Александр Лебедев)

러시아에서 유명한 정치인, 언론인 겸 기업인이다. 1984년부터 1992년까지 소련의 국가보안위원회(КГБ)와 해외정보국(СВР)에서 근무했고 소련 해체 후 옐친 대통령의 재선(再選)을 도왔으며 국가두마 의원도 역임했다.

러시아 최대 규모 은행 중 하나인 알파방크의 대주주로, 국영 항공사 아에로플로트의 주식 30%와 세계 최대 가스회사인 가스프롬의 주식 일부도 소유하고 있다. 레베데프는 영국에도 진출해 2010년 재정난을 겪던 신문 인디펜던트(Independent)를 인수했고, 반푸틴 입장에선 러시아 신문 노바야 가제타(Новая газета)의 주식 49%를 갖고 있다. 2006년 노바야 가제타 소속 기자 안나 폴릿콥스카야(Анна Политковская, 1958~2006년)가 암살당하자, 진실 규명을 위해 개인 재산 2,500만 루블을 내놓기도 했다.

2012년 소액주주운동으로 부패와의 전쟁을 하던 나발니를 아에로플로트의 후보 이사로 추천해 그의 소액주주운동을 뒷받침한 이가 바로 레베데프다.

- 세르게이 필로노프(Сергей Филонов)

벤처투자가로, 소형 항공기를 판매하는 아비아마르켓(Авиамаркет) 회장이다. 2003년 자신이 소유했던 이동통신회사 사업을 접고 "사업은 돈을 벌기 위함이기도 하지만, 때로는 즐거움을 위해 해야 한다"며 도시 교통문제를 해결하기 위해 소형 헬리콥터를 파는 회사 아비아마르켓을 설립했다. 회사를 세운 지 3년도 되지 않아 최고가 800만 달러에 달하는 미국산 소형 헬기 75대를 판매하는 기록을 세우기도 했다.

푸틴 정적, 나발니의 생애: 러시아정치의 앞날은

그는 2010년 인터뷰에서 "7년 전(2003년)만 해도 사람들이 개인적인 목적으로 헬리콥터를 구매하는 것은 상상하지 못했지만 이제는 어느 누구도 놀라지 않는다"며 "기업인으로서의 내 꿈은 헬리콥터로 대서양을 횡단하는 것"이라고 말했다.[16] 필로노프의 목표는 블루오션 시장 개척을 위한 협력이라고 한다. "비즈니스는 경쟁이지만 서로의 얼굴에 상처를 줘서는 안 된다"며 "가령 우리가 피자를 구우면 나눠 먹듯 커다란 손실 없이 미래를 위해 가려면 상호 협력해야 한다"고 말했다.

필로노프는 나발니, 부패와의 전쟁재단을 후원하는 이유에 대해 "내가 특별한 것(후원)을 했다고는 생각하지 않으며 나발니가 이끄는 팀이 부패와 싸우는 옳은 일을 하는 것이고 궁극적으로 좋은 결과를 맺게 될 것이라고 보기 때문"이라고 밝혔다.

– 로만 이바노프(Роман Иванов)

러시아 최대포털 얀덱스(Яндекс)의 데스크톱 버전인 얀덱스 브라우저의 대표다. 우랄국립대 물리학부를 졸업하고 2004년부터 얀덱스에서 근무했다.

각종 SNS를 통해 "나는 부패와의 전쟁재단을 후원하고 있다"고 공개적으로 밝혀왔다. 나발니와 개인적인 친분은 전혀 없지만, 2010년부터 서로에게 트윗(tweet)을 하며 나발니를 이해하게 됐고 그가 부패와의 싸움을 벌이는 것을 응원하게 됐다고 한다. 특히 "'그 누구도 살해돼서는 안 된다(Нельзя убивать вообще никого)!'라는 소신에 따라 러시아에서 야권 인사가 더 이상 죽음을 맞는 것은 결코 볼 수 없기에 나발니를 후원하고 있다"고 소개했다.[17]

‐ 예브게니 치치바르킨(Евгений Чичваркин)

러시아 최대 이동통신 매장 유로셋(Евросеть) 공동창업주다. 2008
년 이후 영국에서 거주하면서 나발니 뿐 아니라 러시아 야권을 지속
후원하고 있다.

치치바르킨은 2012년 영국 런던을 방문한 나발니 부부와 만났을 때
"집회와 결사, 언론의 자유가 보장되고 사법체계가 독립적이고 정상적
으로 작동하는, 아름다운 러시아
를 만들고 싶다"던 나발니의 견
해를 듣고 후원을 결심하게 됐다
고 한다.

2020년 8월 나발니가 독극물
에 중독된 것 같다는 소식을 접했
을 때 평소 친분이 두터운 로만 이
바노프 얀덱스 브라우저 대표 등
과 연락, "돈은 이럴 때(위기가 발
생했을 때) 쓰라고 버는 것 아니
냐"며 의기투합해 나발니의 독일
치료비 일부를 지원했다고 밝혔
다.[18] 당시 치치바르킨과 지인들
이 지불한 나발니의 치료비용은
5만 유로가량이었던 것으로 알려
진다.

▶ 예브게니 치치바르킨(오른쪽)이 2012년 영
국 런던을 방문한 알렉세이 나발니와 만나
환담하고 있다.

출처: www.navalny.com

푸틴 정적, 나발니의 생애: 러시아정치의 앞날은

❖ 주

1) Радио Свобода, 2015. 5. 28.
2) https://a-chubais.livejournal.com/68762.html
3) *BBC*, 2020. 9. 11.
4) https://www.donnews.ru-Kira-Yarmysh_16379.
5) *Ведомости*, 2012. 4. 12.
6) *Новая газета*, 2012. 4. 28.
7) https://hbr.org/2013/01/when-the-crowd-fights-corruption
8) http://mignews.co.il/061211_94825_15251.html
9) Радио Свобода, 2017. 12. 19.
10) https://rb.ru/7197057.html.
11) https://24smi.org/celebrity/147050-georgii-alburov.html
12) https://www.finversia.ru/obsor/blogs/sergei-aleksashenko-navalnyi-pravyi-ili-levyi-52403
13) https://pravdoiskatel77.livejournal.com/14606885.html
14) *Форбс*, 2020. 9. 1.
15) Телеканал Дождь, 2012. 5. 31.
16) https://inosmi.ru/20100504/159714380.html
17) *Tatler*, 2020. 10. 15.
18) *Форбс*(『포브스』 러시아판), 2020. 10. 14.

8장

나발니,
과연 푸틴의 대항마일까

나발니의 미래는 과연 어떤 모습일까. 나발니 스스로가 호언했던 대로 정말 푸틴의 대항마가 될 수 있는가, 혹은 푸틴 이후 러시아의 변화를 이끌 수 있을 것인가. 러시아정치에 관심을 가진 이들이 자주 던지는 질문들이다.

푸틴 대통령의 권위주의적 통치에 맞서고자 하는 야권 주자들 가운데 나발니는 외국으로 피하지 않고 국내에서 싸워온 '용감한' 인물임에 틀림없다. 20~30대 젊은 세대로 구성된 핵심 지지층이 있다는 사실도 확인됐다. 기존의 전통적 미디어 대신, 디지털로 무장하고 각종 온라인 플랫폼을 통해 인지도를 높여가는 것도 분명하다. 러시아 야권의 '대안 없는 대안'이란 수식어가 하나도 이상할게 없다.

하지만 앞서 살펴본 바와 같이 민족주의 성향의 발호 우려, 민주주의자라고는 하지만 오히려 독재로 흐를 가능성 등 나발니에게는 여전히 꼬리표처럼 많은 의문이 따라다니는 상황이어서 어떤 방향이 될지 전망하기는 결코 쉽지 않다.

서방의 평가와 전망은 나발니에게 충분히 우호적인 만큼 재론할 필요는 없을 것 같다. 오히려 나발니로서는 러시아 국민의 지지를 얻어야 하는 것이 절체절명의 과제이므로 러시아 내부 전문가들의 평가와 전망이 더 중요하다고 할 것이다.

우선 긍정적인 평가부터 살펴보자. 저명 정치평론가 스타니슬라프 벨콥스키(Станислав Белковский)는 나발니의 정치적 지향점과 능력에 후한 점수를 준다. 그는 "나발니는 새로운 유럽스타일의 민족주의자다. 그의 이상은 민족민주주의 국가로 보인다. 또한, 대통령제에서 의원내각제로의 전환을 꾀하는 그의 패러다임도 확실하게 읽힌다. 나발니는 향후 권력을 잡는 팀의 리더가 될 능력이 있다. 누군가를 무릎 꿇게 하거나 누군가에게 무릎 꿇은 러시아의 노회한 야당지도자들과는 분명히 차별화된다. 게다가 나발니는 다행히 (푸틴 등 다른 지도자와 같은) 자신만의 팀이 없다. 때문에 어느 정파(政派)와도 협력할 수 있다는 것이다. (민족주의 성향의 정치인들인) 세르게이 굴랴예프, 자하르 프릴레핀 등과 잘 협력해왔지만, 앞으로는 권력을 위해 분란 없이 협력할 수 있는 인적 토대를 만들어야 한다"고 말했다.

"나발니에게 자신의 팀이 없다"는 벨콥스키의 분석은 1991년 새로운 러시아 탄생 이후 국내 정치를 관통해온, 이른바 '측근 정치(crony politics)'의 폐해가 없을 것이라는 전망에 기초하고 있다. 측근 정치 때문에 그간 러시아에서 건전한 민주주의로의 발전이 좌절되고 권위주의적 통치가 자리 잡았다고 보는 것이다.

실제로 1991~1999년 보리스 옐친 정권에서는 '세미야(Семья, 가족이란 뜻으로 옐친의 가신들을 의미)'라고 하는 측근들이 국정을 좌지우지했다. 특히 집권 후반 옐친 대통령이 '종이호랑이'로 전락한 사이, 최고의 영향력을 가진 올리가르히(과두재벌) 보리스 베레좁스키, 옐친의 딸로 대통령 이미지담당 보좌관이던 타티야나 유마세바와 그의 남편으로 대통령 행정실장이던 발렌틴 유마세프, 대통령의 자금줄로 총무수석비서관이었던 파벨 보로딘(Павел Бородин) 등 핵심 인사들이 디야첸코의 집무실에 수시로 모여 국가의 중대사를 처리했다.

또한, 푸틴 대통령은 2000년부터 지금까지도 무력기관 출신 인사들로 대표되는 실로비키(Силовики), 상트페테르부르크 출신의 경제적 자유주의자 및 테크노크라트 등 크게 두 부류의 친위 파워엘리트를 중심으로 국정을 운영해왔다. 실로비키는 연방보안국(FSB)이나 그 전신(前身) 국가보안위원회(KGB)로 대표되는 보안기관, 검찰·경찰, 군부 등 이른바 권력기관 출신의 전·현직 관리를 망라한다. 세르게이 이바노프(Сергей Иванов) 대통령 전권대표(전 제1부총리, 대통령 행정실장), 이고리 세친(Игорь Сечин) 국영 석유회사 로스네프트 회장(전 부총리), 세르게이 쇼이구 국방부 장관 등이 포함된다. 페테르 자유주의자란 푸틴 대통령의 고향인 상트페테르부르크 출신으로서 자유주의적 사고를 가진 경제적 엘리트를 일컬으며 푸틴의 후계자 드미트리 메드베데프 전 대통령, 알렉세이 쿠드린 전 부총리 겸 재무부 장관 등이 대표적이다. 전문적 지식과 능력으로 무장한 테크노크라트들은 페테르자유주의자와 사실상 같은 개념인데, 이 그룹 역시 메드베데프와 드미트리 코작(Дмитрий Козак) 대통령 행정실 부실장(전 부총리), 알렉산드르 코노발로프(Александр Коновалов) 법무부 장관 등 푸틴의 측근 인사들로 구성된다.

벨콥스키의 전망은 나발니가 집권할 경우, 적어도 옐친이나 푸틴 대통령처럼 측근들에게 휘둘리거나 이들에게 과도하게 의존하는 지도자가 되지는 않을 것이라는 얘기다.

이와 관련해 익명을 요구한 러시아정치권 인사는 "측근정치가 러시아정치의 병폐 중 하나로 지적되기도 하지만 이를 꼭 나쁘게만 볼 필요는 없다. 문제는 지도자 측근들의 존재 여부가 아니라, 이들이 지도자 주위에서 집단적인 연계를 통해 타 정파를 무시하고 독점적인 권력을 추구하느냐다. 따라서 나발니가 향후 권력을 잡았을 경우 이러한 움직임을 제대로 통제할 수 있다면 큰 문제는 아니다"고 설명했다.

나발니가 지도자가 될 경우 독재자로 변할 우려는 그야말로 기우(杞憂)에 불과하다고 단언하는 인사도 있다. 사회운동조직 '다!'멤버이자 오랜 동지인 올레크 코지레프(Олег Козырев)는 나발니가 독재자가 될 가능성을 일축했다. 이렇게 평가하는 배경은 다음과 같다.

"나발니는 2005년 '밀리치야 스 나로돔(Милиция с народом)' 프로젝트를 이끌고 있었다. 인권유린과 관련해 경찰서들에서 벌어지는 모든 상황을 일일이 모니터링했고 인권행동가들과 함께 불법적으로 구금된 인사들을 도우려 애썼다. 시장실 앞에서의 피켓시위, 전단지 배포 등에 적극 나섰고 법원도 나발니 편을 들어줬다. 우리는 정부가 하지 못하는 일들을 도우려 했다. 그러자 많은 사람이 나발니에게 관심을 가졌다. '나발니가 대체 누구냐'에서부터 시작해 '만약 나발니가 독재가가 된다면'과 같은 질문들까지 쏟아졌다. 그래서 나는 이렇게 대답해주곤 했다. '여러분, 나발니는 유머가 풍부한 사람이다. 미국의 애니메이션 시트콤 퓨처라마(Futurama)를 좋아하는 사람(나발니)이 과연 독재자가 될 수 있을까?'라고 말이다."[1]

표 8.1 푸틴과 나발니 비교

블라디미르 푸틴	VS.	알렉세이 나발니
노동자 가정 출신으로 유복하지 못한 생활	성장배경	우크라이나계 수공업자 가정 출신으로 평범한 생활
• 상트페테르부르크국립대 법학과 • 상트페테르부르크광업대 경제학과(박사)	학력	• 러시아민족우호대 법과대학 • 러시아 재정아카데미 금융학부 • 미국 예일대 월드펠로(연수)
• 소련 국가보안위원회(KGB) 요원(1975~1991년) • 상트페테르부르크시 대외관계위원장(1991~1996년) • 대통령 행정실 부실장(1996~1998년) • 연방보안국(ФСБ) 국장(1998~1999년) • 총리 2회(1999~2000년, 2008~2012년) • 대통령 4회(2000~2008년, 2012년~현재)	주요 경력	• 야블로코(야당) 당원(2000~2007년) • 키로프주 지사 법률자문(2009년) • 부패와의 전쟁재단 사무총장(2011~2014년) • 아에로플로트 이사(2012~2013년) • 미래의 러시아(야당) 대표(2019~2021년)
• 군·정보기관 출신 인사들(실로비키) • 페테르자유주의자·테크노크라트	핵심 지지기반	청년세대
안정	국내정책 키워드	부패와의 전쟁, 개혁
대통령중심제	통치형태	의원내각제
중앙 중심의 연방제	연방제도	유지, 그러나 중앙과 지방의 분점
국가자본주의 지향, 성장	경제정책	최저임금 대폭 인상과 노령연금 인상

계속 ▶▶

　　　　　　　　　　푸틴 정적, 나발니의 생애: 러시아정치의 앞날은

블라디미르 푸틴	VS.	알렉세이 나발니
합법이민 수용	이민	규제를 통해 일정 부분만 허용
징병제 유지, 군사력 강화	군사	모병제 도입
강한 러시아	대외정책 키워드	러시아 우선
서방에 대한 '예스맨' 거부	대 서방	서방, 특히 EU와의 관계개선
전방위적 적극 협력	대 CIS 국가	정경분리적 접근
한중일과의 긴밀 협력	대 아시아	한중일과의 긴밀 협력

　　반면 신중론도 만만치 않다. 정치평론가 키릴 로고프(Кирилл Рогов)는 "나발니를 국가지도자급이라고 보는 것은 시기상조"라며 지금보다 훨씬 많은 변화가 있어야 하고 현실적인 대안을 제시할 수 있어야 한다고 말한다. "비록 나발니가 인기가 많고 명석하며 흥미로운 정치인이지만, 아직 국가지도자급 단계에 이르지는 못했다. 나는 앞으로 나발니가 '성난 도시민(Рассерженные горожане)'이나 '창조적 계층(Креативный класс)'만의 대변자에 머물지 말고, 정치인으로서 외연을 더 확장해야 한다고 본다. 그 방법은 (과격한 민족주의가 아닌) '소프트 민족주의(Мягкий национализм)'를 발전시키는 것이다. 또한, 그동안 나발니는 TV와 거리를 뒀지만, 러시아 국민의 대부분은 TV를 통해 정보를 얻는다. 대도시는 물론이고 농촌지역에서도 그렇다. 인내심을 갖고 다양한 정책을 개발해 국민에게 현실적 접근법을 제시해야 한다."

　　극단적인 평가도 없지 않다. 2000년대 초반 나발니에게 정치 입문의 길을 터준 야블로코 정당의 그리고리 야블린스키 대표의 관점이 그렇다. 그는 나발니가 이룩한 여러 가지 성과들을 겸허하게 인정하면서 실제로 러시아 언론 매체 가운데 국민에게 가장 영향력이 있는 매체는 단연 TV다. 여론조사기관 레바다센터의 2019년 미디어환경 보고서에 따르면, 러시아인들은 뉴스를 접하는 경로로 TV(72%)를 가장 선호했고, 인터넷 매체(32%) 라디오(15%) 신문(12%) 잡지(2%)가 뒤를 이었다. 아울러 언론 매체가 내보내는 국내외 뉴스의 신뢰도 조사 결과에서는 TV 뉴스를 믿는다는 응답이 54%로 역시 1위를 기록했다. 인터넷 매체는 22%에 그쳤고 라디오 11%, 신문 9%, 잡지 1%였다.

출처: Денис Волков, Степан Гончаров, *Российский медиа-ландшафт 2019: телевидение, пресса, интернет и социальные сети* (Москва: Левада-Центр, 2019), С. 5–8.

도, 나발니를 포퓰리스트이자 민족주의자로 규정했다. 또 그가 결국은 러시아 사회에 부정적 요소가 될 것이라고 우려한다.

야블린스키는 '포퓰리즘과 민족주의'라는 제목의 블로그 게시물을 통해 "러시아에 빈부격차가 심해지고 많은 국민이 집권층의 거대한 부패 존재를 확신하는 상황에서 나발니의 부패 폭로가 긍정적으로 받아들여진 것은 사실이나, 나발니가 폭로에만 매몰됨으로써 정치적 포퓰리즘으로 변질됐다. 이것은 연쇄적으로 민족주의로 탈바꿈해 결과적으로는 종종 폭력적이고 위험한 충돌만 일으키고 있다"고 비판했다.[2]

그러면서 "나는 나발니가 포퓰리스트이면서 민족주의자라고 확신한다. 감정에 휘둘린 소수 국민의 지도자가 돼서는 안 되며, 과거 나치와 유사한 편협함에 사로잡혀서도 안 된다. 푸틴과 맞서 싸우겠다고 나서더니 과거의 공산주의자(포퓰리스트)나 미래의 파시스트(민족주의자)로 변질해서야 되겠나. 과연 이런 사람이 미래 러시아의 지도자로 적합하겠느냐"[3]고 반문했다.

하지만 나발니가 오랜기간 구금돼 있는 현시점에서 그의 장래 문제를 논하는 것은 섣부르다는 견해에도 귀기울일 필요가 있다. 나발니의 구속상태 해제가 불투명한 현실을 감안하면, 오히려 주목해서 살펴봐야 하는 인물이 있다. 바로 그의 부인 율리야 나발나야다. 나발나야는 최근 나발니 만큼이나 러시아 내에서 주목의 대상으로 떠올랐다.

2020년 러시아의 독립 언론 노바야 가제타(Новая газета)는 율리야 나발나야를 '올해의 영웅(Герой года)'으로 선정했다.[4] 2020년 8월 남편 알렉세이 나발니가 독극물 중독 의혹으로 의식불명 상태에 빠져 시베리아 옴스크 병원에서 응급치료를 받고 있을 때, 그녀는 푸틴 대통령에게 편지를 써 남편의 독일 후송 결정을 이끌어냈다. 푸틴 대통령도 그해 연말 기자회견에서 율리야 나발나야의 호소를 들어줬다고 확인한 바 있다. 그렇게 성사시킨 남편의 베를린행 응급 비행기에 함께 올라 남편이 병원에서 의식을 차리던 순간을 기다렸고, 모스크바로 돌아오는 귀국행 비행기 옆자리에서 남편을 지킨 그녀였다. 당시 율리야는 "(나발니가 혼수상태일 때) 그저 포기하지 말라, 포기하지 말라고 했다. 사소한 일에 너무 개의치 말고 할일을 하고, 앞으로 나아가라고 기도했다"고 회고했다. 귀국한 모스크바 공항에서 남편이 체포되던 순간, 초조한 얼굴을 감추지 못했던 율리야는 그러나 지지자들 앞에서 "알렉세이도, 나도 두렵지 않다. 여러분도 더 이상 두려워하지 말라"고 외쳤다.

러시아 칼럼니스트 세르게이 마르단(Сергей Мардан)에 따르면, 율리야 나발나야의 향후 행보와 관련해 정가 안팎에서 유사 사례가 자주 거론된다고 한다. 나발나야가 남편의 자리를 대신해 정치에 나설 가능성 때문이다. 이를테면 남편을 대신해 정계에 진출했던 미국의 힐러리 클린턴(Hillary Clinton)과 비교하는 이들이 있다.[5]

또 일각에서는 나발니 부부의 성격, 그리고 그들이 처한 현실적 상황들을 고려해 실질적인 비교대상을 미국의 미셸 오바마(Michelle Obama)나 벨라루스의 스베틀라나 티하놉스카야(Светлана Тихановская)와 비교하는 경우가 잦다. 버락 오바마 전 미국 대통령의 부인 미셸 오바마와 비교하는 이들은 율리야 나발나야의 침착성과 절제력을 주시한다.

특히 벨라루스의 티하놉스카야와 비교하는 이유는 율리야 나발나야가 처한 현실과의 '싱크로율'이다. 영어 교사이자 통역사 출신의 티하놉스카야는 반체제 성향의 유명 블로거 세르게이 티하놉스키(Сергей Тихановский)의 부인이다. 남편이 대선 출마를 준비하다 2020년 5월 사회질서 교란 혐의로 체포되자 남편을 대신해 2020년 7월 14일 무소속 후보로 등록한 뒤 약 한달 만인 8월 9일 대선에 나섰다. 대선에서는 득표율 81.04%를 얻은 독재자 알렉산드르 루카셴코 대통령에 이어 10.23%의 득표율로 낙선했다. 선거가 끝난 뒤 신변 안전 위협 때문에 이웃 리투아니아로 옮겨 야권의 저항 운동을 이끌고 있다. 티하놉스카야는 특히 자국에 남은 야권 지도자들과 연계해 선거 부정 항의 시위를 이끌고 평화로운 정권교체를 이룰 '벨라루스 야권 조정위원회'를 만들어 운영해 왔다. 하지만 이후 벨라루스 당국의 강력한 탄압으로 조정위원회에 소속됐던 대다수 야권 인사들이 체포되거나 해외로 떠나면서 위원회는 사실상 와해했다. 2020년 8월 대선 이후 벨라루스 수사당국은 대선 부정 항의시위를 주도했던 티하놉스카야를

'공직 참칭(僭稱)'[6] 혐의로 형사 입건했다. 수사당국이 문제 삼은 건 8월 대선 이후 설립된 조정위원회와 티하놉스카야 등이 함께 해외에 설치한 사무실 등이다. 공직 참칭 혐의가 입증되면 티하놉스카야는 2년간의 노동교화형이나 징역형에 처할 수 있다. 서방은 티하놉스카야를 벨라루스의 대표 야권 지도자로 인정하고 그에 대한 지원을 계속하고 있다.

티하놉스카야의 비교대상이 된 율리야 나발나야는 정작 자신의 롤모델이 없다고 선을 그었다. 그는 2021년 2월 패션지 『하퍼스 바자(Harper's Bazaar)』와의 인터뷰에서 "어느 누군가가 했기 때문에 나도 할 수 있다는 식의 롤모델이 내겐 없다. 그저 뭔가를 성취하기 위해 애쓰고 그걸 즐기는 사람들을 내가 부러워할 뿐"[7]이라고 말했다.

나발니의 구속 상태가 길어지거나 당국에 의해 별건의 추가 기소가 이뤄진다면, 율리야가 남편을 대신하는 '민주화 투사'로 부상할 가능성을 완전히 배제할 수는 없다. 그녀가 대선에 출마할 경우, 푸틴 대통령이 나오지 않는다는 전제하에 유력 야권 후보가 될 수 있고, 총선 출마 가능성도 늘 점쳐진다.

이런 율리야 나발나야를 둘러싸고 러시아 네티즌들 사이에 갑론을박이 한창이던 때가 있었다. 2021년 초 남편 나발니가 투옥된 직후였다. 강한 성격의 야심가라는 추론부터, 율리야 나발나야는 알렉세이 나발니라는 정치인을 자기 마음대로 움직이는 '인형 조종자(Кукловод)'이거나 남편 나발니의 '회색 추기경(Серый кардинал)'이라는 의견이 있다.

더 부정적인 견해로는 "나발나야 부부는 남들처럼 고정적인 일을 하지 않으면서도 때가되면 늘 휴가를 사용한다. 의상은 매번 고급 의

류에다.[8) 딸은 미국 스탠퍼드대학에 다닌다. 이게 정상적인가"라는 것이다. 심지어 인신공격에 가까운 비판도 있다. "독일 베를린의 좋은 병원에 입원한 환자(남편 알렉세이 나발니)의 보호자로서 나발나야는 관심을 한몸에 받는 걸 즐겼던 것 같다. 하지만 소방관이나 군인처럼 정말로 매일 위험에 직면한 남편들을 가진 이세상 수백만의 부인들을 보라. 그들은 당연히 해야 할 위험을 감수하는 남편을 챙기면서도 누구도 남편이나 자신들이 칭찬받기를 기대하지 않는다. 그들에게는 (나발니 부부와 같은) 팬도 없고, 스탠퍼드에 다니는 자녀가 있는 경우는 더더욱 흔치 않다"는 지적이다.

남편을 대신한 정치 무대 등판 가능성에 대해 율리야 나발나야는 다소 모호한 입장이다. 그는 가장 최근의 인터뷰에서 공인(公人)이 될 여지가 있느냐는 질문에 "현재로선 없다. 하지만 이미 정치인의 아내다. 이것 자체가 어느 정도는 정치와 관련이 있지 않나 싶다"면서도 "입법 과정에서 양성평등이 이뤄져야 한다. 러시아 여성들이 남성과 동일한 일을 해도 임금이 적다. 또 여성들의 경우 육아 등의 문제로 공부나 직장생활이 어려운 편이다. 취학 전 돌봄서비스가 누구에게나 공평하게, 무상으로 제공돼야 한다"고 정치적 입장을 피력했기 때문이다.[9)

하지만 엄밀히 말해 율리야 나발나야가 거론되는 것은 알렉세이 나발니가 구금된 상황에서의 일시적 현상일 뿐이지, 본질은 누가 뭐래도 나발니의 향배다. 게다가 나발니의 향후 행보와 관련, 적어도 러시아 내부에서는 아직은 우려 섞인 시선이 더 많다는 점도 분명하다. 핵심은 나발니가 집권할 경우 어쩌면 지금까지의 푸틴과 유사한 모습을 보이지 않을까 하는 것이다.

벌써부터 러시아정치권에서는 '나발니-푸틴 2.0(Навальный-эт

о Путин 2.0)'이라는 걱정이 나돈다. 2018년 대선에 야당 후보로 출마했다가 낙선한 크세니야 솝착은 2017년 8월 3일 유튜브 토론회에서 "나발니가 대통령이 된다면 푸틴의 2.0 버전이 될 것"이라고 말했다.

코메르산트 기자 출신의 저명 언론인 올레크 카신(Олег Кашин)의 전망도 비슷하다. 카신은 2020년 필자와의 인터뷰에서 나발니의 정치 역정은 그가 그토록 혐오하는 푸틴의 권력체계가 만든 역설이지만, 다른 한편으로는 유사한 점이 많아 위태롭기까지 하다고 진단했다. 그는 "푸틴은 러시아의 대안이 없는 지도자로 군림해왔고, 나발니는 야권의 대안 없는 지도자라 할 수 있다. 헌데 나발니의 아킬레스건은 푸틴과 다르지 않다. 권위주의적 경향, 자신을 반대하는 자들에 대한 편협한 사고, 스스로만이 유일한 대안이고자 하는 욕망 등이다"고 말했다.

미시적인 측면에서 정교한 정책들에 대한 나발니의 한계를 꼬집는 경우도 적지 않다. 저명한 사회학자 보리스 카갈리츠키(Борис Кагарлицкий)는 "분명히 나발니는 위기 상황들을 타개해나갈 수 있는 대중 동원력을 갖고 있지만 나발니가 지금까지 내놓은 정책들은 불안정하고 때로는 상호 모순적이어서 장기적인 관점에서는 지속가능하지 않다"고 했다. 예컨대 나발니의 정책들은 마치 "(2010년대 중반 영국 보수당 당수이자 총리였던) 메이(Theresa May)와 (메이 총리의 정적이자 노동당 당수였던) 코빈(Jeremy Corbyn)의 (서로 맞지 않는) 정책을 영국 정치가 모아놓은 것 같다"는 것이다. 정책적 일관성 없이 이곳저곳에서, 심지어 판이한 정파 정책들의 일부를 짜깁기해놓은 것 같다는 의미다.

더 중요한 부분은 나발니가 지금껏 추진해온 여러 프로젝트의 구심점에는 반드시 나발니가 존재한다는 점이다. 역으로 말하면 나발니의 힘이 약화하거나 그가 어떤 이유로 사라진다면 시스템이 사상누각처럼 무너져 내릴 가능성이 높다는 얘기다.

나발니라는 인물의 향후 경쟁력 등을 놓고 전망이 엇갈리는 상황에서 나발니의 강점과 약점, 확장성과 관련한 외부적 기회와 위협요인을 나눠 보는 '스왓(SWOT) 분석'은 유용하다고 할 것이다.

나발니는 자신이 꾸준하게 추진해온 부패와의 전쟁이 상징하듯, 비교적 청렴한 이미지의 젊은 정치인이라는 강점을 갖고 있다. 물론 나발니에게도 해외 재산 보유 의혹 등 잡음이 없는 것은 아니지만 러시아 여야 정치인들과 분명히 차별화되는 부분이다. 얕은 정치적 기반과 경력에도 불구하고 국가두마 선거, 2013년 모스크바 시장선거, 2018년 대통령 선거 도전 등 입법과 행정단위 선거를 경험한 것도 나발니의 강점으로 꼽을 수 있다.

그리 길지 않은 러시아 역사에서 '최초' 타이틀을 가진 정치인이라

도표 8.1   알렉세이 나발니 SWOT 분석

청렴한 반부패 행동가 이미지 권력 교체 여론 선거치른 경험 풍부	싸움닭 같은 거친 이미지 정부와 의회 경험 없는 '아웃사이더' 강력한 지지정당 부재
강점 (Strength)	약점 (Weakness)
기회 (Opportunity)	위협 (Threat)
핵심지지층인 2030세대의 확장 가능성 서방의 러시아 제재 지속 미국 예일대 연수 경험 푸틴 이후 집권층 약화 가능성	민족문제 등 일관성없는 발언 사법 리스크 서방 의존 이미지 기존 야권의 비협조 가능성

는 사실 역시 나발니의 강점이다. 첫 시도였던 소액주주운동, 처음으로 10만 명 이상의 동의 서명을 얻은 입법청원 등은 자신을 잘 모르는 유권자들에게 친밀하게 다가갈 수 있는 요소로 분류된다.

그러나 수십 차례의 투옥과 가두투쟁으로 각인된 싸움닭과 같은 전투적 이미지는 그의 약점으로 분석된다. 정부에서의 행정 경험, 연방회의·국가두마 등 의회에서 국정을 다뤄본 경력이 전무하다는 것을 나발니의 더 큰 약점으로 지적하는 이도 적지 않다. 야블로코에서 시작해 '진보당', '미래의 러시아' 등 수권 능력이 없는 소수 야당에만 몸담았던 한계는 앞으로도 나발니의 행보에 아킬레스건으로 평가된다.

향후 유권자들과 직접 상대해야 하는 나발니에게 있어 가장 커다란 위협 요인은 자신의 일관성 없는 발언들이다. 특히 러시아가 190개 이상의 다민족으로 구성된 사회라는 점을 고려할 때 이민(移民)문제, 캅카스인들에 대한 차별과 처우, 우크라이나를 비롯한 주변국에 대한 태도 등에 대한 나발니의 모순적 발언과 말바꾸기 논란은 최대의 위협이라 할 수 있다. 논란도 논란이지만, 나발니를 반대하는 정치세력의 집요한 공격 대상이 될 게 뻔하기 때문이다. 진실이 가려지지 않았으나 키로블레스 사건과 이브로셰 사건 등 나발니가 연루된 것으로 의심받는 두 사건의 사법 리스크도 아직 해소되지 않은 위협이다.

나발니가 자국문제의 해결을 위해 과도하게 서방에 의존하는 경향 역시 위협요인으로 작용할 가능성이 크다는 지적이다.

다만 나발니의 핵심지지층이라고 할 수 있는 청년세대의 확장성은 나발니에게 기회를 부여해줄 수 있다. 2024년 현재 1억 4,644만여 명으로 세계 9위의 인구 대국인 러시아는 평균연령이 39.2세로 젊은 편이다. 이 중 나발니에 대한 찬성 비율이 높은 18~44세의 인구는 러시아 전체 인구의 35%를 차지한다. 다만 세계적 추세인 고령화가 러시아에도 엄습하고 있는 점은 불안 요소다. 2000년의 평균연령이 35.6세였던 러시아는 오는 2025년에는 40.1세로, 40세를 돌파할 전망이다.

2014년 러시아의 우크라이나 크림반도 병합 이후 10년째 지속되고 있는 서방의 대러시아 제재는 나발니에게는 기회가 된다는 분석이 있다. 특히 2022년 러시아-우크라이나전쟁 이후 서방의 제재 강도는 더욱 강해지고 있다. 이들 제재는 푸틴 정권에 대한 민심의 이탈을 가속화해 나발니 쪽으로 유리하게 작용할 수 있다는 관점에서다.

비록 정규 학위과정은 아니지만 미국 예일 월드 펠로로 선발돼 미국에서 공부했다는 점도 기회 요소로 꼽힌다. 현재 러시아 당·정 파워 엘리트 그룹 내에 해외유학을 경험한 이들의 비율은 6%에 불과하며, 미국 유학 경력을 가진 이는 4% 정도에 불과하다.[10] 4%의 미국 유학 경험자 가운데 나발니만큼의 위상을 가진 지도자급 정치인은 없다.

이와 함께 푸틴 대통령의 집권이 2000년 이후 무려 20년 넘게 장기화하는 것도 나발니에게는 기회라는 전망이 있다. 푸틴 대통령에 대한 국민적 지지가 여전히 견고한 상황이지만 역으로 생각해보면 장기 집권에 대한 국민적 피로감이 증가할 수 있기 때문이다. 특히 지금까지 푸틴 대통령을 대체할 만한 지도자가 보이지 않아 사실상 푸틴 유일체제였으나 푸틴 대통령이 권좌에서 내려올 경우 집권층이 와해될 가능성마저 거론되는 상황이다.

이와 같은 약점과 위협요인들을 극복하고 자신의 강점과 기회를 살려 푸틴 대통령의 집권이 유지되는 기간에는 어떤 모습을 보여줄지, 또 포스트 푸틴의 러시아에서는 과연 러시아정치의 판을 바꿀 수 있을지 나발니의 향배에 러시아 안팎의 지대한 관심이 모아지고 있다.

❖ 주

1) https://daily.afisha.ru/archive/gorod/archive/new-politics-navalny/
2) https://www.yavlinsky.ru/article/bez-putinizma-i-populizma/
3) Ibid.
4) *Новая газета*(노바야 가제타), 2020. 12. 26.
5) *Комсомольская правда*(콤소몰스카야 프라브다), 2021. 1. 19.
6) 벨라루스 형법 제382조와 관련돼 있다. 러시아어로는 'самовольное присв оение звания или власти должностного лица'라고 한다. 즉 허가 받지 않은 자가 정부의 직함이나 권한 등을 무단으로 사용하는 범죄행위를 말 한다.
7) *Harper's Bazaar*, 2021. 2. 17.
8) 반면 나발나야는 2021년 『하퍼스 바자』와의 인터뷰에 앞서 독일 슈투트가르트 에서 화보 촬영을 마친 뒤 "(패션에 대해) 입는 대로 입는 편이다. 물론 니나 도 니스(Nina Donis)같은 러시아 디자이너를 좋아하지만, 보통은 대부분의 옷을 '자라(ZARA)' 같은 브랜드에서 수천 루블 주고 사서 입는 편"이라고 말했다.
9) *Harper's Bazaar*, 2021. 2. 17.
10) 권경복, 『러시아 통치엘리트와 푸틴 키드들』(고양: 한산에이치이피, 2021), pp. 130-132.

보론

나발니 사망의 파장

『푸틴 정적, 나발니의 생애: 러시아정치의 앞날은』원고 최종본을 출판사에 넘긴 지 사흘만인 2024년 2월의 어느 날. 그의 한 측근으로부터 갑작스러운 메시지를 받았다. "수감 중인 나발니와 연락이 닿지 않는다. 얼마 되지 않은 일"이라는 내용이었다. '설마 …'라고 생각한 지 불과 하루가 흐른 17일부터 "나발니가 옥중에서 의문사했다"는 외신 보도가 잇따랐다. 나발니의 사망은 사실로 확인됐고, 우여곡절을 거쳐 3월 1일 장례식까지 마침으로써 러시아 민주주의에 한 획을 그은 야권 지도자의 한 생은 마감됐다.

한평생 자유와 민주주의를 외친 나발니의 사망에 심심한 애도를 표한다. 러시아 민주주의를 위해 험난한 삶을 마다하지 않았던 나발니의 죽음이 결코 헛되지 않기를 진심으로 바라는 마음이다.

사망 전날인 2월 15일, 암울한 상황에서도 온라인으로 재판에 참석해 재판장에게 자신의 계좌로 영치금 좀 넣어달라며 농담까지 던졌던 나발니였다. 당시 그는 "제 계좌번호를 보내드릴 테니 재판장님의 많은 월급으로 계좌에 돈을 좀 넣어달라. 저는 돈이 다 떨어져 가고 있고, 재판장님의 결정 때문에 제 돈이 더 빨리 고갈될 것이니 어서 돈 좀 보내주시라"고 말했다. 공개된 영상 속에서 나발니는 건강에 큰 이상이 없어 보였다. 농담을 건넬 만큼 여유로운 표정도 간간이 보였다. 러시아 인터넷 매체 소타닷비전(Sota.Vision)이 촬영한 이 영상이 외부로 공개된 나발니의 마지막 모습이 될 줄은 아무도 몰랐을 것이다.

'진정한 추모'는 진상규명과 유사 사건의 재발 방지에 있고 그래야만 민주주의적 정의를 바로 세울 수 있다는 이야기를 굳이 재론하지 않더라도, 석연치 않은 나발니의 죽음을 혼란스럽게 하는 행태들이 러시아 안팎에서 계속 흘러나오고 있어 안타깝기만 하다. 미국과 유럽연합(EU)을 비롯한 서방세계의 지도자들은 나발니 사망의 책임자를 블라디미르 푸틴 러시아 대통령으로 못 박고, 사망에 이르게 한 수법들까지 쏟아냈다. 또 서방의 미디어들은 이를 반복 재생산하면서 사실로 굳히는 경향까지 보임으로써 '악마 러시아' 이미지의 고착화를 부추겼다. 그러다가 러시아와 전쟁을 치르는 우크라이나 정보당국의 최고위 관계자가 나발니의 자연사 가능성을 강하게 언급하자 미디어도 갈지자의 횡보를 보였다. 키릴로 부다노우(Kyrylo Budanov) 우크라이나군 정보국장은 한 공개포럼에서 "여러분을 실망하게 할 수 있지만 우리는 나발니가 혈전(血栓)으로 사망했다는 것을 알고 있다. 인터넷에서 가져온 내용이 아니며, 어느 정도 사실확인이 끝났다. 불행하게도 자연스러운 죽음"이라고 말한 것이다.

러시아를 옹호하고 싶은 의도는 없지만, 서방에 만연해 있는 '루소

포비아(러시아 공포증)'가 나발니의 죽음에까지 영향을 미치는 것은 엄연한 사실이다.

나발니의 사망 사실이 언론의 보도로 확인됐을 때부터 그랬다. 서방 언론들은 "러시아에서 가장 많은 시청자를 보유한 국영 TV들은 나발니의 죽음에 대해 보도를 거의 내보내지 않았다" "국영 TV들은 망자인 나발니의 이름조차 언급하지 않았다"고 했다. 우리는 서방 언론들의 보도 내용을 크게 신뢰하는 편이지만, 냉정하게 살펴보면 이런 내용은 사실과는 거리가 있다.

러시아 당국의 발표와 서방 언론보도를 종합할 때, 시베리아 야말로네네츠자치구 제3교도소에 수감됐던 나발니의 사망 시점은 현지시각 2월 16일 오후 2시 17분경이다. 이를 모스크바 시간으로 바꾸면 정오를 약간 넘긴 12시 17분쯤. 국영 제1채널(Первый канал)과 로시야TV는 2시간가량 후부터 속보로 나발니의 사망 소식을 전했고 수사당국이 철저하게 조사하겠다는 내용도 포함했다. 다만 단신성 기사로만 전한 것은 아무래도 아쉬움이 남는다. 그러나 국영 최대통신사인 타스(ТАСС)와 일간지 에르베카(РБК) 등은 "47세의 러시아 야권지도자 나발니가 사망했다"며 "긴급호출을 받은 지역 의사들이 5분도 안 돼 교도소에 도착, 교정 당국 의사들과 함께 심정지 상태였던 나발니의 회복을 위해 30분 이상 심폐소생술을 펼쳤으나 끝내 사망했다"고 상세한 경위를 보도했다. 심지어 유력 일간 코메르산트는 16일 장문의 기사에서 나발니의 사망 경과를 상세하게 전하고, '(서방과 러시아의) 대칭적 반응'제하의 해설기사를 통해 "미국과 EU 등 서방의 유력 정치인들은 나발니 사망의 책임이 전적으로 러시아 당국에 있으며, 조만간 조 바이든 미 대통령과 EU가 러시아를 압박할 목적으로 새로운 형태를 제재를 가할 것"이라고 보도했다. 또한, 의사들의 말을 인용, 초기부터 나발니의 사인은 혈전으로 보인다고 했고, 지금까지 이 입장에 무게를 두고 있다. 타스 통신이나 코메르산트는 국영 혹은 친정부 매체라는 점에서 러시아 당국이 나발니의 사망 전반에 관해 은폐나 축소 보도를 했다고 보는 것은 무리가 있는 것이다.

이런 상황과 관련, 러시아의 중립적인 여론조사기관 레바다센터가 나발니 사망에 대해 2월 21일부터 28일까지 일주일간 18세 이상 국민 1,601명을 대상으로 실시한 조사 결과를 주목할 필요가 있다. 2월 한 달간 러시아 국민이 가장 주목해 본 뉴스 중 나발니 사망은 13%로 두 번째 자리를 차지했고, 우크라이나 동부전선 격전지 압데브카(우크라이나명은 아우디이우카)에 대한 러시아군 탈환 뉴스가 21%로 수위였다.

78%의 러시아 국민은 인터넷과 TV 등의 매체를 통해 나발니의 사망 소식을 인지했고, 이 중 24%가 매우 구체적으로 알고 있다고 답했으며 54%는 대체적인 개요를 알고 있다고 응답했다. 나발니의 사망 뉴스를 접한 국민 중 23%는 한 야당 정치인의 죽음을 애도했고, 69%는 특별한 감정을 느끼기 힘들다고 답했다. 고인이 된 나발니에 대한 러시아 국민의 평가는 다소 냉혹할 정도다. 53%는 나발니가 러시아 국가 발전에 특별한 기여를 한 게 없다고 했고, 19%는 나발니가 오히려 국가 발전에 부정적 역할을 했다고 응답했다. 11%의 응답자만이 나발니가 긍정적인 역할을 했다고 대답했다. 요컨대 나발니에 대한 러시아 국민의 우호적 인식을 기대하기에는 시간이 더 필요하다는 얘기다.

러시아 국내외의 분위기가 다르기 때문에, 역으로 나발니의 애석한 사망을 둘러싼 진상규명과 향후 전망을 차분하게 진단해야 할 필요성은 더욱 커졌다고 본다.

현시점에서 논점은 크게 세 가지로 나눌 수 있다. 우선 누가 왜 나발니를 사망에 이르게 했느냐는 점이다. 둘째, 나발니의 죽음이 러시아 대내외적으로 몰고 온 파장은 무엇이냐는 것이다. 셋째, 앞으로 러시아의 정치적 상황은 어떻게 전개되고 한국-러시아관계를 포함한 세계정세에 어떠한 영향을 미칠 것이냐 하는 점이다.

가장 먼저 나발니 사망의 진상 문제다. 과거 소련 시절부터 권위주의적 통치에 익숙한 러시아 체제의 특성상, 진상을 낱낱이 밝히는 게 어렵고 규명이 된다 해도 시간이 오래 걸릴 수밖에 없다. 게다가 나발니의 변호인이 지금까지 "죽음에 이르게 한 원인은 불분명하다"고 하고 있는데도 여기저기서 음모론만 난무해 상황을 더욱 꼬이게 하는 측면이 있다.

음모론 중 첫째는 신경독성 물질 '노비촉(Новичок)'에 의한 암살 주장이다. 나발니의 부인 율리야 나발나야(Юлия Навальная)가 제기했고 영국을 비롯한 서방권 언론들이 앞다퉈 이를 보도했다. 노비촉은 러시아어로 신참 또는 새로운 것이라는 의미인데, 기존에 없던 물질을 새로 발견했다는 뜻에서 붙여졌다. 1970년대 초반 소련이 군사용으로 개발한 생화학 독극물로, 사람이 노비촉에 노출되면 30초에서 2분 사이 호흡곤란, 구토, 발작 증상이 나타나고 증상이 심해지면서 혼수상태에 빠져 사망에 이르는 것으로 알려져 있다. 나발나야는 나발니가 16일 사망한 뒤 러시아 당국이 시신을 일주일 넘게 가족에게 인도하지 않은 이유는 남편 시신에서 노비촉의 흔적이 사라지기를 기다렸기 때문이라고 주장했다. 반면 러시아 당국은 시신 인도가 늦어진 것이 법의학적 조사 때문이었다며 나발나야의 주장을 일축했다.

푸틴 정적, 나발니의 생애: 러시아정치의 앞날은

두 번째는 과거 소련 KGB(국가보안위원회) 요원들의 암살 기술이 었다는 이른바, '원-펀치'로 살해됐다는 추정이다. 나발니의 시신에서 발견된 몇 개의 멍 자국이 이를 입증한다는 것. 이는 러시아 인권단체 '굴라구넷'의 설립자 블라디미르 오세츠킨(Владимир Осечкин)이 서방 언론과 인터뷰하면서 제기한 내용이다. 그는 "나발니가 죽기 전, 영하 27도까지 기온이 떨어지는 야외 독방 공간에서 2시간 30분 넘게 있었다. 수 시간 동안 추운 상황에 노출된 뒤 심장을 주먹으로 맞아 사망했을 가능성이 높다"고 했다. 오세츠킨은 KGB 요원들이 심장에 주먹 한 방을 날려 사람을 죽이도록 훈련을 받는다면서 러시아 최북단 지역 감옥에서 복역했던 수감자들 가운데 일부가 이런 방식으로 살해됐다고도 말했다. 그러면서 율리야 나발나야가 제기한 노비촉 암살 가능성은 '몸에 흔적을 남기는 데다가 과거에 사용된 적이 있기 때문에 가능성이 낮다'고 진단했다.

세 번째는 서방과의 스파이 교환 협상 도중 나발니의 존재를 위협 인자로 여긴 러시아 당국이 살해했다는 주장이다. 나발니 사망 열흘 후 그의 정치적 동료인 마리야 펩치흐(Мария Певчих)가 유튜브를 통해 제기한 주장이다. 펩치흐에 따르면, 나발니는 2019년과 2023년 스파이 혐의로 각각 러시아에 억류된 미 해군 휠런(Paul Whelan)과 월스트리트저널 기자 게르시코비치(Evan Gershkovich) 등 미국 국적자 2명과 함께 러시아 연방보안국(FSB) 요원 바딤 크라시코프(Вадим Красиков)와 교환하는 협상의 대상이었다. 크라시코프는 FSB 의 최고위급 대령으로, 2019년 8월 독일 베를린에서 러시아 반체제 인사 젤림한 한고슈빌리(Зелимхан Хангошвили)를 권총으로 살해, 무기징역형을 선고받고 독일 감옥에서 복역 중이다. 펩치흐는 "2

월 15일 저녁 협상이 최종 단계에 이르렀다는 확인을 받았다. 하지만 다음날(16일) 나발니가 사망했다. 푸틴 러시아 대통령은 나발니가 석방되는 것을 참을 수 없어 살해한 것"고 주장했다. 하지만 러시아와 서방의 어느 기관도 펩치흐의 주장을 뒷받침할 만한 징후나 발언을 내놓지 못하고 있다.

대략 세 가지의 추론은 그 어떤 경우든 나발니 사망의 최종 책임자가 푸틴 대통령을 향하게 돼 있다.

그런데 정말 이게 가능한 것일까.

서방은 푸틴 대통령이 나발니를 제거함으로써 3월 중순에 열리는 대통령 선거에서 승리, 2000~2004년, 2004~2008년, 2012~2018년, 2018~2024년에 이어 5선(選)의 주춧돌을 놓으려 했다고 평가한다. 하지만 이는 애초부터 한참이나 틀린 분석이다. 옥중의 나발니는 3월 러시아 대선 출마가 이미 좌절됐고, 나발니 외에 대선에서 푸틴에게 도전할 만한 인사는 보이지도 않는다. 실제로 2월 기준 각종 여론조사를 종합한 결과 대선에서 어떤 후보를 지지할 것이냐는 물음에 푸틴 후보는 최소 61%에서 최대 74%의 지지를 얻었다. 2위를 달리는 러시아연방공산당의 니콜라이 하리토노프(Николай Харитонов) 후보의 지지율은 최소 2%에서 최대 5%에 불과하다. 상황이 이런데도 입후보조차 할 수 없고, 푸틴을 제외한 다른 야권 후보에게 표를 몰아줘도 별 소용이 없는 나발나라는 인물을 푸틴 대통령이 제거했다는 분석은 설득력이 떨어진다.

그동안 서방은 나발니를 '푸틴에 대항할 카리스마 있는 지도자', '푸틴의 눈엣가시 같은 정적'으로 상징화해 왔다. 이 같은 차원에서 푸틴 대통령이 자신에 장래에 위협이 될만한 싹을 미리 잘랐다는 주장이 나온다. 나발니의 인지도가 시간이 갈수록 꾸준히 상승했고 특히 젊은 층에서의 지지가 만만치 않은 것은 사실이다. 하지만 냉정하게 보면 아직 푸틴 대통령과 비교할 만한 수준은 되지는 못한다. 이를 잘 알고 있는 푸틴 대통령이 나발니 제거에 직접적으로 개입했다고 보기는 어렵다는 얘기다.

또 나발니가 서방과의 스파이 맞교환을 통해 해외로 망명한 뒤 푸틴 대통령을 압박할 것을 대비, 나발니를 사전에 제거했을 것이라는 추정도 있다. 이 역시 가능성은 높지 않다. 해외에서 러시아 국내 상황을 압박해 결실을 본 러시아 야권지도자가 없었을뿐더러, 2000년 이래 집권을 계속하고 있는 푸틴 대통령이 국외로부터의 압박이나 압력에 꿈쩍할 인물도 아니기 때문이다. 이미 2014년 러시아의 우크라이나 크림반도 합병, 2022년 우크라이나에 대한 공격과 전면전 등을 계기로 서방의 수많은 제재를 받았던 상황을 염두에 두면 이해가 빠를 듯하다. 특히 백번을 양보해 나발니가 사망할 경우 국제 사회의 대러시아 추가 압박 강화는 불 보듯 뻔한 상황이었다. 그런데도 푸틴 대통령이 나발니의 사망에 직접적으로 간여했다고 보는 것은, 지나친 해석이 아닐 수 없다.

결과적으로 푸틴 대통령이 나발니를 제거할 근거가 약하고, 나발니라는 인물이 사라질 경우에 따라오는 실익이 크지 않다는 점에서 푸틴 대통령이 나발니의 사망에 직접 나서거나 지시를 하는 등의 개입 가능성은 낮다고 보는 게 타당하다.

이와 유사한 맥락에서 러시아 정치권에서는 화살을 서방에 돌리려 하고 있다. 집권 여당인 통합러시아 소속 바실리 피스카레프(Васили й Пискарев) 국가두마(하원) 의원은 "나발니의 죽음으로 서방이 러시아를 비판하고 추가 제재를 할 수 있는 명분을 얻었다. 결국 이익을 보는 사람이 나발니를 죽인 범인"이라고 러시아 언론에 밝혔다.

러시아 대통령 행정실장으로 푸틴 대통령을 지근거리에서 보좌하기도 했던 뱌체슬라프 볼로딘(Вячеслав Володин) 국가두마 의장은 한 걸음 더 나갔다. 그는 자신의 텔레그램에 올린 글에서 "나발니의 사인(死因)은 수사기관과 포렌식 전문가들이 찾아낼 것이다. 수사와 조사 결과를 기다리지도 않고 비우호국가의 정치인과 수장들은 서로 베끼기 하듯 러시아를 비난한다. 대체 오늘 나발니의 죽음으로 이익을 얻는 자는 누구인가. 러시아 경제를 무너뜨리기 위해 이미 1,900여 개의 제재를 가한 이들(미국과 EU 지도자), 우크라이나전쟁에서 지고 있는 자들(볼로디미르 젤렌스키 우크라이나 대통령과 나토 지휘부), 국내 지지율이 떨어지는데 어떻게 해서라도 선거에서 승리하고픈 이들(영국과 독일의 총리), 러시아의 자원을 착취하려는 자들(서방), 바로 이들이 혹시 나발니의 사망을 사주한 것은 아닌가"라고 의문을 제기했다.

이와 같은 상황을 종합할 때 그나마 가장 현실적이고 설득력을 가진 설명은 러시아 지도자로서의 잠재력을 지닌 나발니를 친정부 세력이 살해했을 수 있다는 추정이다. 이 때문에 서방의 일부 전문가들은 푸틴 대통령이 직접 사주하지는 않았더라도 묵인했을 가능성, 배후설 등을 거론하며 한발 물러서고 있다. 그렇지만 나발니의 죽음에 간여했을 수 있는 세력이 어느 기관이며, 구체적인 방식이 어떤 것이었는지 등은 베일에 가려져 알 수 없는 한계가 있다. 즉 안타깝지만 현 단계에서 진상규명 작업은 요원한 것으로 보인다.

나발니의 사망과 관련해 두 번째로 살펴봐야 하는 문제는 이 사건이 러시아 국내 정치와 세계정세에 몰고 온 파장이다.

러시아 정치권은 기본적으로 나발니의 사망을 추모하는 분위기가 강한 가운데, 정부와 집권 여당, 그리고 야권 사이에는 극명한 온도 차가 있다.

무엇보다 푸틴 대통령의 태도가 야권의 심기를 불편하게 하고 있다. 푸틴 대통령은 2월 16일 나발니의 사망이 확인된 이후 단 한 번도 공식 입장을 표명하지 않았다. 2022년 4월 유명을 달리한 블라디미르 지리놉스키(Владимир Жириновский) 자유민주당 대표 등 야권 정치인이 사망했을 때 조전(弔電)을 보내 애도했던 것과는 사뭇 다른 태도다. 물론 나발니는 지리놉스키 등과는 체급이 다른 인사였고, 앞의 장들에서 언급했듯 푸틴 정권이 의도적으로 나발니의 존재를 인정하지 않으려 했던 것과 무관치 않아 보인다. 푸틴 대통령이 입장을 밝히지 않는 사이, 대부분의 공식 논평은 드미트리 페스코프(Дмитрий Песков) 크레믈(대통령실) 대변인과 외부로는 마리야 자하로바(Мария Захарова) 외무부 대변인이 나눠 표명하는 수준이다. 가령 페스코프 대변인은 "나발니의 사망이 푸틴 대통령의 책임이라는 서방의 언급은 전적으로 근거가 없다"고 비판하면서 나발니의 사망에 대한 국제적 조사를 수용하라는 보렐(Josep Borrell) EU 외교안보정책 고위대표의 요구에 대해서도 수용 불가를 선언했다.

비슷한 맥락에서 친여 정치인들은 서방을 비난하고 있다. 세르게이 미로노프(Сергей Миронов) 정의러시아당 대표는 "나발니의 죽음은 러시아의 적들인 미국과 서방에게 도움만 될 뿐"이라고 했다. 하지만 국가두마 부의장인 블라디슬라프 다반코프(Владислав Даванков) 등 친정부 성향의 정치인 중 일부는 나발니의 죽음을 '비극'이라며 애도했다.

야권은 나발니의 사망을 러시아정부의 '정치적 살인'으로 규정하고, 적어도 표면적으로는 단합하는 양상을 띤다.

드미트리 구드코프(Дмитрий Гудков) 개혁당 대표는 "비록 나발니가 자연적인 원인에 의해 사망했다고 하더라도 그 원인이 독극물이나 고문 등에 의한 것이기 때문에 부당하다"고 했다. 보리스 나데진(Борис Надеждин) 정의러시아 의원은 "나발니는 내가 러시아에서 알았던 가장 재능있고 가장 용감한 정치인이었다"고 회고했고, 나발니의 절친이자 정당(야블로코) 생활을 같이했던 일리야 야신(Илья Яшин)은 "러시아의 영웅 나발니가 유명을 달리 했다"면서 야권의 단결을 호소했다. 특히 야당 시민강령은 2024년 2월과 2015년 2월에 각각 석연치 않은 죽음을 맞은 나발니와 보리스 넴초프(Борис Немцов)를 추모하며 3월에 모스크바에서 집회를 열기도 했다.

이와 관련해 러시아 내부 민심도 출렁이는 분위기다. 나발니의 죽음을 안타까워하며 추모비에 꽃을 놓고 가는 시민들의 발걸음이 이어지고 있는 것. 러시아 인권단체들의 통계를 종합하면 나발니 사망 후 3월 1일 치러진 장례식까지 몇주간 36개 도시에서 5만여 명이 나발니 추모 집회에 참석했다가 400명 넘게 체포된 것으로 나타났다. 일각에서는 푸틴 대통령에 대한 부정적 이미지가 전국적으로 부각하는 것 아니냐는 우려를 제기했으나 예상보다는 그 파장이 크지 않은 것으로 집계됐다. 레바다센터가 2월 말에 조사한 여론조사 결과에서도 푸틴 대통령에 대한 지지율은 전달과 차이가 없는 86%를 기록했고, 국가가 올바른 방향으로 가고 있다는 응답도 전월 대비 2% 상승한 75%를 보였다.

한편 야권은 나발니의 아내 율리야 나발나야를 새로운 기수로 내세워 푸틴 정권에 대한 저항을 계속하겠다는 의지를 밝히고 있다. 나발나야 역시 나발니 사망 후 사흘만인 2월 19일 유튜브와 독일 뮌헨안보회의 연설을 통해 "남편 알렉세이를 죽인 푸틴은 내 영혼의 절반을 가져갔다. 그러나 나는 여전히 나머지 반쪽을 갖고 있고 그것은 내가 포기할 권리가 없다는 말이다. 나발니의 대의(大義)를 이어 나가겠다. 러시아에 있는 악(惡)을 물리치고 끔찍한 정권을 없애기 위해 모든 이와 전 세계인들이 뭉쳐야 한다"고 말했다. 그러면서 벨라루스의 야당 정치인으로 남편이 나발니처럼 투옥됐던 스베틀라나 티하놉스카야(Светлана Тихановская)와 만나 정치적 연대를 강조했고, 조 바이든 미국 대통령도 만났다.

외부의 시각에서는 '정치인' 율리야 나발나야의 경쟁력이 강한 듯 보이나, 실제 러시아 내부의 관점은 다르다. 러시아 국민의 인식 속에 율리야 나발나야는 남편 알렉세이 나발니와 동격이자, 서방의 사주를 받는 인물로 자리잡고 있기 때문이다. 타티야나 스타노바야(Татьяна Становая) 모스크바카네기센터 연구원은 "나발나야는 서구적 자유주의 가치의 지지자일 뿐만 아니라 서방이 푸틴 정권을 전복시키기 위해 활용한 사람이라는 인식이 있어 러시아 일반 대중들에게 지도자로서 스며들기는 어려울 것"이라고 진단했다. 또한, 아직 자신만의 정치 스타일을 갖추지 못했고 투쟁 외에는 그 어떠한 정치적 비전도 대중적으로 제시하지 못한 형국이다.

야권은 나발나야 외에는 다른 대안을 아직 제시하지 못하는 상황이다.

한편 나발니의 죽음으로 국제적으로는 서방의 대러시아 태도가 더욱 강경해졌다. 무엇보다 EU, 그리고 영국 프랑스 독일 스페인 등 대부분의 유럽 국가들은 자국에 주재하는 러시아 대사들을 초치(招致)해 러시아정부에 항의하고 책임과 투명성 있는 조사를 요구했다. 특히 러시아와 국경을 맞대거나 인접한 핀란드 스웨덴 등의 외무부는 대사 초치와 함께 모든 정치범의 석방을 러시아정부에 요구하기도 했다.

서방의 더욱 강경한 태도는 마치 기다렸다는 듯, 대규모 러시아 제재 카드를 꺼내든 점에서 확인된다.

우선 미국은 나발니 사망 후 일주일만인 2월 23일, 재무부와 국무부를 통해 러시아가 자국민 억압과 인권 침해 등에 대한 대가를 치르도록 500개가 넘는 대상을 제재한다고 발표했다. 물론 이는 나발니 사망 책임에만 그치지 않고, 러시아와 우크라이나의 전쟁에 대한 제재까지 포함한 것이다. 500여 개가 넘는 제재는 2022년 2월 러시아와 우크라이나전쟁 발발 이후 최대 규모의 제재다. 제재에는 러시아 반정부 운동가 나발니가 사망 당시 수감됐던 교도소의 소장 등 나발니 사망과 관련된 러시아정부 당국자 3명을 포함했으며, 러시아의 전쟁 능력에 타격을 주기 위해 러시아의 주요 수입원인 에너지 산업과 군산복합체 등을 겨냥했다. 조 바이든 미대통령은 "우크라이나에 대한 지속적인 정복전쟁과 용감한 반부패 운동가이자 푸틴에 대해 항거한 야권지도자 나발니의 죽음과 관련해 500개 이상의 새로운 대러시아 제재를 발표한다"면서 "이번 제재를 통해 푸틴이 해외 침략과 국내 억압에 대해 더욱 가혹한 대가를 치르도록 할 것"이라고 강조했다. EU도 미국과 보조를 맞춰 같은 날 별도의 대러시아 제재를 시행했다.

러시아와 우크라이나전쟁이 2년을 넘게 끌면서 흐트러졌던 서방의 대러시아 단일대오가 나발니의 사망을 계기로 재정비하는 듯한 국면이라는 평가다. 나발니와 직접적인 관련은 없으나 그간 소강상태였던 서방의 우크라이나 지원에 탄력이 붙을 가능성도 점쳐졌다.

게다가 호세프 보렐 EU 외교안보정책 고위대표는 "푸틴이 러시아인 것도, 러시아가 푸틴인 것도 아니다"며 푸틴정부에 반기를 들고 있는 러시아 시민사회와 독립언론에 대한 지원을 계속 하겠다는 뜻을 밝히기도 했다.

그렇다면 나발니의 사망을 계기로 나타난 복잡다단한 파장이 앞으로의 러시아와 세계정세에는 어떠한 영향을 미칠까.

먼저 러시아 국내적으로는 자유민주당, 정의러시아 등 체제 내의 야당으로 불리는 친여 성향의 여러 야당을 제외하고 율리야 나발나야가 '포스트-나발니'시대의 야권을 이끌 수 있는 유일 대안이라고 하지만, 야당의 구심점을 마련할 가능성은 크지 않다. 지금까지 각자도생해왔던 소수 야당 역시 나발니 사후 통합이라든가 긴밀한 연대를 표방한 곳이 보이지 않는다.

따라서 당분간은 푸틴 대통령 집권 시스템이 유지되고 집권 여당인 통합러시아가 제1당의 면모를 지속할 가능성이 점쳐진다. 통합러시아의 한 관계자는 필자에게 "나발니의 사망은 어느 누구도 예상할 수 없었던 불행한 상황이고 단기적으로 러시아 정국이 영향을 받겠지만 장기적으로 볼 때 푸틴 대통령의 통치 기반은 공고해질 수 있다"고 내다봤다.

다음은 한층 강도를 높인 서방의 제재가 러시아에 미칠 영향이다. 제재의 효과에 대해 긍정적, 부정적 시각이 공존하지만 의구심이 더 많은 편이다.

1990년대 러시아 중앙은행 제1부총재를 역임했고 나발니의 정치적 동지인 경제학자 세르게이 알렉사센코(Сергей Алексашенко)는 제재가 러시아에 미칠 영향이 상당하다고 전망했다. 그는 "미국과 EU의 새로운 제재가 의심할 여지 없이 러시아 경제에 더 큰 타격을 줄 것"이라며 "그동안 제재의 표적이 된 기업 중 다수가 불분명했기 때문에 전반적인 영향을 측정하기는 어려웠지만, 새로 제재의 타깃이 된 러시아 기업들의 거래 비용은 증가할 것"이라고 뉴욕타임스에 말했다. 러시아 기업들의 비용 증가는 궁극적으로 러시아 경제에 타격이 되고, 이것이 푸틴 정권에도 부담이 될 것이란 주장이다.

하지만 서구의 제재는 효과가 그리 크지 않을 것이라는 전망이 더 우세하다. 분명한 몇 가지 이유가 있다.

첫째, 제재를 견뎌낼 만큼 러시아 경제의 펀더멘털(fundamental)이 강해졌다는 사실이다. 1998년의 모라토리엄(채무지불 유예) 선언, 2008년의 글로벌 경제위기, 2014년 우크라이나 크림반도 합병 이후 서방의 제재, 2022년 러시아-우크라이나전쟁으로 인한 추가 제재 등 1991년 시장경제 도입 이후 발생했던 몇 차례의 경제 위기와 제재를 극복하는 과정에서 보여준 러시아의 내적인 힘이 그 근간이 되고 있다. 구체적으로 러시아정부는 정부 부채를 서방 국가들보다 낮은 수준으로 관리해왔다. 2000년대 초반을 제외하고 러시아정부의 부채 수준은 GDP(국내총생산) 대비 20% 선을 넘은 적이 없고 2023년 말 기준 13.7%에 불과하다. 미국, 영국, 독일, 일본 등 서방 선진국들의 2023년 기준 GDP 대비 부채비율이 모두 100% 안팎인 점을 고려하면 러시아의 통계가 놀라울 정도다. 특히 2000년대 초반 석유와 천연가스 등 국제 원자재 가격 상승 기간에 유입된 자금의 상당 부분을 대외부채를 줄이는 데 사용한 것도 큰 역할을 했다.

또 서방 제재의 타깃이 되곤 하는 러시아 금융기관들의 구조조정도 2000년대 들어 지속해왔다. 러시아 경제가 활황이던 2015년을 기준으로 러시아 금융기관 수는 834개였으나 부실 우려가 조금이라도 있는 금융기관을 매년 약 100개씩 퇴출, 2021년에는 400개까지 줄였다. 아울러 제재로 타격을 입을 수 있는 외화자산 보유를 꾸준히 늘리는 한편, 외화 종류도 다변화해 달러의 비중을 크게 낮췄다. 푸틴 대통령이 2013년부터 시작한 정책 때문이다. 2024년 2월 현재 러시아의 외환보유고는 5820억 달러로 세계 5위 수준이며, 달러의 비중은 10년 전의 50% 이상에서 현재는 20% 선으로 줄였다. 대신 금과 중국 위안화, 유로화 등의 비중을 늘렸다. 제재를 하더라도 파고가 줄어드는 효과가 나타나는 것이다.

외부적 요인도 있다. 서방 제재의 실효성을 떨어뜨리는 서구 사회와 '글로벌 사우스(Global South)' 간의 갈등이 그것이다. 글로벌 사우스는 미국 독일 프랑스 등 유럽 주요국과 한국 일본 등 선진국을 뜻하는 '글로벌 노스(Global North)'와 대비해 주로 남반구나 북반구의 저위도에 있는 아시아, 아프리카, 남아메리카 등의 개발도상국을 지칭하며 최근에는 중국 인도 브라질 등을 포함한다. 서방은 2014년부터 러시아 경제의 핵심인 석유와 천연가스에 제재를 가했으나, 중국·인도·브라질 등은 러시아로부터 기록적인 양의 석유를 들여와 서방 제재의 효과를 무색하게 만든 것이다. 공교롭게도 이들 국가는 BRICS의 멤버이기도 하다.

이와 같은 이유는 그동안 서방의 경제 제재가 발표될 때마다 푸틴 대통령이 "서방은 미친 짓을 하고 있다. 우리 러시아는 서방의 무모한 제재를 잘 견뎌내고 있다"고 자신한 배경이 됐다.

나발니 사후 미국과 EU가 발표한 대러시아 제재에 대해, 2014년 러시아의 크림 합병 후 제재를 총괄했던 미 행정부 관리 피시먼(Edward Fishman)은 "제재 효과는 실망스러웠다. 안타깝게도 러시아는 이제 일종의 대체 공급망을 구축했다"고 자인했다. 다른 제재 전문가 멀더(Nicholas Mulder) 미코넬대 교수는 워싱턴포스트에 "서방 사회는 더이상 결정적인 경제력을 갖고 있지 않다. 인도와 중국은 러시아를 유지하기에 충분하다"고 밝혔다. 그래서 나오는 평가가 제재 조치는 실효를 위한 것이 아니라, 나발니 사망에 항의하기 위한 상징적 조치라는 것이다. 미국외교협회(CFR)의 쿱찬(Charles Kupchan) 선임연구원은 "현 단계에서 러시아에 대한 제재 조치가 기대에 훨씬 못 미치는 것은 분명하다. 이번 2월의 제재는 실질적 영향력을 발휘하기 위함이라기보다는 상징적인 것"이라고 『월스트리트저널』에 밝혔다.

그러나 서방의 제재가 금융 제재에만 그치는 게 아니라, 통상·기술 제재 등 다양한 방식으로 진행될 경우 러시아 경제에도 부정적 영향을 끼친다는 사실은 부인할 수 없다. 또 미국 등 서방의 신용평가기관들은 러시아의 국가 신용 등급을 지속해서 낮추면서 현재 디폴트 수준으로 강등시켜 놓았다. 아울러 서방 경제권과의 단절 지속으로 인해 러시아 경제 전반과 국민에 미칠 부정적 여파도 속단키는 어렵다.

사실 우리가 걱정하는 부분은 나발니 사망이 한국과 러시아 관계에 어떠한 영향을 미치느냐는 것이다. 한국정부는 나발니의 사망 소식이 알려진 지 사흘만인 2월 19일 나발니의 사망에 애도를 표하며 신중하게 접근했다. 외교부는 이날 '나발니 사망에 대한 입장'을 통해 "러시아의 자유민주주의를 위해 싸워 온 나발니의 사망을 애도한다. 그의 갑작스러운 죽음에 대해 철저하고 투명한 조사가 이뤄져야 할 것"이라고 밝혔다.

1990년 9월 30일 수교 이래 지난 30여 년간 전략적 협력 동반자 관계로 발전시켜온 한러관계를 손상시키지 않고자 하는 의지가 엿보인다. 따라서 이번 나발니의 사망 자체만으로는 양국 관계가 큰 영향을 받지는 않을 것으로 보인다.

찾아보기

8

8월 쿠데타(Августовский путч) 17,
27-30, 32, 43

A

ABP(Anything But Putin) 226

ㄱ

가즈프롬(Газпром) 57, 75-76, 85,
121, 188, 231, 275-276
게오르기 알부로프(Георгий Албуров)
270
겐나디 쥬가노프(Геннадий Зюганов)
9, 45, 124, 128, 131
겐나디 팀첸코(Геннадий Тимченко)
77
공인된 민족주의자(Дипломированн
ый националист) 207
그런 사람(Тот персонаж) 149

그리고리 야블린스키(Григорий Явл
инский) 45, 66, 69, 70, 72, 112,
125, 128, 256, 285

ㄴ

나로드(Народ) 20, 156, 174, 176-178,
192
나발니 라이브(Навальный LIVE) 145,
162, 165, 252, 269
나발니 리스트(Список Навального)
229
나발니본부(Штабы) 252, 253
나발니 큐브(Куб Навального) 100-
101, 254
네스나(Несна) 61
노멘클라투라(Номенклатура) 69
니키타 벨리흐(Никита Белых) 62,
80, 84, 161

ㄷ

다(ДА)! 73-74, 191-192, 283

대외무역은행(ВТБ) 76, 230, 267, 275

데니스 소콜로프(Денис Соколов) 88, 273

도브라야 마시나 프라브디(Добрая маш ина правды) 86, 145, 192, 200-201, 270

도시건설 연대기(Градостроительны е хроники) 140

드미트리 메드베데프(Дмитрий Медв едев) 20-21, 55-57, 93, 122-123, 128, 142, 147-149, 255, 264, 271, 282

ㄹ

라이브저널(Live Journal) 20, 102, 139-141, 206, 251, 262

러시아-벨라루스 연합국가(Союзное г осударство) 239

러시아 연방정부 재정아카데미(ФинУ) 75

러시아의 영광(Величие России) 222, 225

러시아의 행진(Русский марш) 20, 71, 140, 195-196, 204, 206, 263

레바다센터 7, 8, 100, 125, 147, 286

레오니트 볼코프(Леонид Волков) 87, 252, 253, 254, 259, 268, 270

로만 루바노프(Роман Рубанов) 87, 255

로만 보리소비치(Роман Борисович) 88, 274

로만 이바노프(Роман Иванов) 277-278

로스네프트(Роснефть) 76-78, 85, 121, 188, 231, 282

로스비보리(РосВыборы) 86, 145, 179, 192, 259, 270

로스야마(РосЯма) 86, 145, 161, 179, 192, 199, 200, 202, 259

로스제카하(РосЖКХ) 86, 145, 192, 202

로시야 프레쥬데 프세보(Россия преж де всего)! 214

로시얀스트보(россиянство) 176, 178

루슬란 하스불라토프(Руслан Хасбул атов) 36

류보비 소볼(Любовь Соболь) 112-113, 196, 252, 269

리바이어던(Левиафан) 88

리콴유(李光耀) 165

ㅁ

막심 미로노프(Максим Миронов) 252, 265

막심 트루돌류보프(Максим Трудол юбов) 160

모라토리엄 선언 3, 19, 49

무아마르 카다피(Muammar Khadafi) 165, 169, 262

미하일 고르바초프(Михаил Горбачё в) 18-19, 26, 28-31, 33-34, 123, 166, 184, 263

미하일 카시야노프(Михаил Касьяно в) 108, 128, 136-139, 256, 260

미하일 프로호로프(Михаил Прохоро в) 76, 94-96, 249

미하일 호도르콥스키(Михаил Ходорк овский) 64, 108, 249-250, 261-263

민족의 우의 분수 17

밀리치야 스 나로돔(Милиция с наро дом) 192-194, 283

ㅂ

발다이클럽 149, 150

벨라베자조약 17, 19, 27, 33-34, 46-47

보리스 넴초프(Борис Немцов) 2, 245-246, 263, 269

보리스 베레좁스키(Борис Березовский) 172, 282

보리스 아쿠닌(Борис Акунин) 88, 252, 262-263

보리스 옐친(Борис Ельцин) 3, 5-6, 17, 28-38, 43-52, 68-69, 76, 92, 123, 126, 157, 166-167, 187, 216-217, 239, 250, 257, 271, 276, 281-283

보리스 지민(Борис Зимин) 88, 272-274

부패와의 전쟁재단(Фонд борьбы с коррупцией) 21, 57, 86-88, 90-92, 111, 113, 154, 179, 229, 252-253, 255, 258-259, 264, 267, 269-275, 277, 284

브로더 효과(Эффект Брадера) 150-152

브콘탁테(VK) 143, 144

블라디미르 구신스키(Владимир Гусинский) 43-44

블라디미르 아슈르코프(Владимир Ашурков) 87-88, 259-260

블라디미르 지리놉스키(Владимир Жириновский) 9, 45, 94, 112, 125

블라디슬라프 수르코프(Владислав Сурков) 172-173

블로거 법(Закон о блогерах) 55

비우호국가 목록(Список недружественных стран) 14

빅토르 졸로토프(Виктор Золотов) 198, 231

빅토르 초이(Виктор Цой) 27

ㅅ

사닷 카디로바(Саадат Кадырова) 72, 204-205

새로운 히틀러(Новый Гитлер) 5

샬바 치기린스키(Шалва Чигиринский) 62

세르게이 구리예프(Сергей Гуриев) 84, 88, 101

세르게이 굴랴예프(Сергей Гуляев) 174, 177, 281

세르게이 그레치슈킨(Сергей Гречишкин) 88, 275

세르게이 보이코(Сергей Бойко) 268-269

세르게이 소뱌닌(Сергей Собянин) 93-95, 97, 99-100, 103-106, 136, 200, 232

세르게이 쇼이구(Сергей Шойгу) 9, 11, 51, 282

세르게이 알렉사센코(Сергей Алексашенко) 252, 271-272

세르게이 이바노프(Сергей Иванов) 282

세르게이 프리홋코(Сергей Приходько) 92, 156

세르게이 필로노프(Сергей Филонов) 276-277

세미야(Семья) 39, 281

스베틀라나 티하놉스카야(Светлана Тихановская) 194, 288-289

실로비키(Силовики) 282, 284

푸틴 정적, 나발니의 생애: 러시아정치의 앞날은

ㅇ

아나톨리 추바이스(Анатолий Чубайс) 36, 38, 69, 250

아르툠 류비모프(Артём Любимов) 88, 272

알렉산드르 레베데프(Александр Лебедев) 88-89, 272, 276

알렉산드르 루카셴코(Александр Лукашенко) 165, 194, 239, 240, 288

알렉산드르 샤바노프(Александр Шабанов) 214

알렉산드르 솔제니친(Александр Солженицын) 115

알렉트(Аллект) 61-62, 64, 80

알리셰르 우스마노프(Алишер Усманов) 172, 230

야블로코(Яблоко) 4, 19, 20, 45, 51, 54, 57, 66-74, 93, 96, 106, 112, 121, 125-126, 128, 132, 135, 139-140, 160, 178-179, 192, 204-206, 216, 249, 256, 284-285, 293

에호 모스크비(Эхо Москвы) 44, 140, 155, 165, 168, 238, 248, 270

엔엔세큐리티스(Н. Н. Секьюритиз) 63-64

엥겔리나 타레예바(Энгелина Тареева) 206

연방관구 11-12, 19, 53, 184

연방주체 7-8, 12, 93, 109, 183-184, 191, 202

예브게니야 알바츠(Евгения Альбац) 66, 84

예브게니 치치바르킨(Евгений Чичваркин) 278

예브게니 프리고진(Евгений Пригожин) 112-113

예브게니 프리마코프(Евгений Примаков) 47, 49, 51

옐레나 루키야노바(Елена Лукьянова) 253, 263-264

옐레나 마솔로바(Елена Масолова) 252, 266

옐레나 판필로바(Елена Панфилова) 79

올가 스테파노바(Ольга Степанова) 90, 270

올레크 데리파스카(Олег Дерипаска) 92, 156, 231

올레크 코지레프(Олег Козырев) 73, 174, 283

올리가르히(Олигархи) 44-45, 52, 69, 72, 92, 94, 108, 249, 259, 282

용감한 16명(16 смелых) 272

우파연합(Союз правых сил) 62, 73, 250

움노예 골로소바니예(Умное голосование) 21, 135, 146, 162, 168, 181, 231, 268

유라시아경제연합(Евразийский экономический союз) 224, 241

율리야 아브로시모바(Юлия Абросимова) 64-68, 90, 113-115, 287-290

이고리 세친(Игорь Сечин) 231, 282

이고리 에이드만(Игорь Эйдман) 102

이그낫 아르툐멘코(Игнат Артёменко) 90-91

이반 쥬다노프(Иван Жданов) 87, 252-254, 270-271

이반 파블로프(Иван Павлов) 264-265

이브로셰(Yves Rocher) 82-83, 293

ㅈ

자바스톱카 이즈비라텔레이(Забастовк
　а избирателей) 162, 180, 192
자하르 프릴레핀(Захар Прилепин) 174,
　177, 281
전략연구센터(Центр стратегически
　х разработок) 187, 260
젊은 날의 옐친(Молодой Ельцин) 5-
　6
제1채널(Первый канал) 149, 171
주권민주주의(Суверенная демокра
　тия) 52- 53, 173, 227

ㅊ

체르노빌 18, 22-26

ㅋ

카네기모스크바센터 8, 10
캅카스인들에게 먹이를 주지 말자(Хват
　ит кормить Кавказ) 234-235
콘스탄틴 보론코프(Константин Воро
　нков) 170
콤소몰 17, 69, 166, 171
크세니야 숍착(Ксения Собчак) 11, 65,
　112, 163, 291
키라 야르미슈(Кира Ярмыш) 257-258
키로블레스(Кировлес) 81, 83, 98, 108,
　110, 261, 293
키릴 이르튜가(Кирилл Иртюга) 88,
　272

ㅌ

타티야나 유마셰바(Татьяна Юмашева)
　38-39, 282
탄뎀(Тандем) 56, 57, 123
트란스네프트(Транснефть) 75, 78-79,
　141, 231, 260
트렌딩투데이(trrrending.today) 193

ㅍ

파벨 치코프(Павел Чиков) 252, 261
퍼센트장벽(процентный барьер) 132
페레스트로이카(Перестройка) 18, 26,
　28, 30, 263
펜시야(Pensiya.org) 193
펠레빈(Nataliya Pelevine) 137, 138
폴리치야 스 나로돔(Полиция с народ
　ом) 193
표도르 예제예프(Фёдор Езеев) 199
프롬조나(Промзона) 203-204
프롭소유즈 나발노보(Профсоюз Нава
　льного) 162, 193, 202-203
플레하노프경제대학 64-65

ㅎ

헌정 위기(Конституционный криз
　ис) 19, 28, 34, 36-38, 44, 47
회색 추기경(Серый кардинал) 289

저자소개

권경복

한양대학교 정치외교학과 졸업
한양대학교 정치학 석사, 국제학 박사

한양대학교 정치외교학과 겸임교수
(사)한러대화 이사

『조선일보』 정치부 기자, 주러시아 특파원, 국제부 차장 역임

주요 저서
『푸틴의 파워엘리트 50』(21세기북스)
『현대 러시아 언론의 심층적 이해』(한러대화)
『러시아 통치엘리트와 푸틴 키드들』(한산에이치이피) 외 다수

명인문화사 정치학 관련 서적

정치학 분야

정치학의 이해   Roskin 외 지음 / 김계동 옮김

정치학개론: 권력과 선택, 15판   Shively 지음 / 김계동, 민병오, 윤진표, 이유진, 최동주 옮김

비교정부와 정치, 제12판   McCormick & Hague & Harrop 지음 / 김계동, 민병오, 서재권, 이유진, 이준한 옮김

정치학방법론   Burnham 외 지음 / 김계동 외 옮김

정치이론   Heywood 지음 / 권만학 옮김

정치 이데올로기: 이론과 실제   Baradat 지음 / 권만학 옮김

국가: 이론과 쟁점   Hay & Lister 외 엮음 / 양승함 옮김

민주주의국가이론   Dryzek 외 지음 / 김욱 옮김

사회주의   Lamb 지음 / 김유원 옮김

자본주의   Coates 지음 / 심양섭 옮김

신자유주의   Cahill & Konings 지음 / 최영미 옮김

정치사회학   Clemens 지음 / 박기덕 옮김

정치철학   Larmore 지음 / 장동진 옮김

문화정책   Bell & Oakl 지음 / 조동준, 박선 옮김

시민사회, 제3판   Edwards 지음 / 서유경 옮김

복지국가: 이론, 사례, 정책   정진화 지음

포커스그룹: 응용조사 실행방법   Krueger & Casey 지음 / 민병오, 조대현 옮김

거버넌스의 정치학: 한국정치의 새로운 패러다임 모색   김의영 지음

한국현대사의 재조명   한국전쟁학회 편

여성, 권력과 정치   Stevens 지음 / 김영신 옮김

국제관계 분야

국제관계와 세계정치   Heywood 지음 / 김계동 옮김

국제개발: 사회경제이론, 유산, 전략   Lanoszka 지음 / 김태균, 문경연, 송영훈 외 옮김

국제관계이론   Daddow 지음 / 이상현 옮김

국제기구의 이해: 글로벌 거버넌스의 정치와 과정, 제3판   Karns & Mingst & Stiles 지음 / 김계동, 김현욱 외 옮김

국제정치경제   Balaam & Dillman 지음 / 민병오, 김치욱, 서재권, 이병재 옮김

글로벌연구: 이슈와 쟁점   McCormick 지음 / 김계동, 김동성, 김현경 옮김

글로벌 거버넌스: 도전과 과제   Weiss & Wilkinson 편저 / 이유진 옮김

현대외교정책론, 제4판   김계동, 김태환, 김태효, 김 현, 마상윤, 서정건, 신범식, 유진석, 윤진표, 이기범 외 지음

외교: 원리와 실제   Berridge 지음 / 심양섭 옮김

공공외교의 이해   김병호, 마영삼, 손선홍 외 지음

세계화와 글로벌 이슈, 제6판   Snarr 외 지음 / 김계동, 민병오, 박영호, 차재권, 최영미 옮김

세계화의 논쟁: 국제관계 접근에서의 찬성과 반대논리, 제2판   Haas & Hird 엮음 / 이상현 옮김

세계무역기구: 법, 경제,정치   Hoekman 외 지음 / 김치욱 옮김

현대 한미관계의 이해   김계동, 김준형, 박태균 외 지음

현대 북러관계의 이해   박종수 지음

중국의 외교정책과 대외관계   Shambaugh 편저 / 김지용, 서윤정 옮김

한국의 외교정책과 대외관계   김계동, 김태균, 김태환, 김현, 김현욱, 박영준 외 지음

글로벌 환경정치와 정책   Chasek & Downie & Brown 지음 / 이유진 옮김

지구환경정치: 형성, 변화, 도전   신상범 지음

기후변화와 도시: 감축과 적응   이태동 지음

핵무기의 정치   Futter 지음 / 고봉준 옮김

비핵화의 정치   전봉근 지음

비정부기구(NGO)의 이해, 제2판   Lewis & Kanji & Themudo지음 / 이유진 옮김

한국의 중견국 외교   손열, 김상배, 이승주 외 지음

신국제질서와 한국외교전략   김상배, 김흥규, 박재적, 배기찬, 부형욱, 신범식 외 지음

갈등과 공존의 인도 · 태평양: 각국의 인태전략   황재호 편

지역정치 분야

동아시아 국제관계 McDougall 지음 / 박기덕 옮김

동북아 정치: 변화와 지속 Lim 지음 / 김계동 옮김

일본정치론 이가라시 아키오 지음 / 김두승 옮김

현대 중국의 이해, 제3판 Brown 지음 / 김흥규 옮김

현대 미국의 이해
Duncan & Goddard 지음 / 민병오 옮김

현대 러시아의 이해 Bacan 지음 / 김진영 외 옮김

현대 일본의 이해
McCargo 지음 / 이승주, 한의석 옮김

현대 유럽의 이해 Outhwaite 지음 / 김계동 옮김

현대 동남아의 이해, 제2판 윤진표 지음

현대 아프리카의 이해 Graham 지음 / 김성수 옮김

현대 동북아의 이해 Holroyd 지음 / 김석동 옮김

현대동아시아의 이해
Kaup 편 / 민병오, 김영신, 이상율, 차재권 옮김

미국외교는 도덕적인가: 루스벨트부터 트럼프까지
Nye 지음 / 황재호 옮김

미국정치와 정부
Bowles, McMahon 지음 / 김욱 옮김

한국정치와 정부
김계동, 김욱, 박명호, 박재욱 외 지음

미국외교정책: 강대국의 패러독스
Hook 지음 / 이상현 옮김

대변동의 미국정치, 한국정치: 비유와 투영
정진민, 임성호, 이현우, 서정건 편

세계질서의 미래 Acharya 지음 / 마상윤 옮김

알자지라 효과 Seib 지음 / 서정민 옮김

일대일로의 국제정치 이승주 편

중일관계 Pugliese & Insisa 지음 / 최은봉 옮김

북한, 남북한 관계 분야

북한의 외교정책과 대외관계: 협상과 도전의 전략적 선택
김계동 지음

북한의 체제와 정책: 김정은시대의 변화와 지속
체제통합연구회 편

북한의 통치체제: 지배구조와 사회통제 안희창 지음

북한행정사 홍승원 지음

남북한 체제통합론: 이론·역사·경험·정책, 제2판
김계동 지음

남북한 국가관계 구상: 대북정책의 뉴 패러다임
김계동 지음

분단시대 탈경계의 동학: 탈북민의 이주와 정착
신효숙 지음

북핵위기 30년: 북핵외교의 기록과 교훈 전봉근 지음

용서와 화해에 대한 성찰 전우택, 박명규, 김회권,
이해완, 심혜영, 박종운, 조정현, 김경숙 지음

한반도 평화: 분단과 통일의 현실 이해 김학성 지음

한국전쟁, 불가피한 선택이었나 김계동 지음

한반도 분단, 누구의 책임인가? 김계동 지음

한류, 통일의 바람 강동완, 박정란 지음

한국사회 공동체성에 대한 현재와 미래 장혜경,
김선욱, 오준근, 이기홍, 박치현, 백소영, 정재훈 외 지음

안보, 정보 분야

국가정보학개론: 제도, 활동, 분석
Acuff 외 지음 / 김계동 옮김

국제안보의 이해: 이론과 실제 Hough & Malik &
Moran & Pilbeam 지음 / 고봉준, 김지용 옮김

전쟁과 평화
Barash, Webel 지음 / 송승종, 유재현 옮김

국제안보: 쟁점과 해결 Morgan 지음 / 민병오 옮김

사이버안보: 사이버공간에서의 정치, 거버넌스, 분쟁
Puyvelde & Brantly 지음 / 이상현, 신소현, 심상민 옮김

국제분쟁관리
Greig & Owsiak & Diehl 지음 / 김용민, 김지용 옮김

전쟁: 목적과 수단
Codevilla 외 지음 / 김양명 옮김

국가정보: 비밀에서 정책까지
Lowenthal 지음 / 김계동 옮김

국가정보의 이해: 소리없는 전쟁
Shulsky, Schmitt 지음 / 신유섭 옮김

테러리즘: 개념과 쟁점
Martin 지음 / 김계동 외 옮김